RECHTSSOZIOLOGIE UND RECHTSVERGLEICHUNG

Schriftenreihe zur
Rechtssoziologie und Rechtstatsachenforschung

Herausgegeben von Ernst E. Hirsch und Manfred Rehbinder

Band 38

Rechtssoziologie und Rechtsvergleichung

Herausgegeben von

Ulrich Drobnig und Manfred Rehbinder

DUNCKER & HUMBLOT / BERLIN

Gedruckt 1977 bei Buchdruckerei A. Sayffaerth - E. L. Krohn, Berlin 61
Printed in Germany

ISBN 3 428 03827 4

INHALT

EINLEITUNG

Rechtssoziologie und Rechtsvergleichung sind zwei verhältnismäßig junge Zweige der Rechtswissenschaft. Ihre Entwicklung ist jedoch trotz mancher Ähnlichkeiten unterschiedlich verlaufen. Insbesondere gelang es der Rechtsvergleichung früher als der Rechtssoziologie, durch praktische Arbeit ihren Nutzen zu erweisen und sich in den Wissenschaftsbetrieb zu integrieren. Es war daher kein Zufall, daß das Thema des Verhältnisses der beiden Disziplinen zueinander zum ersten Mal mit Ausführlichkeit von den Rechtsvergleichern aufgeworfen wurde, und zwar auf dem Pariser Internationalen Kongress für Rechtsvergleichung im Jahre 1900. Das Referat erstattete der bekannte französische Soziologe Gabriel Tarde zum Tagungsthema „Allgemeine Theorie und Methode der Rechtsvergleichung". Dieser Beitrag (erstmals in deutscher Übersetzung) steht an der Spitze der hier gesammelten Abhandlungen.

Nicht nur die Ausgangslage dieser Ausführungen, der Entwicklungsrückstand der Rechtssoziologie gegenüber der Rechtsvergleichung, sondern auch das Erkenntnisinteresse an Überlegungen zum Verhältnis von Rechtssoziologie und Rechtsvergleichung blieben lange Zeit für die weitere Erörterung maßgebend. Paradoxerweise betrachtete sowohl die Rechtssoziologie die Rechtsvergleichung als Hilfswissenschaft oder als eine ihrer Forschungsmethoden, wie umgekehrt die Rechtsvergleichung ähnliche Dienste von der Rechtssoziologie erwartete. Jedoch die Reaktionen beider Disziplinen auf die Einsicht ihrer Ergänzungsbedürftigkeit fiel verschieden aus: Während die Rechtssoziologie gegenüber der Rechtsvergleichung stets positiv eingestellt war (typisch hier das Werk Eugen Ehrlichs und seine Stellung zu Edouard Lambert), führte das mehr oder weniger bewußt empfundene Bedürfnis nach rechtssoziologischer Ergänzung der Rechtsvergleichung bei deren Jüngern immer wieder zu Zweifeln über ihren Forschungsbereich und ihre Methoden und stellte damit immer wieder ihr Selbstverständnis in Frage. Viele Rechtsvergleicher glaubten, im Interesse einer klaren Abgrenzung beider Disziplinen mit besonderem Nachdruck den normativen Charakter der Rechtsvergleichung betonen zu müssen, nicht zuletzt wohl auch deshalb, um auf diese Weise ihren Charakter als Bestandteil der Rechtswissenschaft im strengen Sinne wahren zu können. Dies ist bis heute so geblieben, obwohl man jetzt doch stärker auch nach dem Gewinn fragt, den die Rechtssoziologie aus der Rechtsvergleichung ziehen kann.

Das Ende des letzten Weltkrieges bedeutete für die deutsche Rechtssoziologie wie für die deutsche Rechtsvergleichung eine Art Neubeginn. Beide waren durch die Emigration jüdischer Rechtswissenschaftler besonders hart betroffen, ja die Rechtssoziologie weithin zum Erliegen gekommen. In dieser Situation des Neubeginns hat Ulrich Drobnig die Frage nach dem Verhältnis beider Wissenschaften als erster wieder thematisiert und ausführlich behandelt. Je mehr sich dann in der Folgezeit die Rechtssoziologie entwickelte, um so stärker wurde auch wieder die Frage ihres gegenseitigen Verhältnisses akut. Es lag daher nahe, daß diese Probleme erneut auf einem Internationalen Kongress für Rechtsvergleichung behandelt wurden, nämlich im Jahre 1970 in Pescara. Zwei der Länderberichte (Terré und Drobnig) sowie der Generalbericht (Lukič) zum Thema „Soziologische Methoden der Rechtsvergleichung" werden hier erstmals in deutscher Sprache wiedergegeben.

Trotz beachtlicher Erfolge, insbesondere in den Vereinigten Staaten, hat es die Rechtssoziologie bis heute nicht vermocht, ihren Rückstand gegenüber der Rechtsvergleichung aufzuholen. Das veranlaßt jetzt Rechtssoziologen häufiger noch als früher, nach dem Erkenntnisgewinn zu fragen, den sie aus der Rechtsvergleichung ziehen können. Nach Erscheinen zweier umfangreicher deutscher Lehrbücher der Rechtsvergleichung (Zweigert / Kötz und Constantinesco) und einiger Teile der groß angelegten International Encyclopedia of Comparative Law ist daher die Frage nach dem Verhältnis von Rechtssoziologie und Rechtsvergleichung sowohl von seiten der Rechtssoziologie wie von seiten der Rechtsvergleichung wieder ein akutes Thema. Die Herausgeber hoffen, durch diesen Sammelband dazu beizutragen, daß die Diskussion zwischen den beiden Disziplinen und in ihnen neu belebt werde und über die bisherigen Überlegungen hinaus zu neuen Einsichten führen möge.

Hamburg/Zürich, im Juni 1976

Ulrich Drobnig

Manfred Rehbinder

I. Zum gegenseitigen Verhältnis von Rechtssoziologie und Rechtsvergleichung

RECHTSSOZIOLOGIE UND RECHTSVERGLEICHUNG

Von Gabriel Tarde*

Welcher Art ist das Verhältnis der Rechtsvergleichung zur Soziologie? Ist es vorteilhafter, diese beiden auf unterschiedlichen Quellen und Überlegungen beruhenden Forschungszweige einander näher zu bringen oder sie sauber getrennt zu halten? Es scheint höchste Zeit zu sein, klar auf diese Fragen zu antworten.

Zweifellos ist die Rechtsvergleichung aufgerufen, der Sozialwissenschaft Dienste zu erweisen, ist doch die Vergleichung der Gesetzgebungen wie jene der Sprachen, der Religionen, der Staats- und Regierungsformen, der Wirtschaftsordnungen, der Künste und Sitten unter Berücksichtigung ihrer Entstehung und Veränderung gewissermaßen der „Rohstoff" des Soziologen. Man könnte sagen, daß die Soziologie jene Wissenschaft ist, welche diese Vergleichungen vergleicht, welche diese Nebeneinanderstellungen nebeneinanderstellt, um dadurch Einblick in die konstante, wenn auch unendlich vielfältige, Wirkung der gleichen Gesetze der Sozialpsychologie zu gewinnen. Aber man kann sich fragen, ob die Hilfe, die sie von allen diesen vergleichenden Wissenschaften erhält, eine gegenseitige ist, d. h. ob die Soziologie ihrerseits diesen Wissenschaften von Nutzen ist und in welchem Maß. Haben die vergleichende Linguistik oder die vergleichende Mythologie etwa nicht zu den heute bekannten Resultaten geführt, ohne sich auch nur im geringsten mit der allgemeinen Wissenschaft von der Gesellschaft zu beschäftigen, die im übrigen erst später entstand. Und scheint es nicht, daß gerade ihre Unabhängigkeit von jedem soziologischen System, ihre entsprechende vollständige Handlungsfreiheit, notwendige Bedingungen ihrer Entwicklung waren? Es ist nicht einzusehen, warum es sich mit der Rechtsvergleichung nicht gleich verhalten sollte, die im übrigen noch viel früheren Ursprungs ist und auf mindestens das 16. Jahrhundert zurückgeht, in jene Epoche, als die Konflikte zwischen lokalen Gewohnheitsrechten unter sich und mit dem römischen und dem kanonischen Recht die Aufmerksamkeit der großen Juristen erweckten. Glücklicherweise sind diese Juristen in ihrem geschlossenen und abgegrenzten Gebiet frei ihre eigenen Wege gegangen, ohne sich

---

* Congrès international de droit comparé. Procès verbeaux I (1905), 437 bis 445. Übersetzung von Dr. Wolfgang Larese.

von der Sozialwissenschaft beeinflussen zu lassen, wie man sie zu jener Zeit verstehen konnte, nämlich auf der Bibel beruhend.

Man kann in der Tat nicht verneinen, daß diese anfängliche Trennung der Bereiche, worin sich die verschiedenen Sozialwissenschaften kraft der ihnen eigenen Dialektik und Methoden entwickelt haben, für deren Entstehung von Vorteil war; es ist im Interesse der Wissenschaft überhaupt, die durch dieses Zusammenwirken entstanden ist, sehr wichtig, daß die einzelnen Wissenschaften anfangen, sich unabhängig voneinander zu entwickeln, da nur so allfällige Übereinstimmungen wegen ihrer Ursprünglichkeit eine klare und nicht zweideutige Bedeutung haben. Aber haben sich diese einzelnen Wissenschaften einmal etabliert und gefestigt, so ist in Erfahrung zu bringen, ob sie nicht an einer gegenseitigen Annäherung interessiert sind, um Hinweise und Richtlinien voneinander zu übernehmen und um Ergebnisse auszutauschen.

In Wirklichkeit verhält es sich heute so, daß man sich nicht mit Rechtsvergleichung beschäftigen kann, ohne gleichzeitig Soziologie zu betreiben, geschehe dies nun wissentlich oder unwissentlich. Und man läuft große Gefahr, schlechte Arbeit zu leisten, wenn man es ohne sein Wissen tut. Werde ich deshalb zur Empfehlung gelangen, im Rahmen der Rechtsvergleichung unbedingt die soziologische Methode anzuwenden? Die Antwort ist nein, da diese noch nicht gesichert ist. Aber es ist unumgänglich, sich für eine der verschiedenen Konzeptionen der Sozialwissenschaft und der verschiedenen daraus abgeleiteten Methoden zu entscheiden, und zwar durch bewußte und begründete Wahl. Unterläßt man eine solche Wahl, so ist man dazu verurteilt, in wirrem Durcheinander sich widersprechende Konzeptionen und Methoden anzuwenden, ohne je auf diesen konfus angehäuften Unterlagen Brauchbares aufbauen zu können.

Welcher wissenschaftliche Gewinn — wobei ich nicht von der genügend offenkundigen praktischen Nützlichkeit spreche — ist von der Rechtsvergleichung zu erwarten? Dies differiert je nach der Idee, welche für die Forschungen bestimmend und leitend sein wird. Wenn nun diese Idee in der unter dem Begriff der Gesellschaft als Organismus bekannten Hypothese besteht, wonach die Entwicklung des Rechts, von unbedeutenden Varianten abgesehen, einem geregelten gleichförmigen und unvermeidlichen Ablauf von aufeinanderfolgenden Phasen entspricht, ähnlich der Reihenfolge der embryonalen Zustände eines Lebewesens, so gäbe es für die Rechtsvergleichung kein anderes Ziel, als diese bereits vorgegebene Linie auszuziehen. Das einzige Interesse an der ständig zunehmenden Sammlung von verschiedenen Gewohnheitsrechten und Gesetzen kann unter diesen Umständen nur darin bestehen, die noch vorhandenen Lücken auf dieser Linie auszufüllen. Das

Ideal ist unter diesem Gesichtspunkt tatsächlich die Vervollständigung der Sammlung, wobei es sich allerdings um ein Ideal handelt, das niemals verwirklicht werden kann. Die Verwirklichung gelingt dem Anschein nach nur dann, wenn man einerseits das Gewicht von vielen Unterschieden zwischen den in Beziehung gebrachten Rechten verkennt, und wenn man andererseits hinsichtlich vieler Ähnlichkeiten übertreibt, diese Erscheinungen als ursprünglich gewachsen qualifiziert, auch wenn es wahrscheinlicher ist, daß es sich um Übernahmen handelt. Als unglückliche Folge dieser Perspektive, die eine einfache und auch scheinbar überzeugende Deutung der aus der Vergangenheit überkommenen Dokumente der Gesetzgebung und des Gewohnheitsrechtes liefert, ist aber festzuhalten, daß sie geeignet ist, den heutigen Gesetzgeber in seiner Arbeit zu entmutigen und zu demoralisieren, kann es sich für ihn ja nicht mehr darum handeln, nach eigenem Gutdünken, wie es ihm richtig und gut erscheint, zwischen verschiedenen in Frage kommenden Möglichkeiten zu wählen, sondern nur mehr darum, unter den neuen Gesetzgebungen der andern zivilisierten Länder jene zu suchen, welche man auf dem wohlbekannt einzigen und für die ganze Welt gültigen Weg der Rechtsentwicklung als die fortschrittlichste bezeichnen muß, und diese mehr oder weniger bearbeitet vollumfänglich in sein Land einzuführen.

Begreiflicherweise haben diese Konsequenzen zum Nachdenken veranlaßt, und ist das ihnen zugrunde liegende Prinzip vielen guten Köpfen verdächtig geworden. Aber wenn sich dieses Prinzip als ungenügend und unvermögend erwiesen hat, wie verhält es sich dann mit den andern, welche eine differenziert verstandene Soziologie den Forschern hier zur Verfügung stellt? Sozialer Determinismus, bei dessen Fehlen es möglicherweise kaum eine Sozialwissenschaft gäbe, bedeutet keinesfalls zwingend sozialen Formalismus, welcher die rechtlichen (oder sprachlichen, religiösen oder politischen) Formen der Gesellschaft zwingt, in einer unveränderlichen Ordnung abzurollen; es genügt ihm, daß die individuellen Kräfte, welche diese Formen hervorbringen, als solche regelmäßig sind, und daß in der Vielgestaltigkeit der Formen diese Regelmäßigkeit zum Ausdruck kommt, welches auch immer die ursprüngliche Verschiedenheit der Individuen, Ausgangspunkt jeder Veränderung, sein mag. Man kann also die gesellschaftlichen Bahnen in jeder Art von Entwicklung als sehr mannigfaltig und sehr unterschiedlich voraussetzen, was allerdings nicht besagen will, daß sie in ihrer Mannigfaltigkeit und Unterschiedlichkeit nicht eingeteilt werden können in eine gewisse, vielleicht kleine, Anzahl von Typen und Untertypen, welche gewissermaßen den einzigen Tatbeständen stabilen Gleichgewichts entsprechen, jenen logischerweise allein lebensfähigen Kombinationen unter einer Unzahl von totgeborenen. Unter diesem neuen Gesichtspunkt erscheint es viel weniger als Aufgabe der Rechtsvergleichung, unaufhörlich Rechte auszugraben und zu sammeln, als eine natürliche, d. h. vernünftige Klassifizierung der rechtlichen Typen, der Zweige und Familien des Rechts auszuarbeiten. Ist diese Ordnungsweise einmal entdeckt, so lassen sich leicht alle rechtlichen Institutionen, bekannte oder erst noch kennenzulernende, einreihen. So haben etwa die Linguisten schon seit langem die Verschiedenartigkeit der großen Sprachfamilien nachgewiesen und können nun mühelos alle neu entdeckten Sprachen darin einordnen. Die Klassifikation der Botanik oder der Zoologie wird auch nicht modifiziert, wenn einige neue Pflanzen bzw. Tiere hinzukommen; und selbst wenn sich die Zahl der lebenden Arten um die Hälfte verminderte, wäre es nicht am Platz, diese Ordnung von Grund auf umzuarbeiten? Sobald die Objekte einer Wissenschaft nach ihrer wirklichen Zusammengehörigkeit gut qualifiziert worden sind, wird das Interesse an einer Vervollständigung der Sammlung sekundär.

Ergibt sich aus der Sprachvergleichung auch nur der leiseste Anlaß, an die Existenz einer einzigen von Natur aus gegebenen Sprache zu denken? Nicht mehr, als sich aus der Vergleichung der Rechtsordnungen der Beweis ergibt, daß ein einziges von Natur aus gegebenes, ein Naturrecht, existiere. Was sich aus der Vergleichung der Sprachen, der Rechtsordnungen, der Religionen usw. ergibt, ist vielmehr das Wirken ein- und derselben Logik, welche allein dem menschlichen Geist von Natur aus gegeben ist. Die Vorstellung einer einzigen und weltweiten Entwicklung der Sprache oder des Rechts entspricht nun, dynamisch ausgedrückt, dieser statischen Idee einer von Natur aus gegebenen Sprache oder eines Naturrechts, und ist nicht mehr und nicht weniger begründet. Es gibt nicht ein Naturrecht, es gibt mehrere Rechte; es gibt nicht eine einzige von Natur aus notwendige Entwicklung des Rechts, sondern mehrere; was noch einmal heißt, daß es verschiedene Rechtstypen gibt, welche geeignet sind, sich auf verschiedenen Wegen zu verwirklichen. Die Karte dieser Wege zu zeichnen, ist die erste Aufgabe, welche sich der allgemeinen Rechtswissenschaft aufdrängt; darüber hinaus wird sie in der Folge zu arbeiten haben, wie es die Biologie tat mit Darwin und andern, welche ausgingen von den vorgängig in den großen Linien angelegten Klassifikationen von Jussieu und Cuvier.

Aber wie soll man zu dieser von Natur her gegebenen Klassifikation gelangen? Ist es nicht beim Studium, beim Umgehen mit der lebendigen Materie, daß der Naturwissenschaftler die toten Arten zu verstehen und einzuordnen, ihre Funktionen und ihre verwandtschaftlichen Beziehungen zu erraten lernt? Die gute Methode besteht überall darin, alte Fakten im Lichte neuer zu interpretieren, und die Phänomene der Vergangenheit so gut wie möglich mit Hilfe der gleichen Kräfte zu erklären, welche wir heute vor unsern Augen analoge Phänomene hervorbringen sehen. Allein die Handhabung des aktuellen Rechts, des lebendigen Rechts im Augenblick seiner Entstehung, des, um es so zu sagen, gelebten Rechts in gerichtlichen, parlamentarischen oder gar rechtswissenschaftlichen Diskussionen trägt bei zur Kenntnis der rechtlichen Kräfte, die zu allen Zeiten gewirkt haben, und zur wahren Interpretation der Zusammengehörigkeit der verschiedenen Gesetzeskörper.

Dieses tiefe Gefühl für die schöpferischen und verändernden Kräfte des Rechts erhält man weder durch die Vergleichung eines Rechts mit einem andern und die Hervorhebung von Gemeinsamkeiten und Unterschieden, noch durch das Entrollen der aufeinanderfolgenden Phasen eines einzigen Rechts; man gewinnt es vielmehr mit der Erfahrung ihrer Kämpfe, der inneren Widerstände, dem Aufeinanderprallen von Gesetzesprojekten im Parlament, von Gesetzesbestimmungen, rechtlichen Systemen und richterlichen Präjudizien. Ein Prozeß ist die Begegnung und das Zusammenstoßen zweier individueller Kräfte, welche plötzlich ihre Widersprüchlichkeit bemerken, nachdem sie bisher friedlich, in unbehinderter Gewohnheit, in regelmäßiger und als rechtmäßig betrachteter Wiederholung nebeneinander dahingeflossen sind. Eine Auseinandersetzung im Rahmen der Gesetzgebung ist die Begegnung und das Aufeinanderprallen von zwei großen Strömungen allgemeiner Kräfte, allgemeiner Interessen, welche durch eine lange Reihe von sich wiederholenden Handlungen geschaffen worden sind und welche sich, kaum sehen sie sich gegenübergestellt, um die Berufung zur Rechtsnorm streiten. Es sind diese aus solchen Wiederholungen entstandenen Gegensätze, wodurch nach und nach eine Anpassung der Rechtsprechung, der Gesetzgebung und auch der Doktrin an neue Bedürfnisse und neue Gegebenheiten vollzogen wird. Und hier muß man die rechtliche Kraft in ihrer vollen Tätigkeit studieren. „Rechtlich" bedeutet nutzbringende Dialektik, im wesentlichen soziale Verbindung von Logik und Zweckdenken, von gedanklicher Schärfe und Beweglichkeit, wo logischer Schluß und Berechnung sich decken, sei dies beim Gesetzgeber, der das Gesetz erläßt, sei es beim Professor, der die Doktrin schafft, sei es beim Richter, der Recht spricht. Denn die Kodifikationen, die Gesetzessammlungen, sind nur Zeughäuser, und ein Gesetzesartikel ist nichts anderes als eine Waffe; und der Anblick von Zeughäusern vermittelt weniger Kenntnis vom militärischen Leben als das Schauspiel einer einzigen kleinen Schlacht. Die vergleichende Ausstellung der Waffen aller Nationen, die Retrospektive gar der Entwicklung der Bewaffnung eines jeden Volkes, gewinnen ihre Bedeutung nur unter Berücksichtigung der unzähligen Schlachten, geschlagenen oder denkbaren, wodurch sie erklärt werden und wofür sie eine Erklärung bilden.

Die erste und nicht die geringste Schwierigkeit, welcher die vergleichenden Sozialwissenschaften je in ihrem Bereich gegenüberstehen, ist die Beantwortung der Frage, ob es sich bei den Ähnlichkeiten, welche sie zwischen den miteinander in Beziehung gebrachten Sprachen, Religionen, Rechtsordnungen, Institutionen, Gewerben, Künsten, Moralordnungen feststellen, um Entlehnungen handelt oder ob sie selbständig gewachsen sind. Es ist falsch und unendlich trügerisch, sich auf das „gewisse Gefühl" des Gelehrten zu verlassen, um diese fundamentale Unterscheidung zu treffen. Wenn man sich vergegenwärtigt, was soeben gesagt worden ist, wenn man nicht vergißt, daß die Phasen einer rechtlichen Entwicklung nicht dem Abfließen von Wasser aus einer Quelle, nicht den Ableitungen aus einem Grundprinzip entsprechen, sondern vielmehr eine Reihe von sich folgenden Siegen dieser oder jener Partei darstellen, je als Ergebnis gesellschaftlicher Kämpfe voller Umschwünge und Überraschungen, so wird man nicht leichtfertig ohne jeden Beweis anerkennen, daß sich bei einer großen Anzahl von verschiedenen, miteinander nicht in Beziehung stehenden Völkern genau die gleiche Reihe hat wiederholen müssen. Wenn man weiß, auf welche Distanz von Raum und Zeit, über welche als unüberschreitbar gehaltenen Hindernisse, ohne Verschiebung von Völkern und Armeen, ohne historisch bekannten Kontakt, sich gewisse Märchen, gewisse Mythen, gewisse wohl charakterisierte sittliche Verhaltensweisen verbreiten konnten, und daß weder der Unterschied der Rassen, noch die Höhe der Berge, noch die Breite der Meere eine wirksame Schranke gegen die sozialen Winde sind, welche die Keime der Ideen mit sich tragen, so muß man hier zweimal, ja zehnmal schauen, bevor man eine rechtliche oder andere Ähnlichkeit als vollkommen ursprünglich beurteilt und auf Grund dieser Vermutung Folgerungen ableitet und Systeme errichtet. Man gestatte mir zu diesem Thema einige Überlegungen.

Wenn ein Problem, das in irgendeinem der heutigen europäischen Staaten entstanden ist, international geworden ist — Alkoholismusbekämpfung, Unterdrückung des Vagabundenwesens oder der Presseauswüchse, Regelung der Versicherung bei Arbeitsunfällen, das Verhältnis zwischen Arbeitgeber und Arbeitnehmer, die Befreiung der verheirateten Frau von gewissen Abhängigkeiten usw. — so ergibt sich bald am Beispiel eines Landes ein Wettstreit zwischen den Parlamenten der verschiedenen Länder und ein Höherbieten mit eigenen Gesetzesprojekten, um am bestmöglichsten das gemeinsame Ideal zu verwirklichen. Man wird leicht bemerken, daß unsere zivilisierten Parlamente sich so gegenseitig beeinflussen und daß unter ihnen eine Art von großer Zusammenarbeit entsteht unter einem mehr oder weniger zugestandenen Vorsitz. Und wenn man nun in die jüngste, d. h. in die historisch erfaßte Vergangenheit zurückgeht, wird man sehen, daß dieses Zusammengehen und dieser Vorsitz schon immer bestanden haben, in einem geringeren Umfang allerdings, da die Sphäre von solcherart solidarisierenden Staaten seither ständig zugenommen hat.

Aber welche Gründe gestatten die Annahme, daß diese gegenseitige Beeinflussung, dieser Wettstreit, diese gegenseitige oder einseitige Nachahmung, möglicherweise verdeckt wegen der Anpassung an die besonderen Gegebenheiten eines Landes, nicht immer schon gewirkt haben, selbst bei vorgeschichtlichen Völkern und Volksstämmen? Wenn ein Ethnograph in Unkenntnis dessen, daß die verschiedenen in unserer Zeit in voneinander sehr entfernten Ländern erlassenen Gesetze über die Scheidung, über Arbeitsunfälle oder über den Alkoholismus voneinander beinflußt worden sind, diese in zwei- oder dreitausend Jahren entdecken wird, wird er da nicht auch der Versuchung ausgesetzt sein, sich — schon um das Einzigartige seiner Entdeckung zu betonen — selber zu überzeugen, daß die übereinstimmenden Erscheinungen sich selbständig entwickelt haben, und damit die Einheitlichkeit des menschlichen Geistes beweisen? Und laufen nicht unsere heutigen Ethnographen Gefahr, durch eine analoge Illusion getäuscht zu werden, wenn sie Institutionen wilder oder barbarischer Völker vergleichen und alle ähnlichen Erscheinungen als ursprünglich qualifizieren? Es kommt nicht nur in der Naturgeschichte vor, daß die Chimäre der ursprünglichen Entstehung hervorragende Geister verführt hat. Man kann feststellen, daß zu jeder Zeit neben dem Gewohnheitsrecht eine beachtenswerte gesetzgeberische Tätigkeit bestanden hat in Form königlicher Edikte oder von Befehlen eines Führers. Obschon ein solcher Befehl an sich darauf gerichtet war, nur in einem Einzelfall zur Anwendung zu gelangen, erhielt er bald per analogiam eine generelle Bedeutung, indem er einen Präzedenzfall bildete, der sowohl den Gerichten als auch den Schiedsrichtern, ja selbst den Parteien als Regel diente. Aus dem gleichen Grund, aus dem nach Sumner Maine die Entscheide der ersten bevollmächtigten Schiedsrichter eine gewisse Art von gewohnheitsrechtlicher Rechtsprechung entstehen ließen, bildeten auch die königlichen Anordnungen den Keim einer Gesetzgebung. Aber zu allen Zeiten, selbst in den am wenigsten entwickelten Gebieten, standen die Führer der Völker und Volksstämme in Beziehungen gegenseitiger Beeinflussung, der Rivalität und des Wettstreites, lange schon bevor ihre Untertanen begannen, sich spürbar zu beeinflussen. Zu allen Zeiten gab es also für die Führer auf internationaler Ebene in einem gewissen Bereich gemeinsame Probleme, die sich näher und näher rückten, so daß die Ähnlichkeit der für sie getroffenen Lösungen keinesfalls überraschen darf.

Man hat sich viel mit den Erleuchtungen beschäftigt, welche die Untersuchung der primitiven Institutionen manchmal auf verblüffende Weise, oft aber nur vermeintlich, hinsichtlich der Entwicklung der Institutionen der zivilisierten Völker mit sich zu bringen vermag. Diese Methode ist nun zu ergänzen, indem man sie umzukehren versucht: man hat in der Tat zu wenig an die Frage gedacht, ob die großen Zivilisationen, die in einer von uns geschichtlich gerade noch erfaßbaren Zeit schon in Blüte standen, nicht in einem gewissen Masse dazu dienen könnten, viele Besonderheiten der bei wilden Stämmen erst in lange nach diesen Zivilisationen liegender Zeit beobachteten Sitten und Institutionen zu erklären. Es darf nämlich keinesfalls angenommen werden, daß diese bedeutenden Stätten der Antike wie Chaldäa, Ägypten, Phönizien, Indien oder China während Tausenden von Jahren um sich gestrahlt haben, ohne daß ein Teil ihrer Strahlen aufgefangen und, sich brechend, bis ins Nomadenzelt oder in die Fischerhütte eingedrungen wäre. Sind es doch nur drei Jahrhunderte her, seit Amerika entdeckt worden ist, und schon sind viele Besonderheiten unserer Sitten, gewisse unserer Bedürfnisse wie auch Wörter unserer Sprache von den letzten Stämmen der Indianer übernommen und assimiliert worden. Unglücklicherweise kopieren die Wilden nichts, ohne es zu entstellen, was wie bei zeichnenden Kindern auf Ungeschicklichkeit zurückzuführen ist. Man weiß, was aus französischen Wörtern wird, wenn die Neger sie übernehmen. Und auch die französischen Institutionen werden durch die Übernahme vollständig unkenntlich. Um die Tatsache einer Übernahme durch diese Überdeckungen hindurch erkennen zu können, ist es nun von Vorteil, sich durch die Erfahrung dessen belehren zu lassen, was sich heute vor unseren Augen abspielt, nämlich durch das Studium jener Veränderungen, welche die bewußte und freiwillige Einführung von im Ausland übernommenen Institutionen begleiten.

Ich will nicht weiter auf diesen Betrachtungen bestehen, welche, um es zusammenzufassen, nicht dahin tendieren, die Wichtigkeit der ethnographischen Forschungen zu vermindern, sondern vielmehr, den Sinn und die Tragweite ihrer Ergebnisse zu präzisieren. Fügen wir ein letztes Wort bei. Es ist ein Irrtum anzunehmen, und das wird genügend erhärtet durch das bisher Gesagte, daß die Einführung des soziologischen Geistes in die juristischen Studien die freie Wahl durch die menschliche Vernunft behindere, indem er ihr eine einzige Lösung ihrer Probleme aufzwinge. Nicht nur kann ein Ideal unbestrittenermaßen durch verschiedene Mittel verwirklicht werden, sondern es ist vor allem auch unwahr, daß die am weitesten fortgeschrittene Sozialwissenschaft, d. h. die Wissenschaft von allem, was auf sozialer Ebene ist und war, uns in bestechender Weise den Vorteil zeigen werde, ein bestimmtes Ideal jedem anderen vorzuziehen, uns somit moralisch eine

Wahl aufzwingen und uns vor allem dazu zwingen werde, aus dem Sein und dem Gewesenen das Sollen abzuleiten. Solange noch Indikativ und Imperativ unserer Sprache nicht verschmelzen, solange werden auch die Erkenntnisse der Wissenschaften immer etwas anderes sein als die Triebkräfte des Willens und des Herzens. Ein Lehrer der Linguistik zeigte kürzlich, daß der Imperativ der erste Modus des Verbs gewesen sei, also der erste Keim der Sprache. Entsprechend verhält es sich mit allem Recht: es hat mit einem Befehl begonnen. Alles beginnt und endet im Recht in einem sich mitteilenden Willensakt.

RECHTSVERGLEICHUNG UND RECHTSSOZIOLOGIE

Von Ulrich Drobnig*

I. Rechtsvergleichung

Das Verhältnis von Rechtsvergleichung und Rechtssoziologie bestimmen heißt zunächst, den heutigen Ort dieser beiden Wissenschaften feststellen. Denn daß uns heute weder die Ortsbestimmungen noch die Aussagen der Vergangenheit über das gegenseitige Verhältnis beider Disziplinen befriedigen, ist bei der jugendlich raschen Entfaltung dieser beiden Wissenschaften nicht allzu erstaunlich. Dennoch ist ein Rückblick auf diese früheren Selbstbesinnungen auch für die Gegenwart belehrend und anregend.

Wichtigster Anlaß für eine Abgrenzung der Rechtsvergleichung von verwandten Gebieten war der internationale Kongreß für Rechtsvergleichung im Jahre 1900 in Paris, welcher als erstes Thema die allgemeine Theorie und Methode der Rechtsvergleichung zum Gegenstand hatte. Die Stellungnahme der einzelnen Berichterstatter steckt die Positionen ab, zwischen denen später immer wieder auch andere Autoren entschieden haben. So findet man einerseits in *Saleilles* und *La Grasserie* die strengen Methodiker, die die Rechtsvergleichung nachdrücklich von jedem außerpositiven Element reinhalten wollen[1]. Insbesondere hat *Saleilles* die Herausarbeitung von Idealtypen als Leitbildern einer allgemeinen Gesetzgebung für ein Stück Rechtspolitik erklärt — und daher als außerhalb der Rechtsvergleichung liegend abgelehnt[2]. Aus der gleichen Einstellung folgt die strenge Unterscheidung von Rechtssoziologie und Rechtsvergleichung, wie *La Grasserie* sie der Sache nach treffend herausgearbeitet hat, wenn er die Erforschung der Ursachen und Wirkungen des Rechts von der lediglich beschreibenden Rechtsvergleichung abtrennt[3]. *Saleilles* erwähnt als einzige Beziehung der Rechtsvergleichung zur Rechtssoziologie, daß diese die Gründe für den Einfluß der Rechtsvergleichung bei der nationalen Gesetzgebung aufzei-

* RabelsZ 18 (1953) 295 - 309.

[1] Saleilles, in: Congrès international de droit comparé. Procès verbaux I (1905) 172 ff.; La Grasserie daselbst 208 = Jahrbuch für vergleichende Rechtswissenschaft 6 (1904) 337.

[2] Saleilles 177, 172 f.

[3] La Grasserie 217 f. = Jahrbuch 345 f.

gen solle[4]. Auch der Soziologe *Tarde*, der sich ausdrücklich mit unserem Thema beschäftigt, setzt die Selbständigkeit beider Wissenschaften voraus: er weiß jedoch nur über den Nutzen der Rechtsvergleichung für die Soziologie zu berichten, den er ganz richtig in der Erweiterung des Gesichtskreises der Soziologie sieht[5]. *Lambert* dagegen, der Generalberichterstatter zu dem ersten Kongreßthema, wirft dieser methodenstrengen Auffassung vor, daß sie durch den Ausschluß jeder Wertentscheidung das Bedürfnis der Rechtsvergleicher nach einer praktischen Anwendung ihrer beschreibenden Darstellung nicht befriedige. Daran knüpft er die Vermutung, daß die Rechtsvergleichung selbst schon Rechtssoziologie sei[6].

Die Frontenstellung, die sich mit der engen Konzeption der Rechtsvergleichung bei *Saleilles* und *La Grasserie* einerseits und der weiten Auffassung von *Lambert* auf der anderen Seite abzeichnet, läßt sich durch die ganze weitere wissenschaftstheoretische Diskussion um den Standort der Rechtsvergleichung verfolgen. Die engere Auffassung ist immer wieder von *Ernst Rabel* verfochten worden. Diese streng juristische Richtung zieht aus der Begrenzung ihres Arbeitsfeldes vor allem zwei Folgerungen. Zum ersten bedeutet Rechtsvergleichung nur Beschreibung unter Verzicht auf Rechtskritik[7]. So wird die Grenze zur Rechtsvereinheitlichung, zur Rechtspolitik, zur Interpretation und Lückenfüllung des Landesrechts gezogen; allenfalls mag noch die Aufstellung einer vergleichenden Institutionenlehre trotz ihres unvermeidbar normativen Elementes gestattet sein. Zweitens entspricht der rein juristisch-beschreibenden Methode der Rechtsvergleichung die Ausscheidung aller Fragen nach den soziologischen Gründen für die Rechtsverschiedenheiten und nach ihren Wirkungen auf das Leben der Gesellschaft[8]. Daraus folgt die Möglichkeit einer klaren Abgrenzung der Rechtsvergleichung zur Rechtssoziologie bzw. Rechtsphilosophie (je nach dem, ob man die „Darlegung der Kausalität im Entstehen und Wirken des Rechts" der Soziologie oder mit *Rabel* der Philosophie zuweist)[9]. *Bevilaqua* hat die nüchterne Selbstbescheidung dieser Auffassung von Rechtsvergleichung und ihre lebensvollere Ergänzung durch die Soziologie anschaulich gemacht, wenn er die Rechtsverglei-

4 Saleilles 171.

5 Tarde, Procès verbaux I (N. 1) 437.

6 Lambert, Procès verbaux I (N. 1) 35.

7 E. Rabel, Aufgabe und Notwendigkeit der Rechtsvergleichung: Rheinische Zeitschrift für Zivil- und Prozeßrecht 13 (1924) 280, 337; derselbe, Die Fachgebiete des Kaiser Wilhelm Instituts für ausländisches und internationales Privatrecht: 25 Jahre Kaiser Wilhelm Gesellschaft (Berlin 1937) III 81. Gleicher Ansicht auch Kaden, Art. Rechtsvergleichung: RvglHWB VI (Berlin 1938) 17 ff.

8 E. Rabel, Aufgabe 345 f.

9 E. Rabel, Die Verfügungsbeschränkungen des Verpfänders (Basel 1909) 2.

chung die vergleichende Anatomie, die Rechtssoziologie dagegen die vergleichende Histologie des Rechts nennt[10].

Der weitgehende Ausschluß der eigenen Wertentscheidungen sowie soziologischer Gedankenreihen aus der Rechtsvergleichung ist wohl die konsequenteste Folgerung aus ihrem streng juristischen Charakter. Die Kopplung beider Folgerungen ist jedoch zum Teil unbewußt, zum Teil bewußt nicht immer als notwendig erachtet worden. Eine erste Gruppe von Schriftstellern will zwar ebenfalls an dem juristischen Charakter der Rechtsvergleichung festhalten. Jedoch scheinen von diesem Standpunkt aus normative Entscheidungen nicht schlechthin abgelehnt zu werden. Ausdrücklich wendet man sich nur gegen eine Auffassung, die die Rechtsvergleichung auch als Suche nach den Entstehungsgründen des Rechts auffaßt. Übereinstimmend weisen etwa *Bernhöft, Bevilaqua, Vinogradoff* und *Weyr* eine solche Fragestellung der Soziologie zu[11]. Ganz bewußt legen dagegen *Sarfatti* und *Arminjon / Nolde / Wolff* den Trennungsstrich zwischen das normative und das soziologische Element: sie gebieten der Rechtsvergleichung einerseits außer der beschreibenden Darstellung auch praktisches Handeln, scheiden aber andererseits doch die historisch-ethnologische, der Soziologie nahestehende Rechtsvergleichung aus der rein juristischen Rechtsvergleichung aus[12].

Diese bewußte Übernahme von Wertentscheidungen in die Rechtsvergleichung leitet zu jener weiten Konzeption über, die in dieser Wissenschaft nicht nur eine juristische, sondern zugleich eine allgemeine Kulturwissenschaft sieht. Jüngster Vertreter dieser Ansicht ist in Deutschland *Walter Erbe*. Er beansprucht für die Rechtsvergleichung nicht nur die Aufweisung „richtigen Rechts“, sondern erklärt ausdrücklich, daß „Gegenstand der Rechtsvergleichung ... oft genug auch die Ursachen der Rechtssätze und ihre Rückwirkung auf das Leben“ seien[13]. Obwohl diese Aussage die Einverleibung der Soziologie in die Rechtsvergleichung zu bedeuten scheint, erklärt *Erbe*[14] später, daß er

[10] C. Bevilaqua, Resumo das licçiones õ es legislaçao comparada sobre o direito privado[2] (Bahia 1897) 23 f.

[11] Bernhöft, Zeitschrift für vergleichende Rechtswissenschaft 1 (1878) 37: „Nur eines fordert das Interesse der Wissenschaft: in der Erweiterung ihrer Grenzen nicht über das Recht im strengsten Sinne des Wortes hinauszugehen.“ Weyr, Festschrift Lambert (Paris 1938) I 314; Bevilaqua, s. vorige Note; Vinogradoff, Art. Jurisprudence, Comparative: Encyclopedia Britannica[13] (1926) XV 580.

[12] Sarfatti, Introducción al estudio del derecho comparado (Méjico 1945) 68 ff., 73; Arminjon / Nolde / Wolff, Traité de droit comparé I (Paris 1950) 31 ff. Der Sache nach ebenso Martinez Paz, Introducción al estudio del derecho civil comparado (Córdoba 1934) 64, 119 ff.; A. Otetelisanu, Actualia conceptie supra stintei dreptului comparat (Bukarest 1938) 11, 13 ff.

[13] W. Erbe, Der Gegenstand der Rechtsvergleichung: RabelsZ 14 (1942) 198, 217.

[14] Erbe 225 Anm. 156.

die Grenzscheidung zwischen Rechtsvergleichung und Rechtssoziologie nicht behandeln wolle, geht hier also anscheinend von der Nichtidentität beider Disziplinen aus. Es bleibt allerdings ungewiß, welchen Raum der Verfasser bei seiner großzügigen Erstreckung des Feldes der Rechtsvergleichung überhaupt noch der Rechtssoziologie zuweisen könnte. Von den zeitgenössischen ausländischen Autoren vertreten *David, Gutteridge* und *Schnitzer* eine ähnlich weite Auffassung[15]. Schließlich sei erwähnt, daß nach der Ansicht einiger weiterer Autoren die Rechtsvergleichung praktisch in der Soziologie aufgeht[16].

Von den drei Ansichten, die in dieser natürlich etwas grobkörnigen Übersicht vorgeführt wurden, scheint mir die mittlere, von *Sarfatti* und *Arminjon / Nolde / Wolff* vertretene, die größten Vorzüge zu besitzen. Sie erhält einmal der Rechtsvergleichung, wie *Arminjon / Nolde / Wolff* mit Recht betonen[17], den normativen Charakter, der ihr als Zweig der Rechtswissenschaft zugehören muß, und sie entkräftet außerdem den von *Lambert* erhobenen Vorwurf, daß dem Rechtsvergleicher die Ableitung praktischer Erkenntnisse aus seinen Darstellungen verwehrt werde[18]. Das Anwendungsgebiet der rechtsvergleichenden normativen Entscheidungen ist sehr weit. Es umfaßt die Interpretation[19], Lückenfüllung und rechtspolitische Fortbildung des Landesrechts, wobei freilich die Rechtsvergleichung nicht den einzigen Maßstab liefern kann, sondern nur Ratschläge vom rechtsvergleichenden Standpunkt aus geben kann. Dazu treten die internationalen Aufgaben der Rechtsvergleichung, z. B. bei der Feststellung der allgemeinen Rechtsgrundsätze im Sinn des Art. 38 I c) des Statuts des internationalen Gerichtshofes oder bei der Erarbeitung einheitlicher Rechtsnormen oder idealer Insti-

---

[15] R. David, Traité élémentaire de droit civil comparé (Paris 1950) 5 und International Bar Association, Third Conference 1950 (Haag 1952) 170, wo er vom droit comparé, enseignement de la culture générale spricht; Gutteridge, Comparative Law[2] (London 1949) 7; Schnitzer, Vergleichende Rechtslehre (Basel 1949) 67; L. Recasens Siches, Nuevas perspectivas del Derecho Comparado: Revista de la Facultad de Derecho de Mexico 3 (1953) 227 ff., insbes. 234, 237.

[16] Vgl. Lambert (N. 6) 35. So ist es nach G. Del Castillo Alonso, Legislación comparada: Eniciclopedia jurídica española XXI 223 Aufgabe der Rechtsvergleichung, „ese flujo y reflujo indispensable que cambia el derecho en una sociedad" darzustellen. Und E. Ehrlich, Grundlegung der Soziologie des Rechts (München und Leipzig 1913) erklärt, von seinem Standpunkt, wonach die Soziologie des Rechts der Rechtswissenschaft gleichzusetzen sei (19), auch völlig konsequent, daß die Soziologie das Gemeinsame der Rechtsverhältnisse ohne Rücksicht auf die positiven Rechte darstellen, die Verschiedenheiten nach ihren Ursachen und ihren Wirkungen erforschen solle (386). Das ist genau das Programm, in das sich nach dem hier vertretenen Standpunkt Rechtsvergleichung und Rechtssoziologie teilen sollen.

[17] Arminjon / Nolde / Wolff (N. 12) 31.

[18] Lambert (N. 6) 35.

[19] Vgl. Zweigert, Rechtsvergleichung als universale Interpretationsmethode: RabelsZ 15 (1949/50) 5 ff.

tutionstypen. Und doch wird die Ableitung solcher praktischen Erkenntnisse, was die Abgrenzung zur Soziologie begründet, auf das rechtliche Gebiet beschränkt. Der Rechtsvergleicher gerät nicht in die Gefahr, sich in den Weiten soziologischer Deutungsmuster zu verlieren, für die er ohnehin meist nicht ausreichend gerüstet ist. Daß aber die Aufnahme der Soziologie in das Feld der Rechtsvergleichung ernsthaft erwogen werden konnte und noch heute von bedeutenden Autoren befürwortet wird, ist ein unüberhörbarer Hinweis auf die Verwandtschaft und Ergänzungsfähigkeit beider Disziplinen. Sie verpflichtet dazu, die Beziehungen zwischen Rechtsvergleichung und Soziologie ganz besonders zu pflegen, und berechtigt, ihr gegenseitiges Verhältnis eingehend zu behandeln.

II. Rechtssoziologie

Zuvor aber bedarf der Begriff der Rechtssoziologie, dessen Selbständigkeit wir durch unsere Abgrenzung der Rechtsvergleichung zunächst nur negativ begründet haben, einer kurzen Beleuchtung. Es dürfte ziemlich weitgehend Einigkeit darin bestehen, daß die Rechtssoziologie das umfaßt, was *Rabel* in klassischen Worten eine „allgemeine Theorie der Rechtserscheinungen als ... Erzeugnisse und Hebel der Kultur, einer Darlegung der Kausalität im Entstehen und Wirken des Rechts" nannte, wenn er diese Wissenschaft auch als Philosophie bezeichnete[20]. Aber beim richtigen Namen haben *Weyr, Bevilaqua* und *Vinogradoff* diese Deutung der Ergebnisse rechtsvergleichender Arbeit genannt[21]. Ganz übereinstimmend haben andere Juristen ohne speziellen Bezug zur Rechtsvergleichung und haben die Rechtssoziologen selbst es als ihre Aufgabe bezeichnet, die „gesellschaftlichen Bedingtheiten als Ursachen und die gesellschaftlichen Leistungen als Wirkungen des Rechts" zu erkennen *(Wüstendörfer)*[22], die „Bildungsfaktoren" zu bestimmen *(J. Kraft)*[23], das Recht als „Kulturprodukt und Mittel zur Förderung der Kultur" zu beschreiben *(Berolzheimer)*[24]. Wenn bei diesen Bestim-

[20] E. Rabel (N. 9) 2.

[21] An den oben N. 10 und 11 genannten Stellen.

[22] Wüstendörfer, Archiv für Rechts- und Wirtschaftsphilosophie 9 (1915/16) 432.

[23] J. Kraft, Vorfragen der Rechtssoziologie: Zeitschrift für vergleichende Rechtswissenschaft 45 (1930) 8, vgl. 6 ff.

[24] Berolzheimer, Archiv für Rechts- und Wirtschaftsphilosophie 3 (1909/10) 31. Vgl. auch den Satz von M. Weber, wonach die Normvorstellungen für die Soziologie „sowohl als Folge wie auch als Ursache soziologisch erheblichen menschlichen Handels in Betracht" kommen (Grundriß der Sozialökonomik, III. Abteilung: Wirtschaft und Gesellschaft[3], 1947) 381. Ebenso auch Erik Wolf, Fragwürdigkeit und Notwendigkeit der Rechtswissenschaft (Freiburg i. Br. 1953) 21.

mungen der Rechtssoziologie das Recht als Bildungsfaktor der Gesellschaft aufgeführt wird, so deutet das bereits an, daß sich die naturalistische Soziologie des frühen Materialismus in die ganzheitliche Soziologie unserer Tage verwandelt hat. Es ist nicht ganz überflüssig, das auszusprechen, weil diese Wandlung noch nicht allgemein als vollzogen anerkannt wird[25], obwohl ihr im Jahre 1947 der Papst des modernen Marxismus, *Stalin,* sein Placet gegeben hat durch die Anerkennung der aktiven Rolle des „Überbaus", nämlich auch der juristischen Ideologie und der juristischen Institutionen, auf die Entwicklung der Basis, also der Produktionsverhältnisse[26]. Die Rechtssoziologie ist danach die Wissenschaft von den Wechselbeziehungen zwischen Gesellschaft und Recht. Sie erforscht einerseits die gesellschaftlichen Wurzeln des Rechts, wie etwa seine politischen und wirtschaftlichen Bildungsfaktoren, die Wertentscheidungen der Rechtsschöpfer, die Stärke dieser Kräfte sowie die Art und Weise ihres Ineinandergreifens. Die Rechtssoziologie stellt auf der anderen Seite die gesellschaftlichen Wirkungen des Rechts dar, seine Wirkungen auf die Wirtschaft, die Moral usw. Diese doppelte Beziehung des Rechts zur Gesellschaft wird nicht für Einzelfälle festgestellt — das wäre Geschichte —, sondern die Soziologie sucht diese Abhängigkeiten zu verstehen, d. h. in allgemeinen Gesetzen zu erfassen.

Denselben Raum, den wir hier mit vielen anderen Autoren der Rechtssoziologie zuweisen, nimmt *Nussbaum* für die Rechtstatsachenforschung in Anspruch[27]. Handelte es sich dabei nur um einen Prätendentenstreit zwischen Rechtssoziologie und Rechtstatsachenforschung, so würde uns dieser Streit kaum berühren, da wir dann im weiteren Gang unserer Untersuchung alle der Soziologie zuzusprechenden Titel einfach auf diese oder die Rechtstatsachenforschung ausstellen könnten. In Wahrheit jedoch beansprucht die Rechtstatsachenforschung auch bestimmte Gebiete der Jurisprudenz und daher der Rechtsvergleichung. Denn Ziel der Rechtstatsachenforschung ist es sogar in erster Linie, die außergesetzlichen und außerrichterlichen, aber tatsächlich gelebten Rechtsnormen und erst dann deren Gründe und Wirkungen aufzuwei-

---

[25] Vgl. die zurückhaltende Formulierung von E. Fechner, Die Rechtssoziologie und die Wesensfrage des Rechts: Soziologie und Leben (Tübingen 1951) 117, der für die Soziologie ideelle Kräfte als Bildungsfaktoren nur anerkennt, soweit bestimmte Wertentscheidungen die Wirklichkeit bereits geprägt haben.

[26] J. W. Stalin, Marxismus in der Sprachwissenschaft, deutsch in: Ostprobleme 1950, 877 ff. Vgl. dazu Beyer, Archiv für Rechts- und Sozialphilosophie 40 (1953) 443.

[27] „By fact research in law we mean the systematic research into the social political and other fact conditions which give rise to the individual legal rules, and examination of the social, political and other effects of those rules", Nussbaum, Columbia Law Review 40 (1940) 197.

sen[28]. Wollen wir trotz dieses komplexen Programms der Rechtstatsachenforschung an unserer oben festgelegten Grenzziehung zwischen Rechtsvergleichung und Rechtssoziologie festhalten, so müssen wir das Feld der Rechtstatsachenforschung für unsere Zwecke aufteilen. Soweit sich die Rechtstatsachenforschung um die Gründe und Wirkungen der außergesetzlich gelebten Rechtsnormen bemüht, fällt sie in den von uns der Rechtssoziologie zugewiesenen Raum. Soweit ihr Gegenstand die Feststellung gelebter außergesetzlicher und außerrichterlicher Rechtsnormen ist (praeter oder auch contra legem), nehmen wir die Rechtstatsachenforschung für die Rechtsvergleichung in Anspruch. Dieser Zuwachs ist, worauf die Rechtsvergleicher der Sache nach immer wieder hinweisen[29], für eine lebensechte Rechtsvergleichung unentbehrlich. Denn wenn auch Gegenstand der Rechtsvergleichung in concreto immer nur Einzelprobleme sein werden, so sind diese doch auf dem Hintergrund des gesamten Rechtslebens eines Volkes zu sehen, weil Gegenstand der Rechtsvergleichung prinzipiell das Rechtsleben der Völker ist.

Diese Anreicherung des Stoffes der Rechtsvergleichung mit den außergesetzlichen faktischen Normen steht in einem eigenartigen Umkehrverhältnis zu der Einbeziehung des Normativen in die zunächst so naturalistische Soziologie. In der Ausdehnung der Rechtssoziologie auf das Ideologische — durch eine Erweiterung des Realitätsbegriffs — und in der Ausdehnung der Rechtswissenschaft auf das Faktische — durch eine Erweiterung des Normativbegriffes — liegt eine Annäherung beider Wissenschaften[30]. So kann jede von ihnen die ergänzende Funktion, die sie im Verhältnis zur anderen Disziplin hat, vollkommener ausfüllen und gewinnt dadurch indirekt auch selbst.

III. Berührungspunkte

Ergibt sich aus dem Vorangehenden die Selbständigkeit von Rechtsvergleichung und Rechtssoziologie, aber auch die Breite ihrer Bezugsfläche, so kann doch erst eine ins Einzelne gehende Analyse zeigen, wie fruchtbar die Wechselwirkung beider Disziplinen ist. Eigenartigerweise scheint sich bisher noch niemand mit dieser Frage zusammenhän-

---

[28] Wie hier unterscheidet auch Rabel in der zweiten in N. 7 zitierten Schrift S. 98. Auch Nussbaum selbst gibt a. a. O. die Suche nach der „vast quantity of norms actually observed by the legal community" als weiteren Zweig der Rechtstatsachenforschung an.

[29] Vgl. nur Erbe (N. 13) 218 ff.; H. Winkel, De Methode der Rechtsvergelijking (s'Gravenhage [1936]) 20; G. Cornil, Festschrift Lambert I 365 ff.

[30] B. Horváth, Rechtssoziologie (Archiv für Rechts- und Wirtschaftsphilosophie, Beiheft 28, 1934) 78, kennzeichnet diesen Vorgang als Soziologisierung der Rechtswissenschaft und Überwindung des Naturalismus der Soziologie.

gend beschäftigt zu haben, die für die praktische Arbeit viel ergiebiger zu sein verspricht, als es die abstrakt gestellte Frage nach den Grenzen zwischen Rechtsvergleichung und Rechtssoziologie sein kann. Hier sollen fünf Berührungspunkte hervorgehoben werden. Drei davon sind nicht grundsätzlich neuartig, da sie auf einer Verallgemeinerung der Erkenntnisse über das Verhältnis der Rechtssoziologie zur Rechtswissenschaft beruhen. Da sie zudem die Ergebnisse der Rechtsvergleichung für die Zwecke der Rechtssoziologie verwerten, seien sie an den Anfang gestellt und verhältnismäßig rasch abgehandelt.

1. Die Rechtsvergleichung als Gegenstand der Rechtssoziologie. — In einer allgemeinsten Beziehung ist die Rechtsvergleichung als solche Gegenstand soziologischen Interesses. Welche wirtschaftlichen und geistigen Kräfte haben zusammengewirkt, damit, über die bloße Kenntnis einzelner ausländischer Rechte hinaus, eine dem Anspruch nach universale rechtsvergleichende Bewegung entstehen konnte? Welchen Wandel der geistigen Auffassung bedeutet das etwa gegenüber dem oft zitierten geringschätzigen Urteil *Ciceros*, „quam sit omne jus civile, praeter hoc nostrum, inconditum ac paene ridiculum“[31]. Die Rechtsvergleichung ist aber nicht nur von der Woge eines liberalen Kosmopolitismus, einer durch den Verkehr ermöglichten übernationalen Weitung des Gesichtskreises emporgetragen worden[32], sondern hat in bestimmten Augenblicken — so paradox das klingt — selbst den juristischen Chauvinismus in den Dienst ihres übernationalen Wirkens gestellt[33]. Vom Wirtschaftlichen her sind es vor allem die Belange eines dem Welthandel genügenden einheitlichen Handelsrechts gewesen, die die rechtsvergleichende Arbeit gefordert haben. Die Bestimmung all dieser geistigen wie materiellen Triebkräfte und die Erkenntnis ihres gegenseitigen Verhältnisses ist die Aufgabe einer soziologischen Untersuchung der rechtsvergleichenden Bewegung. Diese soziologische Analyse unterscheidet sich somit schon ihrer Aufgabenstellung nach von einer Geschichte der Rechtsvergleichung. Denn deren Hauptgewicht muß, wie bei aller rechtsgeschichtlichen Darstellung, auf der Dogmengeschichte der Rechtsvergleichung liegen[34].

---

[31] Cicero, De oratore, Lib. I cap. 44 § 197.

[32] Zu den Wurzeln der vergleichenden Methode in den Geisteswissenschaften lese man die Bemerkungen von E. Rothacker, Logik und Systematik der Geisteswissenschaften[3] (Bonn 1948) 92 ff.

[33] Lambert hat, in einer freilich kriegerisch aufgewühlten Zeit unmittelbar nach Ende des ersten Weltkriegs, die Errichtung des Institut de Droit Comparé in Lyon der französischen Regierung gegenüber u. a. damit begründet, daß der militärische Sieg über die Mittelmächte unvollkommen sei, wenn ihm nicht der mittels Vergleichung mit dem französischen Recht geführte Kampf gegen die deutsche juristische Hegemonie folge. E. Lambert, L'Institut de Droit Comparé (Lyon 1921) 5 f.

[34] Den Unterschied zwischen allgemeiner Geschichte und Soziologie sieht M. Weber (N. 24) 14 darin, daß jene kausale Zurechnung schicksalhafter

2. Rechtsvergleichende Wertungen als Gegenstand der Rechtssoziologie. — Eine weitere Aufgabe fällt der Rechtssoziologie bei der Analyse der auf rechtsvergleichender Grundlage erzielten Wertentscheidungen zu. Diese Untersuchung entspricht dem gewohnten rechtssoziologischen Ansatz gegenüber dem innerstaatlichen Recht so genau, daß hier nur flüchtig umrissen sei, welche besonderen Faktoren der Rechtssoziologe neben den Einflüssen wirtschaftlicher, politischer und ideeller Art, die ihm aus der Bildung des Landesrechts vertraut sind, wird beachten müssen. Vor allem ist es Aufgabe der Soziologie, wie *Saleilles* bereits angedeutet hat[35], die Gründe für den Einfluß der durch Rechtsvergleichung gewonnenen Argumente, Lösungen und Konstruktionen bei der nationalen Gesetzgebung zu zeigen. Man muß hinzufügen, daß diese Aufgabe bei der Analyse jeder auf rechtsvergleichender Grundlage gefällten Entscheidung besteht. Dazu gehört auch die Aufstellung rechtsvergleichender Idealtypen, die — vor jeder praktischen Entscheidung — für eine überlegene, überhaupt erst den Namen der Rechtsvergleichung verdienende Darstellung der geltenden Rechte erforderlich ist[36]. Die Konzeption des Idealtypes verdanken wir vor allem *Max Weber*. Dieser Begriff „wird gewonnen durch einseitige Steigerung eines oder einiger Gesichtspunkte und durch Zusammenschluß einer Fülle von diffus und diskret, hier mehr, dort weniger, stellenweise gar nicht vorhandenen Einzelerscheinungen ... zu einem in sich einheitlichen Gedankengebilde“[37]. Wenn auch diese Idealtypen nur Hilfsmittel der Beschreibung und deshalb nicht notwendig mit den Leitbildern der Gesetzgebung im Sinne von *Saleilles* identisch sind, der Akzent also nicht auf dem Idealen im Sinn des Sein-Sollens[38], sondern auf dem Typischen im Sinn des regelmäßig Seienden liegt, so enthält doch auch diese generalisierende Begriffsbildung eine Wertung[39]. Ist nicht etwa die Monogamie so sehr „wesentlicher Bestandteil“ unseres Ehe-Begriffes, daß polygame Ehen ihm nicht eingeordnet werden können, nicht gleich-wertig sind[40]? Es läßt sich nicht bezweifeln, daß

Einzelzusammenhänge diese Typen des Handlungsablaufs zum Gegenstand habe.

[35] Saleilles (N. 1) 171.

[36] Aubin / Zweigert, Rechtsvergleichung im deutschen Hochschulunterricht (Tübingen 1952) 23, 56.

[37] M. Weber, Gesammelte Aufsätze zur Wissenschaftslehre² (Tübingen 1951) 191. Den gleichen Vorgang bei der Bildung juristischer Begriffe beschreibt ganz entsprechend T. Ascarelli, Studi di diritto comparato e in tema di interpretazione (Mailand 1952) XIX Anm. 12.

[38] M. Weber (vorige Note) 196 ff.; vgl. auch A. v. Schelting, Max Webers Wissenschaftslehre (Tübingen 1934) 346.

[39] M. Weber selbst scheint das abzulehnen (vorige Note) 196 ff. Vgl. dazu v. Schelting a. a. O. 341. Siehe auch unten bei N. 57.

[40] Vgl. zu dieser im englischen internationalen Privatrecht öfter aufgetauchten Frage der praktischen Rechtsvergleichung Morris, The recognition

auch bei dieser Form der Idealisierung der Wirklichkeit die Bewußtmachung des mitwirkenden Menschlichen, des „existentiellen Koeffizienten“[41], Aufgabe der Soziologie ist.

3. Landesrechtliche Abweichungen als Gegenstand der Rechtssoziologie. — Auf dem Hintergrund dieser generalisierten juristischen Typen der Rechtsvergleichung heben sich die Abweichungen der landesrechtlichen Regelung entweder als bloß technisch andersartige, durch eine bestimmte dogmatische Herkunft determinierte Ausgestaltungen oder aber als Ergebnisse in einer bestimmten Ideologie oder Sozialstruktur verwurzelter abweichender Wertentscheidungen in aller Schärfe ab. Der generalisierte juristische Typus aber liefert der Rechtssoziologie ein unschätzbares Anschauungsmaterial, und zwar nicht etwa nur als gestaltlosen Rohstoff, sondern als für die soziologische Analyse fertig aufbereiteten Gegenstand. Denn der generalisierte juristische Typus trägt in sich ja auch die Generalisierung der diesen Typus bestimmenden soziologischen Faktoren und ermöglicht damit eine um so schärfere Erkenntnis der Gründe für die landesrechtlichen Abweichungen; der landesrechtliche Vorgang vermag „gerade durch den Abstand seines realen Verlaufs vom idealtypischen die Erkenntnis seiner wirklichen Motive zu erleichtern“[42]. In dieser Beziehung bietet die Rechtsvergleichung die Voraussetzung, um die generalisierten Ergebnisse der Rechtssoziologie so weit nur möglich empirisch zu verallgemeinern und ihre Einzeldeutungen zu vertiefen[43]. Zugleich eröffnet dieser dritte auf Ergebnissen rechtsvergleichender Arbeit aufbauende Aspekt der Rechtssoziologie einen Zugang zur allgemeinen Kultur und damit wieder zum gesteigerten Verständnis nationaler Sonderzüge. So gesehen, erfüllt in der Tat die die Rechtsvergleichung auswertende Rechtssoziologie das Programm, das *René David* der Rechtsvergleichung mit den Worten gestellt hat: „Le droit comparé, enseignement de la culture générale[44].“

4. Soziologische Kategorien als Basis rechtsvergleichender Begriffsbildung. — Vermag aber die Rechtssoziologie, die nach unserer bisherigen Darstellung stets nur die Ergebnisse der Rechtsvergleichung für die eigene Arbeit ausbeutete, ihrerseits der Rechtsvergleichung einen Ge-

---

of polygamous marriages in English law: Festschrift M. Wolff (Tübingen 1952) 287 ff.

[41] G. Gurvitch, Die gegenwärtige Lage der Soziologie und ihre Aufgaben: Soziologische Forschung in unserer Zeit. Festschrift für L. v. Wiese (Köln 1951) 13. Vgl. mit besonderem Bezug auf die wissenssoziologische Ausdeutung von Idealtypen Felix Kaufmann, Methodenlehre der Sozialwissenschaften (Wien 1936) 229 und 157 ff.

[42] M. Weber (N. 24) 10.

[43] Diese Erweiterung des Gesichtskreises der Soziologie durch die Rechtsvergleichung anerkannte Tarde (N. 5) 437.

[44] R. David (N. 15) 170.

gendienst zu erweisen? Diese Frage ist zu bejahen. Für den Rechtsvergleicher ist naturgemäß dieser vierte Berührungspunkt von Rechtsvergleichung und Rechtssoziologie der wichtigste. Ihm gelten daher etwas ausführlichere Darlegungen. Die Rechtssoziologie stellt der Rechtsvergleichung ein Instrument zur Verfügung, auf das der Rechtsvergleicher angewiesen ist und das er sich doch nicht selbst schaffen kann. Ich meine den einheitlichen Begriffsapparat. Die Rechtssoziologie liefert die Ursprache des Rechtsvergleichers, in der er sagen kann, was er mit den national vorgeprägten Begriffen der einzelnen Rechtssprachen oft nicht ausdrücken kann, ohne irreführende Assoziationen zu erregen. Wenn sich dem Rechtsvergleicher etwa die Frage nach der Identität der bürgerlichen Rechtsbegriffe stellt, die in das Rechtssystem der osteuropäischen Staaten mit ihrer Staatswirtschaft übernommen wurden, so wird er zum Beispiel den Vertragsbegriff dieser Rechte nur so untersuchen können, daß er die gesellschaftlichen Tatbestände beim Zustandekommen der Lieferungsverträge und ihre wirtschaftlichen Folgen beschreibt, um dann zu entscheiden, ob die hoheitliche Lenkung beim Zustandekommen und bei der Bestimmung des Inhalts dieser Verträge so weit geht, daß sie die uns geläufigen Vertragselemente überwiegen. Sehr oft wird auch erst die Kombination divergierender Rechtsbegriffe dazu führen, die Einheit auf einer höheren Ebene, nämlich bei der Lösung konkreter Fälle festzustellen, so daß hier, bei der tatsächlichen Gleichheit, die einheitliche Begriffsbildung einsetzen muß, während der Weg über die divergierenden Zwischenbegriffe nur der idealtypischen Generalisierung durch die vollendete rechtsvergleichende Systematik zugänglich bleibt.

Die rechtstatsächlichen Kategorien der Soziologie geben der Rechtsvergleichung erst das für alle Vergleichung erforderliche tertium comparationis. War der Rückgriff auf ein solches außerhalb der verglichenen Rechtssysteme stehendes Drittes so selbstverständlich, daß die Frage nach ihm kaum einmal gestellt, geschweige denn beantwortet worden wäre? Die allgemeine Bedeutung dieses Sachverhalts für die Verständigung über konkrete Fragen rechtsvergleichender Analysen hat *Ascarelli* erkannt, wenn er als deren Ausgangspunkt die genaue Fixierung des zu lösenden wirtschaftlichen oder sozialen Problems verlangt[45]. Aber er zieht daraus nicht die Nutzanwendung für die rechtsvergleichende Begriffsbildung. *A. Blomeyer* und *H. Winkel* dagegen, die die Frage nach dem außerhalb der verglichenen Rechtsordnungen liegenden festen Bezugssystem als Frage auch nach dem autonomen rechtsvergleichenden Begriff aufgefaßt haben, geben Antworten, die

[45] T. Ascarelli (N. 37) 39. Ebenso auch M. Schmitthoff, The Science of Camparative Law: Cambridge Law Journal 7 (1939) 94 ff., 96. Mit Beschränkung auf die rechtsvergleichend-autonome Lösung des kollisionsrechtlichen Qualifikationsproblems ganz ähnlich Rabel, siehe dazu unten bei N. 50.

nicht annehmbar sind. *Blomeyer* erhofft die Lösung durch philosophisch gereinigte Begriffe[46], während sich *Winkel* an die nationalen Rechtsbegriffe des Vergleichenden wendet[47] — eine Lösung, der man, wie er selbst fühlt[48], den Vorwurf des juristischen Nationalismus machen könnte.

Wenn man die Frage nach der Bildung autonomer rechtsvergleichender Begriffe bisher so selten überhaupt aufgeworfen hat, so erklärt sich dieses Schweigen bis zu einem gewissen Grade daraus, daß sich dem praktischen Rechtsvergleicher das Problem oft nicht stellt. Den Rückgriff auf die rechtstatsächlichen Grundlagen von Begriffen kann sich scheinbar derjenige Rechtsvergleicher ersparen, der seine Vergleiche auf verwandte Rechtssysteme beschränkt. Bei der Vergleichung von Tochterrechten ist eine Verständigung durch das System und durch die Begriffe des Mutterrechts erleichtert. Alle Rechtsvergleichung, die sich innerhalb des Bereiches der durch das römische Recht beeinflußten Rechte hält, hat damit ein Regal zur Hand, in dessen seit Jahrtausenden gleich etikettierte Fächer sich die einzelnen Rechtserscheinungen im allgemeinen mühelos einordnen lassen, während anderswo ein solches systematisches Gerüst erst einmal — Begriff für Begriff — konstruiert werden muß. Aber selbst dann, wenn dem Rechtsvergleicher diese Arbeit durch die System- und Begriffseinheit eines Mutterrechts schon abgenommen ist, hat er sich in jedem Einzelfall durch rechtssoziologische Kontrollen von der Übereinstimmung im Rechtsgehalt der emanzipierten Tochterbegriffe zu vergewissern. Diese Aufgabe ist um so wichtiger, als abweichende Sachbedeutungen bei Gleichheit der Beziehungen viel schwerer zu entdecken sind und unentdeckt viel gefährlicher wirken, als wenn durch das Fehlen gleichlautender Begriffe eine Vermutung für sachliche Differenzen begründet wird. Man denke an die Verwirrung, die durch die widersprüchliche Bedeutung des Begriffes der „Ehetrennung" in dem bis 1938 geltenden deutschen und österreichischen Eherecht hervorgerufen wurde.

In anderen Zusammenhängen hat man der Sache nach diese Bedeutung der Rechtssoziologie für die rechtsvergleichende Begriffsbildung auch schon erkannt. So benutzen die Abkommensentwürfe der 6. Haager Konferenz für IPR von 1928 als Anknüpfungspunkt für das Personalstatut Staatenloser nicht den national zu stark divergierenden Begriff des Wohnsitzes, sondern den neugeschaffenen des gewöhnlichen Aufenthaltes einer Person. Freilich ist auch dieser Begriff nicht völlig

[46] A. Blomeyer, RabelsZ 8 (1934) 2: „Verglichen werden können Rechtseinrichtungen und einzelne Rechtslösungen nur von einem Standpunkt aus, der außerhalb ihrer Systeme liegt."

[47] H. Winkel (N. 29) 12, 23.

[48] H. Winkel a. a. O. 11.

eindeutig, da er neben dem tatsächlichen Element des Aufenthaltes das ausfüllungsbedürftige, normative Element „gewöhnlich“ enthält. Man hat also an Stelle eines gleichlautenden, aber seit langem unterschiedlich ausgelegten Begriffes einen ebenfalls gleichlautenden, in Zukunft wiederum unterschiedlicher Auslegung fähigen Begriff gesetzt, dessen Eindeutigkeit zu bewahren ständige rechtsvergleichende Anstrengungen erfordert[49].

Für die Systembegriffe des internationalen Privatrechts hat sich eine bestimmte Lehre schon seit Jahren des Rückgriffs auf soziologische Tatbestände für rechtsvergleichende Analysen praktisch bedient, ohne den Sinn dieses Vorgehens theoretisch voll ins Bewußtsein zu heben. Ich meine die Qualifikationslehre *Rabels*. Seine autonom-rechtsvergleichende Qualifikation des Gegenstandes der Kollisionsnorm, der „durch die Verwendung landesrechtlicher Begriffe in der Kollisionsnorm bezeichnet, nicht etwa abgrenzend umschrieben wird“[50], führt diesen Autor folgerichtig dahin, als diesen zu qualifizierenden Gegenstand der Kollisionsnorm ein „Lebensverhältnis“ zu bezeichnen[51]. Mit dem Lebensverhältnis liefert die Rechtssoziologie der bei der Qualifikation betriebenen Rechtsvergleichung den erforderlichen, landesrechtlich noch nicht vorgeprägten Begriff für den Gegenstand, auf welchen die Kollisionsnorm anzuwenden ist. Jene Stelle seines Qualifikationsaufsatzes, an der *Rabel* als Gegenstand der Kollisionsnorm das „international Gemeinsame der Rechtserscheinungen“ bezeichnet[52], läßt sogar die Deutung zu, daß er in gewissen Fällen international einheitliche Institutionsbegriffe, wie etwa Ehe, Vertrag o. ä., für möglich gehalten hat. Das würde mit unseren Ausführungen über die Vergleichung verwandter Rechtsordnungen übereinstimmen. Keinesfalls liegt darin ein Widerspruch, als Gegenstand der Kollisionsnorm einmal einen Lebenssachverhalt, dann aber das international Gemeinsame von Rechtserscheinungen zu bezeichnen. Denn die letzte Gemeinsamkeit von Rechtserscheinungen besteht in der Gleichheit der erfaßten Lebenssachverhalte. Sie kann in günstigen Fällen, d. h. bei systemgeschichtlich verwandten Rechtsordnungen, auch durch inhaltlich übereinstimmende Rechtsbegriffe ausdrückbar sein.

Die Entlehnung rechtsvergleichender Begriffe aus der Soziologie kann sich in zwei Formen vollziehen. Diese Übernahme erfolgt direkt, wo es um die begriffliche Erfassung rechtstatsächlich gleicher Ergebnisse trotz etwaiger Verschiedenheiten der Konstruktion geht. (Die

[49] Vgl. für die Bedeutung der Rechtsvergleichung zur Bewahrung vereinheitlichter Begriffe etwa Erbe (N. 13) 199.

[50] Rabel, RabelsZ 5 (1931) 257.

[51] Rabel a. a. O. 245.

[52] Rabel a. a. O. 257.

konstruktiven Divergenzen als solche lassen sich vergleichend nur an Hand eines Idealtypus darstellen; d. h. in Beziehung zu dem der einheitlichen Lösung angemessensten Konstruktionsweg.) Etwas komplizierter ist die rechtsvergleichende Begriffsbildung bei Verschiedenheiten der rechtstatsächlichen Ausgestaltung von Lebenssachverhalten. Hier hat die begriffliche Zusammenfassung der unterschiedlichen rechtstatsächlichen Ergebnisse nur idealtypischen Wert. In diesem Fall kann die Begriffsbildung nur die vergleichende Darstellung der Ergebnisse erleichtern, aber nicht Ausdruck einer bestehenden Gleichheit sein[53].

Die hier vertretene Auffassung über die Verwertung soziologischer Aussagen für die Rechtsvergleichung dürfte in kaum überbrückbarem Gegensatz zu dem Standpunkt von *A. Blomeyer* stehen, welcher diese Aufgabe der rechtsvergleichenden Begriffsbildung der Philosophie zuweist. Eine „Klärung der apriorischen Begriffe, die von jedem Rechtsinhalt verwendet werden, soll das System bereitstellen, in das die Rechtsvergleichung ihre Gegenstände einordnet", „die Rechtsvergleichung [bedarf] der durch die Rechtsphilosophie geklärten Grundbegriffe"[54]. Aber *Blomeyer* gibt selbst zu, daß damit über die Anwendung dieser geklärten apriorischen Begriffe in der Wirklichkeit noch nichts ausgesagt sei. Auch die Rechtssoziologie soll im Ergebnis der Rechtsvergleichung Denkkategorien liefern, die außerhalb der verglichenen Rechtsordnungen stehen. Aber sie beginnt nicht bei apriorischen Begriffen, sondern gerade umgekehrt bei der Rechtswirklichkeit, bei den Lebensverhältnissen. Wenn es dazu überhaupt einer rechtsphilosophischen Legitimation bedarf, dann sei die Berufung auf *C. A. Emge* gestattet, der die soziologischen Gebilde als apriori im Verhältnis zum Rechtssystem bezeichnet[55]. Wenn *Blomeyer* diese Gleichung — Lebenssachverhalt = apriori des Rechtsystems — als richtig anerkennen würde, so wäre der Einklang mit der hier vertretenen Meinung hergestellt.

5. Vergleich der Methoden. — Abschließend seien noch die Methoden der Rechtsvergleichung und der Rechtssoziologie verglichen. Dazu bedarf es einer kurzen Besinnung auf die Ziele beider Disziplinen, da nur deren Kenntnis einen Schluß auf die zu ihren Zielen führenden Wege zuläßt. Ziel der Rechtsvergleichung ist zunächst die reine Beschreibung der verglichenen Rechtsordnungen. Aber schon eine Beschreibung, die sich über die bloße Nebeneinanderreihung rechtlicher Probleme oder

---

[53] Zu Vorgang und Grenzen der idealtypischen Begriffsbildung vgl. oben bei N. 37.

[54] A. Blomeyer, RabelsZ 8 (1934) 14 f.

[55] C. A. Emge, Archiv für Rechts- und Sozialphilosophie 39 (1950/51) 4.

ihrer Lösungen erheben will[56], bedarf der Systematisierung des Beobachteten. Die Auswahl des aus einer Reihe unterschiedlicher Rechtserscheinungen zu generalisierenden Momentes, welches die Einheit in den Verschiedenheiten begründen soll, enthält ein Werturteil. Bis zu diesem Punkt entspricht die rechtsvergleichende der rechtssoziologischen Methode. Denn auch die Soziologie will ja nicht nur deskriptiv sein, sondern schon nach der Intention ihres Vaters, *Auguste Comte,* Naturgesetze menschlichen sozialen Verhaltens auffinden. Erreichbar ist freilich nicht die Erkenntnis naturgesetzlicher Eindeutigkeiten, sondern nur von generalisierten Regelhaftigkeiten, die der Soziologe *Max Weber* Idealtypen nannte. Der Anteil wertmäßiger Elemente wird allerdings bei der Bildung von Idealtypen auf beiden Seiten verhältnismäßig bescheiden sein[57]. Über diesen gemeinsamen fundus an normativen Momenten geht aber die Rechtsvergleichung hinaus, wenn sie eigene rechtspolitische Wertungen auf der landesrechtlichen oder der internationalen Ebene zu geben beansprucht. Denn bei solchen Entscheidungen ist die Rechtsvergleichung nicht mehr an das verglichene Material gebunden. Dieses und nur dieses ist zwar die Grundlage ihrer Urteilsbildung. Aber die Entscheidung selbst kann außerhalb des Rahmens der beobachteten Rechtserscheinungen liegen. Eine auf rechtsvergleichender Grundlage gefällte Entscheidung ist ein reines Werturteil. Ein solches kann die Rechtsvergleichung, nicht aber die Rechtssoziologie abgeben. Damit ist zugleich geklärt, daß der der Beschreibung dienende rechtsvergleichende Idealtypus nicht ideal im Sinne des Sein-Sollens ist. Der empirisch erarbeitete Idealtypus und die auf rechtsvergleichender Grundlage gefällte Normentscheidung können zwar identisch sein[58], aber diese Gleichheit ist keine notwendige. Insofern überschreitet die Rechtsvergleichung den empirischen Bereich, auf den die Rechtssoziologie beschränkt ist.

[56] H. Winkel (N. 29) 11.

[57] M. Weber leugnete ihn sogar gänzlich. Siehe oben N. 39.

[58] Vgl. M. Weber (N. 37) 199.

RECHTSSOZIOLOGIE UND RECHTSVERGLEICHUNG*

Anläßlich des im September 1964 in Saint Vincent durchgeführten Kongresses stimmte das Komitee für rechtssoziologische Forschungen der „International Sociological Association" grundsätzlich einem von Prof. W. M. Evan unterbreiteten Vorschlag zu, ein soziologisches Repertoire der bestehenden Rechtsordnungen zusammenzustellen. Prof. R. Treves wurde mit einer ersten Abklärung darüber betraut. Da dieser es für sinnvoll erachtete, vorerst die Meinung eines Komparatisten zu hören, wandte er sich an Angelo Grisoli, Professor für Rechtsvergleichung an der Universität Mailand, welcher einige Betrachtungen zum Vorschlag Evans verfaßte. Wir veröffentlichen an dieser Stelle (in italienischer Übersetzung) den Vorschlag Evans, die Betrachtungen Grisolis und einige zusammenfassende Bemerkungen von Treves. Diese Ausführungen sowie die Resultate einiger in verschiedenen Ländern sich im Gange befindender Testexperimente sollen der Grundstock sein für die an der Tagung des Komitees im Rahmen des nächsten Weltkongresses für Soziologie in Evian im September 1966 geplanten Gespräche.

I. Vorschlag zur Schaffung eines soziologischen Repertoires der Rechtsordnungen (Sociological Almanac of Legal Systems)

Von William M. Evan

Die Vereinten Nationen geben eine Reihe von demographischen und statistischen Jahrbüchern heraus, viele Länder publizieren Nachschlagewerke und Kompendien jeder Art. Zieht jedoch ein an der Rechtsvergleichung interessierter Jurist oder Soziologe diese Quellen bei, so sucht er darin vergeblich die für jede vergleichende Analyse unentbehrlichen grundlegenden Begriffe und strukturellen Angaben.

Die Bedeutung der vergleichenden Methode sowohl für die Entwicklung von Grundbegriffen als auch für die Errichtung von Systemen ist nun der kulturellen Anthropologie um einiges bewußter als der Soziologie[1]. Tatsächlich definiert etwa Radcliffe-Brown die kulturelle

* Quaderni di Sociologia 14 (1965) 376 - 392. Übersetzung von Dr. Wolfgang Larese.

[1] Vgl. z. B. J. W. M. Whiting, „The Cross-Cultural Method", in Handbook of Social Psychology (hrsg. von G. Lindzey), Cambridge (Mass.) 1954, Bd. I,

Anthropologie als „vergleichende Soziologie". Die von Murdoch und seinen Mitarbeitern entwickelten „Human Relations Area Files" (HRAF) stellen eine direkte Bemühung dar, ethnographische Daten im Rahmen eines weltweiten Gesellschaftsmusters zu sammeln und auszuwerten[2]. Seit der Gründung dieses Archivs sind zahlreiche Monographien erschienen, wobei Murdoch's Werk mit dem Titel „Social Structure" den Anfang machte[3]. Diese Publikationen von beachtlichem wissenschaftlichen Wert wären ohne die HRAF vielleicht gar nicht entstanden. Vor kurzem nun hat Murdoch eine neue Zeitschrift „Ethnology" gegründet, worin alle zwei Monate ein „ethnographischer Atlas" erscheint. Darin werden Daten aus verschiedenen ethnologischen Gebieten in einem mehrere Kategorien umfassenden System eingereiht, welches von Murdoch selber aufgestellt und später von anderen weiterentwickelt worden ist.

Bis heute wurde mindestens zweimal versucht, diese Informationssammlung für die Analysierung rechtlicher Phänomene zu verwenden. Schwartz und Miller haben von den Daten der HRAF Gebrauch gemacht, um in einer Studie die Entwicklung von Rechtsinstitutionen in ihrer Beziehung zum sozialen Ganzen zu untersuchen[4]. Eine andere Untersuchung benutzte HRAF-Daten zur Überprüfung des Verhältnisses von Technik und Recht[5].

Trotz seines Wertes für die Anthropologen ist dieses Archiv für den Soziologen nur in Grenzen brauchbar, beschränkt es sich doch größtenteils auf Gesellschaften im analphabetischen Stadium. Wenden wir uns entwickelten Gesellschaften zu, so finden wir, ob es sich nun um industrialisierte, traditionelle oder sich im Übergang befindliche handelt, keine leicht zugänglichen Quellen mit vergleichenden Informationen über Rechtsordnungen. In den zwanziger Jahren versuchte der be-

---

S. 523 - 531; O. Lewis, „Comparisons in Cultural Anthropology", in Readings in Cross-Cultural Methodology (hrsg. von F. W. Moore), New Haven (Conn.) 1961, S. 55 - 88. Als Ausdruck des wachsenden Interesses von Soziologen und Politikwissenschaftlern für die vergleichende Forschung vgl. S. M. Lipset, The First New Nation: The United States in Historical and Comparative Perspective, New York 1963; Comparative Politics (hrsg. v. H. Eckstein und D. Apter), New York 1963.

[2] G. P. Murdock u. a., Outline of Cultural Materials, 3. durchgesehene Aufl., New Haven (Conn.) 1950; „World Ethnographie Sample", American Anthropologist, LIX, 1957, S. 664 - 687.

[3] G. P. Murdock, Social Structure, New York 1949; S. H. Udy jr., Organization of Work: A Comparative Analysis of Production among Non-Industrial Peoples, New Haven (Conn.) 1959; G. E. Swanson, The Birth of the Gods, Ann Arbor (Mich.) 1960.

[4] R. P. Schwartz und J. C. Miller, „Legal Evolution and Complexity", American Journal of Sociology, LXX, 1964, S. 159 - 169.

[5] W. M. Evan, „Technology and Law: A Cross-Cultural Analysis", (wird demnächst veröffentlicht).

kannte Jurist Wigmore, entsprechende Daten zu sammeln, wobei sich der Erfolg allerdings in sehr beschränktem Rahmen hielt[6].

So stehen wir heute in der Tat vor einer Situation, welche die geplante Schaffung eines Archivs oder einer „Datenbank" erfordert, ist doch in dieser Beziehung nichts vorhanden, was den Ansprüchen des Rechtssoziologen genügen könnte. Unterläßt man aber die bewußte Planung eines solchen Archivs, so wird es schwerlich von sich aus entstehen. Obschon die Rechtsordnung einer Gesellschaft nicht weniger bedeutsam sein dürfte als die demographischen oder die beruflichen Strukturen eines Landes, worüber von den Vereinten Nationen Angaben für ihre statistischen Jahrbücher zusammengetragen wurden, wurde von seiten der UNO oder anderen internationalen Organisationen nie vorgeschlagen, in analoger Weise Daten über die Rechtsordnungen zu erheben.

Zweck des vorliegenden Vorschlages ist es denn auch, eine solche Forschung anzuregen, und zwar durch Versendung von Fragebogen an die Justizministerien der 115 Staaten der Erde. Die solcherart erhaltenen Angaben könnten ausgewertet und unter dem Titel „Sociological Almanac of Legal Systems" veröffentlicht werden. Vor der Festlegung des Inhaltes eines solchen Fragebogens ist aber notwendigerweise der Begriff der Rechtsordnung klar zu definieren. Unser Vorschlag ist nun, diesen Begriff versuchsweise allgemein zu fassen, indem unter Rechtsordnung ein Komplex von Institutionen verstanden werden soll, der sich aus Rechtsnormen, Rollen und Verhaltensmustern zusammensetzt, welche sich auf die gesetzgeberischen, administrativen und richterlichen Tätigkeiten einer Gesellschaft beziehen[7]. Auf der Basis dieses weit gefaßten Begriffs der Rechtsordnung ist auf der folgenden Tabelle versuchsweise eine Liste von Angaben zusammengestellt, welche wir gerne über die Rechtsordnungen eines jeden Staates auf der Erde zu erfahren wünschen:

Provisorisches Verzeichnis der zu sammelnden Daten für jedes Jahr der Periode 1960 - 1964, unter Berücksichtigung des ganzen Landes, bzw., wo solche Angaben fehlen, der wichtigsten Städte

1. Size of population
2. No. of Lawyers
   a) Solicitors
   b) Barristers
   c) Total

---

[6] J. H. Wigmore, A Panorama of the World's Legal Systems, 3. Bde., St. Paul (Minn.) 1928.

[7] W. M. Evan, „Public and Private Legal Systems", in Law and Sociology: Exploratory Essays (hrsg. v. W. M. Evan), New York 1962, S. 165 - 184; „Law as an Instrument of Social Change", Estudios de Sociologia 2, 1962, S. 171 - 172.

3. No. of Judges
   a) professional trained
   b) « lay » judges, « justices of peace », « social judges »
4. Total No. of Courts
5. a) Enumeration of types of courts according to type of cases handled, e. g., civil, criminal, traffic, law, etc.
   b) No. of courts of each type
6. No. of levels of courts from the lowest to the highest
7. No. of courts at each level in the judicial system
8. No. of non-legal personnel (clerks, etc.) employed by all courts
9. No. of administrative agencies or administrative courts
10. No. of officials in administrative agencies or courts (excluding policemen)
11. No. of policemen (at all governmental levels)
12. No. of legislators or members of Parliament
13. No. of legislators of members of Parliament who have a law degree
14. No. of Law Schools
15. No. of Law School teachers
16. No. of Law School graduates
17. No. of legal periodicals (quarterly, monthly, or more often)
18. Enumeration of courses offered by two or three principal law schools
19. No. of criminal cases
20. No. of tort cases (i. e., recovery of damage suits)
21. No. of contract cases
   a) involving enterprises or organizations
   b) involving private persons
   c) total no. of contract cases
22. No. of traffic cases
23. a) No. of divorce suits
   b) No. of legal separations
24. No. of cases handled by administrative agencies or administrative courts
25. No. of arbitrators
   a) commercial arbitrators
   b) labor arbitrators
26. No. of cases of arbitration
   a) commercial arbitration cases
   b) labor arbitration cases
27. Year in which last constitution was written
28. No. of amendments or revisions to constitution
29. No. of articles or clauses in constitution
30. Enumeration of codes of law by date of issue
31. No. of months of delay from initiation of a tort case to trial (within one level of jurisdiction)

32. No. of months of delay from initiation of a contract case to trial (within one level of jurisdiction)
33. No. of all types of cases tried at the lowest or trial court level
34. No. of cases reviewed by higher or appellate court levels
35. No. of personnel employed in the Ministry of Justice
36. No. of employees with law degrees employed in Ministry of Justice
37. No. of employees with law degrees employed in administrative agencies or administrative courts (not including Ministry of Justice)

Etc.

101. List of basic bibliographical sources on the judiciary
102. List of basic bibliographical sources on the legislature
103. List of basic bibliographical sources on the executive branch of the government
104. List of basic bibliographical sources on the administrative agencies or administrative courts

Sind die Angaben einmal gesammelt — wenn nicht aus allen 115 Ländern, so doch wenigstens aus einem Teil davon —, so sollte es möglich sein, zahlreiche Hinweise und geeignete Beziehungen auszuarbeiten, um die jeweiligen Rechtsordnungen zu charakterisieren. Es gestattete uns beispielsweise, das Verhältnis zwischen dem prozentualen Ausmaß des Verbrechens und jenem der Polizeikräfte zu untersuchen, oder etwa das Verhältnis zwischen Anfall und Verzögerung der Zivilprozesse einerseits, und der Anzahl der Richter, der Rechtsanwälte und der Gerichte im Vergleich zur gesamten Bevölkerungszahl andererseits. Außerdem könnte eine derartige Datenbank jederzeit mit dem gewaltigen Informationsmaterial angereichert werden, welches die UNO alljährlich innerhalb ihrer Mitgliedstaaten zusammentragen. Aufgrund einer solchen „Datenbank"-Verbindung könnte man beispielsweise das Verhältnis zwischen dem Nettosozialprodukt eines Landes und der Häufigkeit vertraglicher Streitigkeiten erforschen.

Der hier dargelegte Vorschlag wurde vom Komitee für rechtssoziologische Forschung der „International Sociological Association" an der Tagung vom 8. - 13. September 1964 in St. Vincent in Italien gutgeheißen. Zu seiner Verwirklichung sind aber notwendigerweise Probleme wissenschaftlicher und administrativer Art zu lösen. In wissenschaftlicher Hinsicht geht es vor allem darum, ein umfassenderes Verzeichnis zusammenzustellen als das in Tabelle 1 dargestellte mehr provisorische. Nicht weniger wichtig als diese Erweiterung ist die Formulierung von genauen und praktikablen Definitionen der verwendeten Begriffe, damit ihnen in allen 115 Ländern möglichst dieselbe Bedeutung zukommt.

Die Ausführung selber stellt ein administratives Problem in doppelter Hinsicht dar:

a) die Finanzierung des Projektes durch die UNESCO, das UNO-Sekretariat, das Centre Nazionale di Prevenzione e Difesa Sociale in Mailand, durch andere nationale Institutionen oder durch private Fonds;

b) die Betrauung eines Kurators, wenn möglich von zwei Kuratoren (eines Juristen und eines Soziologen) zwecks Organisation der Sammlung und Auswertung der von den verschiedenen Justizministerien eintreffenden Daten.

Die administrativen Probleme sind dabei wahrscheinlich viel leichter zu lösen als die wissenschaftlichen. Daher sei noch einmal der provisorische Charakter der in Tabelle 1 vorgeschlagenen Liste betont. Darüber hinaus möchte ich die Leser dieses Artikels einladen, allfällige Vorschläge über die Änderung, die Erweiterung oder die Definition der sich auf der Liste befindenden Begriffe und Stichwörter dem Autor oder dem Präsidenten des Komitees für rechtssoziologische Forschungen, Professor Renato Treves von der Universität Mailand, mitzuteilen.

Zusammenfassend sei wiederholt: der Zweck des vorgeschlagenen soziologischen Repertoires der Rechtsordnungen besteht in der Zusammenstellung von ersten Informationen über die Rechtsordnungen der ganzen Welt in einem einzigen Buch. Diese Sammlung würde bestimmt die vergleichende Forschung auf dem Gebiete der Rechtssoziologie anregen. Würde ein derartiges Repertoire zudem alle 10 Jahre neu herausgegeben, so besäßen wir eine reiche Auswahl von geschichtlichen und vergleichenden Daten über die Rechtsordnungen der ganzen Welt.

II. Betrachtungen eines Komparatisten zum Vorschlag von W. M. Evan

Von Angelo Grisoli

Der von Prof. Evan formulierte Vorschlag eines Repertoires der in Kraft stehenden Rechtsordnungen für den Gebrauch des Soziologen ruft nach einigen kritischen Bemerkungen. Auf der einen Seite handelt es sich um kritische Erwägungen, welche das Projekt grundsätzlich in einem Komparatisten hervorruft, auf der anderen um solche mehr technischen Charakters hinsichtlich der Art der Formulierung des Fragebogens.

Grundsätzlich ist folgendes hervorzuheben:

1. Streng methodologisch gesehen scheint das Projekt die Grenzen zu übersehen, welche dem Juristen für die Verwendung der Komparatistik gesetzt sind.

Nach herrschender Auffassung scheint die Rechtsvergleichung als experimentelle Methode anstelle der für das juristische Denken traditionellen oder mit dieser zusammen als Mittel zur Lösung *konkreter Probleme* an Boden zu gewinnen. Nach De Francisci stellt „die vergleichende Methode ... für uns dar, was die experimentelle Methode den Naturwissenschaften bedeutet. Da wir aber im Gegensatz zur Naturwissenschaft keine Möglichkeit haben, einen Vorgang beliebig wiederholen zu lassen, bleibt, um den Wert einer Erkenntnis zu ermessen, nichts anderes übrig, als zu untersuchen, ob sich das bei uns im Kontext mit anderen historischen Phänomenen untersuchte Phänomen in analoger Weise in anderen Rechtssystemen verifizieren läßt. Natürlich wird der Vergleich um so sinnvoller, je mehr die Gesamtheit der Umstände, unter welchen das Phänomen in den Systemen B, C, und D auftritt, derjenigen gleicht, welche es im System A umgeben"[1].

Das von Prof. Evan vorgeschlagene Projekt verlangt die Sammlung von Daten über geltende Rechtsordnungen, welche für spätere soziologische Forschungen zu unpräzis sein könnten. Ein so konzipiertes Vorgehen ist in den Augen des Komparatisten wertlos, steril. Normalerweise verlangt der Rückgriff auf die Vergleichung eine vorangehende Präzisierung der konkreten zu lösenden Probleme. Sind diese nicht klar herausgearbeitet und in ihren charakteristischen Besonderheiten umfassend definiert, überläßt man es mit anderen Worten den eingehenden Daten, nur um überhaupt auf sie aufmerksam zu machen, so besteht nicht die leiseste Hoffnung auf Erfolg bei der Beschäftigung mit einer fremden Rechtsordnung. Jeder Beizug eines fremden Rechts hat sich aus der Notwendigkeit zu ergeben, neue und andere Hilfsmittel zu finden, als wir bereits zur Lösung der für unsere Rechtsordnung typischen Probleme besitzen. Folgt man hingegen der Idee Prof. Evans, so wird man in ein umgekehrtes Verfahren verwickelt. Man hätte sich Probleme auszudenken auf dem Hintergrund eines für deren mögliche spätere Lösung anzubietenden Datenverzeichnisses, und all dies in bezug auf nicht weniger als 115 Rechtsordnungen!

Auch wenn man sich darauf beschränkt, die Möglichkeit der Verwirklichung eines solchen Projektes von der praktischen Seite her zu betrachten, so muß man sich fragen, ob es je gelingen kann, ein derart umfangreiches Sammelwerk über alle die Probleme zusammenzustellen, welche sich aus einer so oder anders vorgenommenen Darstellung gewisser typischer Strukturelemente einer Rechtsordnung oder des Funktionierens der Justiz ergeben können.

Wie groß auch die Anstrengung, die Erfahrung und die Vorstellungskraft desjenigen sein mögen, der sich dieser Aufgabe annehmen würde,

[1] P. de Francisci, „La scienza del diritto comparato secondo recenti dottrine", in Rivista internazionale di filosofia del diritto, I, 1921, S. 238.

so erwiesen sich die erhaltenen Daten doch immer als ungeeignet für alle jene, welche sie für ganz bestimmte Forschungen zu verwenden gedächten.

Eine solche Aufgabe erwiese sich auch dann als unmöglich, wenn man den Vergleich auf zwei Rechtsordnungen oder gar nur auf einzelne Gebiete zweier Rechtsordnungen beschränkte. Um ein Beispiel zu geben: ich könnte mich mit einigen Fragen des geltenden Prozeßrechts unseres Landes beschäftigen und die Überzeugung der Notwendigkeit einer Reform gewinnen. Bei der Analyse einiger charakteristischer Züge des englischen Zivilprozesses könnten mich einige dort enthaltene Normen beeindrucken, z. B. jene über die Rechtsmittel, und ich in der Folge zum Schluß kommen, die bedeutend geringere Anzahl der Berufungen im englischen Prozeß sei eine direkte Folge der besseren Qualität dieser Normen. Einläßlichere Forschungen brächten mich allerdings dazu, weitere Daten zu berücksichtigen, so die Zentralisierung des Court of Appeals für das ganze Land in London, die weniger ausgeprägte Neigung zur Streitsüchtigkeit als Ausdruck angelsächsischen Temperaments im Gegensatz zum lateinischen, die größere Verfahrensstrenge hinsichtlich der Kosten der zweiten Instanz usw., welche alle geeignet wären, meine Vorstellungen über die Brauchbarkeit dieser Normen für den einheimischen Prozeß zu korrigieren.

So sehr ich nun die große Bedeutung solcher soziologischen Angaben für meine Qualifikation dieser Normen anerkenne, so überflüssig erscheint es mir hervorzuheben — angesichts einer bereits so umfangreichen Forschung zwecks Erhellung einer derart spezifischen Frage in einem überdies genau begrenzten Gebiet des Prozeßrechts —, wie unrealistisch schließlich die Vorstellung ist, ein Inventar aller jener Probleme aufstellen zu können, welche sich aus einer Gegenüberstellung des englischen und unseren Zivilprozeßrechts ergeben könnten. Dies beweisen auch der monographische Charakter aller bis heute in dieser Materie unternommenen Forschungen und die uns allen bekannten Schwierigkeiten, welche mit dem Versuch einer systematischen Gliederung verbunden sind. Und nun stelle man sich vor, anstelle eines Vergleichs des englischen Prozesses mit dem italienischen bzw. einer charakteristischen Prozeßphase eine umfassende Vergleichung der beiden Rechtsordnungen oder gar aller Rechtsordnungen auf der ganzen Welt zu unternehmen!

Unter diesem Gesichtspunkt scheint mir trotz des bemängelten Fehlens von Werken jener Art, wie sie sich Evan wünscht, und trotz der uns allen bekannten Unzulänglichkeiten der Werke Wigmores, worauf Evan Bezug nahm, R. Dekkers oder G. Michaelidès-Novaros, die Bezeichnung dieser Absichten und Entwürfe mit utopisch genügend gerechtfertigt[2].

2. Was auf allgemeiner Ebene als unmöglich erscheint, ließe sich hinsichtlich einiger Probleme oder Institute mittels klar begrenzter Forschungen oder rein monographischer Abhandlung verwirklichen.

Meines Wissens haben sich die vergleichenden Forschungen bislang in dieser Richtung bewegt; es lohnt sich, in Erinnerung zu rufen, daß sie nie über Vergleiche klar begrenzter Bereiche zweier oder mehrerer Rechtsordnungen innerhalb des gleichen Rechtskreises oder zweier Rechtsordnungen aus verschiedenen Rechtskreisen hinausgekommen sind (so z. B. das französische, deutsche und italienische Recht im Rahmen von Rechtsordnungen romanistischer Tradition, oder das bereits erwähnte System des Civil Law verglichen mit jenem des Common Law).

Die bisher erreichten Resultate scheinen zu beweisen, daß ein Gewinn an äußerlichem Umfang der Forschung auf Kosten der wissenschaftlichen Qualität geht.

In diesem Zusammenhang seien alle mit der Aussage Evans verbundenen Implikationen unterstrichen, wenn er vorbringt: „Nicht weniger wichtig als diese Erweiterung ist die Formulierung von genauen und praktikablen Definitionen der verwendeten Begriffe, damit ihnen in allen 115 Ländern möglichst dieselbe Bedeutung zukommt."

Der Wert einer solchen Bestrebung kann sicher nicht abgestritten werden, nur hat man sich im Klaren zu sein, was das in Tat und Wahrheit bedeutet.

Es handelt sich ganz gewiß nicht nur um die Frage der terminologischen Übereinstimmung; das angestrebte Vorgehen stößt sich viel eher an der Problematik der Gleichwertigkeit von Begriffen und Instituten, von welcher sich die Komparatisten zu Beginn jeder Forschung immer wieder Rechenschaft geben müssen, wollen sie nicht Gefahr laufen, gegebenenfalls zweideutige oder gar unbrauchbare Resultate zu erzielen.

Aus diesem Grund ist offensichtlich, daß ein brauchbarer Vergleich nicht zustandekommen kann, wenn man in der fremden Rechtsordnung kurzerhand jene entsprechende Norm nachschlägt, die in unserem eigenen System einen bestimmten Sachverhalt regelt.

So selten eine symmetrische Projektion eines normativen Aktes vorliegt, so oft fehlen auch sprachliche Äquivalente unserer Begriffe und juristischen Kategorien. Ebenso selten, und das fällt besonders ins Gewicht, findet man eine gleichwertige rechtliche Problemgestaltung, wel-

---

[2] Vgl. Dekkers, Le droit privé des peuples: caractères, destinées, dominantes, Brüssel 1953; G. M. Novaros, les systèmes juridiques des peuples européens, Athen 1958.

che es gestattete, durch bloßen Rückgriff auf einen Begriff umgehend die Qualifikation eines Sachverhaltes bzw. dessen Eingliederung in ein bestimmtes Lösungsmuster zu erzielen.

Diese in einem absoluten Sinne gültige Beobachtung erweist sich um so richtiger, wenn man sich mit Rechtsordnungen angelsächsischer Tradition, dem sog. Common Law, beschäftigt. Das Charakteristische des englischen Rechts ist seine richterrechtliche Entstehung, indem sich die Rechtssätze mit der Zeit aus empirisch vom Richter — oft im Hinblick auf eine entsprechende Praxis — getroffenen Entscheidungen ergeben, und nicht aus einem sie umfassenden System von Prinzipien abgeleitet werden können.

In Rechtsordnungen von Ländern analoger Entwicklung und Zivilisationsstufe entfalten sich die Eingriffe des Gesetzgebers sowie die Tätigkeit der Gerichte in bezug auf von der Materie her ähnlich gelagerte Probleme. Die gewonnenen Lösungen mögen variieren, doch ist trotz unterschiedlicher Technik der Rechtsverwirklichung nicht selten eine überraschende Übereinstimmung in den Schlußfolgerungen festzustellen. Eine gewisse Vertrautheit mit dem Studium des ausländischen Rechts lehrt uns, daß große Variationen in der Rechtstechnik keinesfalls mit einer entsprechenden Verschiedenheit der konkreten Lösungen korrespondieren müssen. Sofern man einige Voraussetzungen hinsichtlich des Entwicklungsstandes und der Reife der in Betracht gezogenen Rechtsordnungen berücksichtigt, ist dieses Verhältnis im Gegenteil in der Regel umgekehrt proportional.

Im Sinne eines Beispiels möge man an den Fall denken, daß eine Bestimmung des englischen internationalen Privatrechts für die Regelung der Übertragung des „equitable interest" auf irgendeine Rechtsordnung des Kontinents verweist, oder an die Probleme, welche unserer Doktrin die rechtliche Qualifikation der Ziehkindschaft (affiliazione; vgl. Art. 400 ff. CC it.) in fremden Rechtsordnungen verursacht hat, welche dieses Institut eo nomine nicht kennen.

Unter diesem Gesichtspunkt des oben erwähnten Problems der Äquivalenz ist auch das Beispiel des *Trust* zu erwähnen.

Wollte ein angelsächsischer Jurist die kontinentalen Rechtsordnungen auf den Trust betreffende Normen untersuchen, so würde sich diese Untersuchung zweifellos als unfruchtbar erweisen. Das von diesen Rechtsordnungen übernommene justinianische Prinzip des absoluten und ausschließlichen Eigentums verhinderte die Bildung eines Instituts, welches dadurch gekennzeichnet ist, daß das Eigentumsrecht aufgesplittert ist auf eine Person, welche es als ihr eigenes ausübt, und auf einen Begünstigten, dessen Verfügungsmacht über die Sache ruht. Es wäre aber falsch, aus dem Fehlen einer spezifischen Regelung über den Trust zu schließen, in den kontinentalen Rechtsordnungen seien ähnliche Konstruktionen, wie sie das charakteristische englische Institut erlaubt, unmöglich. Beschränken wir uns beispielsweise auf das italienische Recht, so wird eine Eigentumsübertragung mit einer Rückerwerbsklausel nicht rechtswidrig, wenn sie zwecks Verdeckung eines fiduziarischen Verhältnisses vorgenommen wird.

Ebenso falsch ist es, bei einer Analyse zuviel Gewicht auf die technische oder wissenschaftliche Form eines Phänomens zu legen, wie sie in der Rechtsprechung bzw. in der Lehre zum Ausdruck kommt. Nehmen wir als Beispiel den Wechsel und die Wertpapiere. Die handelsrechtliche Doktrin hat wohl in keinem anderen Gebiet mit solchem Einfallsreichtum und solchen tiefgreifenden Konstruktionen gearbeitet. Im Vergleich mit dem englischen Recht sind dabei die oft auch von der Rechtsprechung übernommenen Schemata der kontinentalen Lehre absolut ursprünglich. So ist die Aufgabe nicht einfach, ihren Sinn dem englischen Juristen zu erklären. Der Sinn des Begriffes der „Abstraktheit", der funktionale Dualismus der Wechselobligationen wie alle anderen Konstruktionen müßten sich als unverständlich erweisen. Man darf aber nicht folgern, daß dieser eminente Unterschied in der Ausgestaltung einen maßgebenden Einfluß habe auf die Substanz der berücksichtigten Phänomene. Ich glaube im Gegenteil, daß im Grundsatz das vom englischen Recht geordnete Institut hinsichtlich Struktur und wirtschaftlicher Funktion dem Wechsel der kontinental-europäischen Rechtsordnungen, wie er gemäß dem Genfer Abkommen einheitsrechtlich normiert worden ist, grosso modo entspricht.

Hinsichtlich weiterer Klarstellungen zu diesem Punkt sei auf die Ausführungen sub 4) und 5) verwiesen.

3. Bei der Verteilung der Aufgaben für die Schaffung des „Repertoires" selber wird dem Juristen gegenüber dem Soziologen eine sekundäre, dienende Rolle zufallen.

Im Falle einer Verwirklichung des Projektes wird man dem Juristen (in seiner Eigenschaft als Kenner und Experte einer oder mehrerer fremder Rechtsordnungen) nach dem bisher Gesagten bei der Verteilung der Aufgaben gegenüber dem Soziologen nur eine dienende Rolle zuweisen können. Letzterem wird die eigentliche Wahl der Themata des Fragebogens obliegen, während der Jurist beigezogen werden muß, um aufgrund seiner Erfahrungen die technischen Daten anzugeben, welche für die Vorbereitung der ausgewählten Probleme verlangt werden können.

Mit dieser Bemerkung wollen wir zu einigen spezifischen technischen Betrachtungen übergehen, die im Zusammenhang mit dem Fragebogen Evans auftauchten.

Dieser fragt beispielsweise nach dem Verhältnis von Berufsrichtern und Laienrichtern. Der Komparatist wüßte, daß eine so formulierte Frage mißverstanden werden kann und deshalb neu und präziser formuliert werden muß. Im amerikanischen Recht — wohlgemerkt nur in diesem und in keinem anderen des Common Law — bedarf die Bezugnahme auf „nicht berufliche Richter“ eines Verweises auf „gewählte Richter“.

In den Rechtsordnungen des Civil Law zöge die gleiche Bezugnahme eine Vielfalt von Assoziationen nach sich. Man denke z. B. an die in einigen Ländern bekannten „ehrenamtlichen“ Mitglieder bestimmter richterlicher Behörden, oder an Berufsleute aus dem Handelsgewerbe, aus welchen sich — soweit noch bekannt — die Handelsgerichte zusammensetzen. Hier drängt sich eine Präzisierung im Sinne eines Auseinanderhaltens von Zivilrecht und Handelsrecht auf, was wiederum der angelsächsischen Rechtstradition fremd ist. Des weiteren kann die Erwähnung von nicht beruflichen Richtern in England eine Bezugnahme auf den „master“ bedingen, einen einzelnen Gerichten zugeteilten Beamten, dem es obliegt, die Durchführung der eigentlichen richterlichen Vorrechte vorzusehen, wie sie z. B. im summarischen Verfahren vor dem „High Court of Justice“ durch die Ausstellung eines „specially endersen writ of summons“ ausgeübt werden.

Man kann auf diese Weise weiterfahren: der Entwurf spricht von „administrative agencies“, typischen Erscheinungsformen des amerikanischen Rechts; eine wörtliche Übersetzung ins Italienische ergäbe etwa „enti pubblici“. Nun kann aber nichts mißverständlicher sein als gerade das. In den Rechtsordnungen französischer Tradition untersteht das Verwaltungsrecht der selbständigen Gerichtsbarkeit des Conseil d'Etat, welche von der ordentlichen Gerichtsbarkeit zu unterscheiden ist wie etwa das Equity-System in den angelsächsischen Rechtsordnungen. In den Rechtsordnungen des Common Law fehlt dieser Gegensatz. Die sozialistischen Systeme ihrerseits organisieren das Verhältnis zwischen Verwaltungsgerichtsbarkeit und ordentlicher Gerichtsbarkeit auf nochmals anderer Ebene. Worin läge also der Sinn, die Anzahl der Verwaltungskörper zu ermitteln sowie Angaben über ihre Arbeitsweise oder über die Auswirkungen auf die Tätigkeit der ordentlichen Richter oder über anderes mehr einander gegenüberzustellen, wenn die Bezugspunkte bereits im Ansatz derart verschieden sind?

Fast alle Stichwörter des Fragebogens geben zu analogen Betrachtungen Anlaß, weshalb man nicht umhin kann, allen Ernstes über die Fülle der vom Juristen zu übernehmenden Aufgaben nachzudenken, falls man den Umfang der Forschungen nicht etwas zu begrenzen versucht.

Ich möchte noch beifügen, daß viele der verlangten Angaben (jene über die Zeitspanne, die ein Fall normalerweise braucht, um vom erst- bis zum letztinstanzlichen Sachurteil zu gelangen) äußerst schwierig oder überhaupt nicht nachzuprüfen sind. Hier wäre übrigens ein Statistikfachmann beizuziehen, dessen Rolle m. E. gesamthaft gesehen nicht weniger wichtig sein dürfte als jene des Juristen.

4. Der Fragebogen sollte in mehreren Fassungen formuliert werden, um den einzelnen Gruppen von Rechtsordnungen zu entsprechen, wie sie sich wegen des unterschiedlichen gesellschaftlichen Entwicklungsgrades der einzelnen Länder ergeben.

Der Versuch, Informationen über verschiedene Rechtsordnungen zu katalogisieren — wenn auch nur zu Informationszwecken und in ganz summarischer Art —, als handelte es sich um biologische Daten außerhalb jeder geschichtlichen Dimension, erscheint uns als sehr kühn. Die verschiedenen Formen politischer Organisation und die sie unterscheidenden Typen rechtlicher Institutionen variieren je nach den Gegebenheiten der gesellschaftlichen Entwicklung, und es scheint nicht, daß sie auf einheitliche Formen von weltweiter Geltung zurückgeführt werden können.

Zur vorgeschlagenen Untersuchung ist zu sagen, daß eine diese Überlegung berücksichtigende Systematik zuallererst versuchen sollte, die Rechtsordnungen nach der gesellschaftlichen Entwicklungsstufe und dem „Zivilisationsgrad" ihrer Länder zu gruppieren. Berücksichtigt man diese Einteilungskriterien, so können als erste Konsequenz alle jenen unvollständigen Erscheinungsformen des Rechts vernachlässigt werden, wie sie für gewisse gesellschaftlich unterentwickelte ethnische Gruppen typisch sind, und die wegen ihrer Bruchstückhaftigkeit nicht gemäß den Grundzügen einer elementaren Rechtsordnung aufbereitet werden können.

Die konkrete Anwendung dieses Kriteriums verlangt die Überprüfung einer gegebenen Ordnung auf gewisse Grundprinzipien, welche zum Allgemeingut der zivilisierten Nation gehören, gemäß einem Kriterium, das nach seiner Annahme in Art. 38 c. der Verfassung des Internationalen Gerichtshofes erhöhte Bedeutung gewonnen hat. Eine derartige Überprüfung scheint keine übermäßigen Schwierigkeiten zu bereiten.

Abgesehen vom islamischen Recht haben alle modernen Rechtssysteme, darin eingeschlossen das Common Law und zum Teil sogar das sowjetische Recht, weitgehend gemeinsame Quellen und Prinzipien. Diese bilden die Komponenten der modernen Rechtskultur, worin die Daten unserer Zivilisation zum Ausdruck kommen. Es handelt sich um

Überkommenes aus dem römischen Recht, aus dem kanonischen Recht, aus dem Naturrechtsdenken, außerdem um Regeln aus dem Handelsrecht, wie sie einer großen Völkergemeinschaft im ausgehenden Mittelalter zu eigen waren, seien sie entweder spontan aus den Gewohnheiten der verschiedenen Länder oder autoritativ durch Erlaß gesetzgebender Körperschaften gemäß den verschiedenen Gesetzgebungsverfahren entstanden. Hinzu treten in ihren verschiedenen Formen und Ausgestaltungen die durch die weitläufigen internationalen Rechtsvereinheitlichungsbestrebungen geschaffenen Normen.

5. *Die verschiedenen Fassungen des Fragebogens sollten auf die großen Rechtskreise, in welche die Rechtsvergleicher die wichtigsten Rechtsordnungen einteilen, zugeschnitten sein; z. B. eine Fassung für Rechtsordnungen des romanischen Rechtskreises, eine für jene des Common Law, für die sog. „sozialistischen Systeme", die „religiösen" usw.*

Das Problem der Rechtsvergleichung, die Möglichkeit, sie mit Hilfe „vergleichbarer" Daten oder Institutionen zu realisieren, ohne ständig zu Kategorien- und Begriffsüberprüfungen schreiten zu müssen, hängt von der Möglichkeit ab, die verschiedenen Rechtsordnungen in Klassen oder Systeme zu gruppieren. Es handelt sich darum, Elemente analoger Struktur oder Inhalts hervorzuheben und gewisse gemeinsame Faktoren zu berücksichtigen, welche den Rechtsverwirklichungsprozeß beeinflussen (mehr oder weniger kodifizierte Form einer Rechtsordnung, unterschiedliche Rechtsquellentheorie, unterschiedliche Rolle des Richters im Rechtsbildungsprozeß usw.). Bei der weltweiten Dimension dieses Problems wächst bekanntlich die Schwierigkeit der Wahl eines vorgängigen Klassifikationskriteriums. Doch ist klar, daß man ohne ein solches nicht auskommt und daß — will man den Vergleich mit Hilfe vergleichbarer Daten durchführen — man sich mit einer nach alphabetischen bzw. geographischen Kriterien vorgenommenen Einteilung nicht zufrieden geben kann. Wohl gibt es bis heute derartige Beispiele im Überfluß in der rechtsvergleichenden Literatur[3], doch haben die damit verfolgten Informationszwecke herzlich wenig zu tun mit einer normalen Anwendung der Rechtsvergleichung. Man untersucht ein Problem oder ein Institut und gibt die in all den verschiedenen Rechtsordnungen gefundenen Lösungen mit einem Aufwand an Dokumentationen bekannt, der in einzelnen Fällen wie etwa den soeben erwähnten geradezu gigantisch anmutet. Diese Art des Vorgehens mag den Anforderungen einiger spezialisierter Publikationen genügen, stellt aber eine der sterilsten und eigenartigsten Formen der Rechtsvergleichung

[3] Vgl. etwa Aksoy, Das Erbrecht außerehelicher Kinder in rechtsvergleichender und kritischer Darstellung, Zürich 1954, oder Ferid-Firsching, Internationales Erbrecht, München - Berlin 1959.

dar. Ascarelli äußerte sich dazu im Rahmen der Untersuchung von amerikanischen Abhandlungen zur internationalen Vereinheitlichung von Wertpapieren, indem er dieses Vorgehen als statistisch-buchhalterische Konzeption der Rechtsvergleichung bezeichnete, welche zur Deformation ihrer normalen Anwendung führen müsse.

Die Wahl eines Klassifikationskriteriums muß auf verschiedenen Grundlagen beruhen. Diese elementare Forderung gilt nicht nur speziell für die Rechtsvergleichung, sondern ist jedem Zweig menschlichen Wissens eigen. Im Falle der Rechtsvergleichung kommt ihr aber im Sinne einer Bemühung um die Präzisierung des Objektes dieser Disziplin eine besondere Bedeutung zu, ist doch ihr Anwendungsbereich ziemlich unbestimmt. Arminjon, Nolde und Wolff gehen in ihrem berühmten Werk[4] das Problem der Wahl dieses idealen Kriteriums für eine Gruppierung der aktuellen Rechtsordnungen an mittels einer Zuhilfenahme jener Kriterien, welche die Sprachforscher zur Klassifizierung von Idiomen verwenden. Nach herrschender Lehre dieser Wissenschaft ist die einzige klare und brauchbare Klassifizierung jene, welche die Sprachen genealogisch in „Familien" unterteilt, wobei unter „Familie" „l'emsemble des parlers plus ou moins différenciés entre eux, qui continuent une même langue commune" zu verstehen ist.

Die Rechtsentwicklung in der modernen Kulturwelt führte zu einer gewissen Anzahl von Ausstrahlungszentren, wo Normen und Institute entstehen, ausgearbeitet und systematisiert werden. Von diesen Zentren hängen mehr oder weniger stark andere Rechtsordnungen ab, indem sie ihrem Einfluß unterliegen, weshalb sie mit ihnen zusammen in klar umschriebene „Familien" im obigen Sinn zusammengefaßt werden können. Das Phänomen entspricht einer Erfahrungstatsache: Läßt man die aktuellen Rechtsordnungen der zivilisierten Welt Revue passieren, so wird man feststellen können, daß ziemlich weit voneinander entfernt lebende Völker mit unterschiedlichen Ideen, wirtschaftlichen Gewohnheiten, Glauben und Bräuchen sich oft auszeichnen durch in ihrem Wesen identische oder doch zumindest ähnliche rechtliche Institutionen. D. h. mit anderen Worten, daß sich von den eigentlichen Basissystemen einzelne Zweige als selbständige Rechtsordnungen losgetrennt haben, welche sich dann ihrerseits zu übereinstimmenden oder den ursprünglichen ähnlichen Systemen entwickelten.

Die rechtsvergleichende Lehre hat keine Mühe gescheut, wissenschaftlich gültige Kriterien für die Klassifizierung der in Kraft stehenden Rechtsordnungen zu finden; die darauf spezialisierte Rechtsliteratur ist voll von einschlägigen Hinweisen. Auch wenn die Einteilung der untersuchten Rechtsordnungen in Gruppen auf einer rechtlichen Quali-

[4] Vgl. Arminjon, Nolde und Wolff, Traité de droit comparé, Paris 1950, Bd. 3, N. 19, S. 48.

fikation ihrer Charakteristika beruht, welche allfällige Verwandtschaften berücksichtigt und auf diese Weise zur Bestimmung der Beziehungen beiträgt, so vermögen die Ergebnisse nicht immer zu befriedigen, steht man doch vor einer großen Mannigfaltigkeit von Kriterien, die alle mit gleichem Recht als Klassifikationsbasis gewählt werden können.

So scheinen die meisten Privatrechtsvergleicher unabhängig voneinander das oben erwähnte „genetische" Kriterium vorzuziehen. Sollte dieses Kriterium aber für unser Unterfangen herangezogen werden, so drängt sich noch eine letzte Präzisierung auf: es ist nicht ausgeschlossen, daß sich abgeleitete Rechtsordnungen inhaltlich sowohl untereinander als auch gegenüber ihren Ursprungsordnungen wesentlich unterscheiden. Ähnlichkeiten in abgeleiteten Ordnungen können variieren, abnehmen oder gar verschwinden. Neben den durch die umgebende Gesellschaft bedingten selbständigen Entwicklungen können sich auch Einflüsse von außen auswirken, und zwar, wie in neuerer Zeit, in massiver Art und Weise. Das polnische und das rumänische Recht beispielsweise werden noch zum Kreis der Kodifikationen französischen Ursprungs gezählt; in Wirklichkeit aber sind sie sehr starken Einflüssen durch das sowjetische Recht ausgesetzt. Das sowjetische Zivilgesetzbuch selber wurde nach dem Vorbild des deutschen BGB geschaffen, aber wer wagte heute, es zu den Kodifikationen deutschen Ursprungs zu zählen.

Sollte man nun das „genetische" Kriterium — oder gegebenenfalls ein anderes, worüber man sich noch einig werden müßte — als Klassifikationsbasis verwenden, so müßte der Fragebogen revidiert werden unter Berücksichtigung der für die einzelnen Gruppen charakteristischen Technik, Begriffswelt usw.

Schlußfolgerungen

Die Vorbereitung des von Evan vorgeschlagenen „soziologischen Repertoires der Rechtsordnungen" verlangt eine Klarstellung der Probleme, welche die Sammlung und die Auswahl bestimmter informativer Angaben über Phänomene von größter technischer Bedeutung für die Juristen vermuten lassen. Welche Ziele das angestrebte Projekt auch verfolgen mag, so taucht doch ganz natürlich die Überlegung auf, für die Ausarbeitung auf die Meinung und die Hilfe jener Juristen nicht zu verzichten, welche sich ganz besonders dem Studium ausländischer Rechtsordnungen widmen, d. h. der Rechtsvergleicher. Just oben Gesagtes ist nun das Resultat einer ersten Beurteilung der „Nützlichkeit" und der „Realisierbarkeit" dieses Projektes durch einen Rechtsvergleicher. Dessen Eindrücke lassen sich folgendermaßen zusammenfassen:

1. Ein „soziologisches Repertoire aller Rechtsordnungen" scheint für den Rechtsvergleicher wegen der außerordentlichen Oberflächlichkeit von keinem großen Nutzen zu sein (vgl. oben Ziff. 1);
2. Von größerem Interesse wäre es vielleicht, wenn man auf ein derart weitläufiges Unterfangen zugunsten von Monographien bzw. von klar abgegrenzten Gebieten verzichtete. Unter anderem gestattete nur der Verzicht auf die weitgefaßte Konzeption des Fragebogens die Angleichung von Begriffen und Instituten in einem gemeinsamen Schema, eine — da erst auf diese Weise die zu vergleichenden Daten vergleichbar werden — für jede Rechtsvergleichung unumgängliche Voraussetzung (vgl. oben Ziff. 2).
3. Die vorausgegangenen Bemerkungen schließen die Teilnahme eines Juristen (neben der eines Fachmannes für Statistik) an der Verwirklichung des Projektes nicht aus; doch sind sie in ihrer Funktion jenem unterzuordnen, der über die Wahl der zu untersuchenden Probleme und über die Definition der Forschungsgebiete zu bestimmen hat (vgl. oben Ziff. 3.);
4. Wegen unumgänglicher technischer Anforderungen ist der Fragebogen den einzelnen Rechtskreisen, worin ähnliche und verwandte Rechtsordnungen gruppiert werden können, anzupassen. Dies wäre relativ einfach zu erreichen, indem man im Sinne des Vorschlages Prof. Evans den Text ausgebildeten Fachleuten der verschiedenen vorher erwähnten Gruppen und Systeme (vgl. Ziff. 4. und 5.) vorlegte.

III. Schlußbetrachtung

Von Renato Treves

Der Vorschlag Evans und die Bemerkungen Grisolis sind geeignet, die Unterschiede zwischen dem soziologischen und dem juristischen Gesichtspunkt, oder, wie man mit Hart sagen könnte[1], zwischen dem Standpunkt des äußeren und des inneren Beobachters hervorzuheben. Evan begreift in der Tat die Rechtsordnungen ganz soziologisch und faßt sie als einen „Komplex von Institutionen auf, der sich aus Rechts-

[1] H. L. A. Hart, Il concetto di diritto, ital. Übers. Turin 1965, S. 68 - 70, 105 - 108, 120 - 122. Das Zusammenfallen des soziologischen Standpunkts mit jenem eines äußeren, des juristischen mit jenem eines inneren Beobachters wird deutlich aufgezeigt von U. Scarpelli in einem demnächst erscheinenden Buch, Cos'è il positivismo giuridico?, Mailand 1965. In Kapitel VII dieses Werkes vermerkt der Autor, daß die Unterscheidung von Hart keineswegs neu sei in der Geschichte des juristischen Denkens und daß z. B. Vorgänger gefunden werden können in den Werken von H. Kelsen und A. E. Cammarata.

normen, Rollen und Verhaltensmustern zusammensetzt, welche sich auf die gesetzgeberischen, administrativen und richterlichen Tätigkeiten einer Gesellschaft beziehen"[2]. Grisoli hingegen steht auf einem spezifisch juristischen Standpunkt und versteht unter einer Rechtsordnung, auch wenn er es nicht ausdrücklich sagt, die Gesamtheit der von einem Gesetzgeber erlassenen Normen oder der von der Rechtsprechung geschaffenen Prinzipien und Regeln. Evan steht den Rechtsnormen als äußerer Beobachter gegenüber. Er neigt zu einer beschreibenden Darstellung, welche die Regelmäßigkeiten im Verhalten der Mitglieder einer Gruppe registriert, die Wechselbeziehungen zwischen Verhaltensweisen sowie zwischen Verhaltensweisen und gegebenen Umständen festhält, um dadurch Voraussagen über die Verhaltensweisen selber machen zu können. Grisoli auf der anderen Seite beobachtet von innen her. Für ihn sind die Normen Verhaltensregeln. Er leitet daraus die Existenz von Rechten und Pflichten ab und qualifiziert die Verhaltensweisen immer im Hinblick auf die zutreffende Norm.

Die Unterschiede zwischen diesen beiden Standpunkten erklären, warum Evan als Soziologe vorschlägt, Angaben über einzelne geltende Rechtsordnungen zu sammeln, wie sie sich eben einem äußeren Beobachter darbieten (zwecks „Schaffung zahlreicher Verweisungen und Wechselbeziehungen" und zwecks Würdigung der Rechtsordnungen in ihrer Gesamtheit), Grisoli auf der anderen Seite als Rechtsvergleicher interessiert ist, einzelne Probleme zu lösen, welche „das Rechtsleben im Bereich unserer Rechtsordnung charakterisieren", und die Heranziehung fremder Rechtsordnungen dem Bedürfnis unterordnet, für die Lösung dieser Probleme „neue und modifizierte Ideen" zu finden. Dieselben Unterschiede der beiden Gesichtspunkte führen dann zur paradoxen Konsequenz, daß Evan als Soziologe in seinem Vorschlag betont, quantitative Angaben über vom sozialen Kontext losgelöste formale Elemente zusammenzustellen (Anzahl der Rechtsanwälte, der Richter, der gesetzgebenden Behörden; Anzahl der Strafprozesse, der Schiedssprüche, der Scheidungen usw.), während der Jurist Grisoli vor der Gefahr einer solchen Trennung warnt und die Notwendigkeit hervorhebt, die Angaben über formale Elemente in ihrem sozialen Kontext zu begreifen, da nur so die Bedeutung und die Wirksamkeit einzelner Vorschriften des englischen Zivilprozesses, solcher über den trust, über die Wertpapiere usw. erfahren werden können. Evan ist zugutezuhalten, daß er selber die von ihm aufgestellte Liste als provisorisch bezeichnet und dazu anregt, konkrete Änderungsvorschläge zu machen und die Begriffe und Formulierungen der Liste zu erweitern oder zu definieren, wobei vor allem „die Formulierung von genauen

---

[2] Um sich den soziologischen Standpunkt von Evan zu vergegenwärtigen, vgl. Law and Sociology (hrsg. v. W. M. Evan), New York 1962, S. 166 - 168.

und praktikablen Definitionen der verwendeten Begriffe" notwendig sei, „damit ihnen in allen Ländern möglichst dieselbe Bedeutung zukommt". Das bedeutet aber nicht, daß es für die definitive Errichtung einer solchen Liste genügt, die Rechtsordnungen von außen her zu erfassen, was im übrigen auch gar nicht so einfach wäre. Es ist auch unumgänglich, sie von innen her kennenzulernen und ihre rechtliche Wirklichkeit zu erfahren, was offensichtlich ziemlich viel schwieriger sein dürfte.

Mir scheint, daß man die von Grisoli unter Ziff. 5 gemachte Bemerkung, es „sollten die verschiedenen Fassungen des Fragebogens auf die großen Rechtskreise, in welche die Rechtsvergleicher die wichtigsten Rechtsordnungen einteilen, zugeschnitten sein", ohne weiteres akzeptieren sollte. Ich denke auch, daß das von ihm zu Ziff. 2 Gesagte, „was auf allgemeiner Ebene als unmöglich erscheine, ließe sich hinsichtlich einiger Probleme oder Institute mittels klar begrenzter Forschungen oder rein monographischen Abhandlungen verwirklichen", zu berücksichtigen ist. Nach Grisoli hat sich die rechtsvergleichende Forschung traditionellerweise in diesem Rahmen abgespielt; er ruft in Erinnerung, „daß sie nie über Vergleiche klar begrenzter Bereiche zweier oder mehrerer Rechtsordnungen innerhalb des gleichen Rechtskreises oder zweier Rechtsordnungen aus verschiedenen Rechtskreisen hinausgekommen sind". Und gerade in dieser Richtung scheint sich nicht nur die Rechtssoziologie im Bereiche vergleichender Forschung, sondern auch Evan selbst zu orientieren. Ich möchte hervorheben, daß Evan in seinem in diesem Heft der Quaderni veröffentlichten Artikel eine interessante vergleichende Studie über verschiedene der gleichen Rechtsordnung angehörenden Organisationsformen unternommen hat, aber auch, daß er anläßlich des im September 1964 in Montreal abgehaltenen Kongresses der „American Sociological Association" eine rechtssoziologische Veranstaltung zu präsidieren hatte, welche einer vergleichenden Untersuchung bloß zweier und offensichtlich verwandter Rechtsordnungen, jener Kanadas und jener der USA, gewidmet war. Ich denke aber, daß die vom Komitee für rechtssoziologische Forschungen, welches im vergangenen Juni in Abwesenheit Evans in Warschau tagte, aufgrund seines Vorschlages gefaßte Initiative seinen Ideen entspricht; diese Initiative beruht auf dem Gedanken, Testforschungen durchzuführen mittels vergleichender Untersuchungen verwandter Rechtsordnungen wie etwa jener Belgiens und Hollands, oder Schwedens und Norwegens.

Berücksichtigt man, daß die Sammlung von Zahlenmaterial zu allen Stichwörtern des Fragebogens in den verschiedenen Ländern zu den von Grisoli angedeuteten Mißverständnissen und Doppeldeutigkeiten führen kann, und daß zwecks Vermeidung dieser Konsequenz lange und sicher nicht leichte Ausführungen über die spezifische Bedeutung jedes einzelnen Begriffes in jedem Land nötig wären, so ist man versucht, einen neuen Vorschlag zu machen: Verzicht auf die Sammlung von Daten und auf das Projekt der Gründung einer „Datenbank" zugunsten der Aufstellung einer Reihe von Monographien über die Rechtsordnungen der einzelnen in Kreisen zusammengefaßten Staaten, welche alle Angaben enthalten über die — wie Evan sagt — „Institutionen, die sich aus Rechtsnormen, Rollen und Verhaltensmustern zusammensetzen, welche sich auf die gesetzgeberischen, administrativen und richterlichen Tätigkeiten beziehen". Man könnte einwenden, daß man dadurch Gefahr läuft, ein den Arbeiten von Wigmore, Dekkers oder Michaelidès-Novaros ähnliches Werk zu schaffen, welche alle von Grisoli und von Evan selber als unbrauchbar abgelehnt worden sind. Diesem Einwand ist entgegenzuhalten, daß die hier gemeinten Monographien von Fachleuten, die möglichst den behandelten Ländern selber angehören, besorgt werden könnten, was als Resultat doch ein sich von den erwähnten unterscheidendes brauchbares Werk zur Folge haben könnte. Zur Verhinderung von Überschneidungen und Doppelspurigkeiten müßte sich das Komitee für rechtssoziologische Forschungen bei der Organisation dieses kollektiven Werkes an zwei bereits im Gange sich befindenden Unternehmungen orientieren: so wird am Max-Planck-Institut in Hamburg an einer nach Materien bzw. Gruppen von Materien geordneten Enzyklopädie gearbeitet, wobei die Arbeitsgruppen aus Juristen verschiedener Länder und aus verschiedenen Fachspezialisten zusammengesetzt sind. Geplant ist, die wesentlichen Rechtsordnungen der Erde zu erfassen; die Arbeit soll innerhalb der nächsten 10 Jahre abgeschlossen sein. Dann sei auf die Initiative der „Parker School of Comparative Law" in New York (Columbia University) hingewiesen, welche von sich aus mit einer Reihe von „Guide" zu den wichtigsten Rechtsordnungen angefangen hat. Es handelt sich um die Publikation kurzer Abhandlungen mit Angaben über die Charakteristika der einzelnen untersuchten Rechtsordnungen. Jeder Band enthält außerdem in einem speziellen Teil Erläuterungen über das Rechtsprechung und Lehre umfassende Forschungsinstrumentarium.

Ich habe diese beiden Unternehmen erwähnt, weil sie nach meiner Meinung auf keinen Fall außer acht gelassen werden dürfen, auch wenn sich das Komitee, ohne andere Lösungen zu suchen, zu einer Fortführung der eigenen Arbeit im Sinne des Vorschlages von Evan entscheidet. Vor mir liegt gerade der von der „Parker School" herausgegebene und von Grisoli betreute „Guide" über Italien[3]. Darin finden sich um-

[3] A. Grisoli, Guide to Foreign Legal Materials — Italian, Parker School of Foreign and Comparative Law, Columbia University, New York 1965; in derselben Reihe vgl. schon C. Szladits, Guide to Foreign Legal Materials

fangreiche Angaben über viele der von Evan in seiner provisorischen Liste zusammengestellten Daten, so namentlich hinsichtlich der Bibliographie. Außerdem sind auch viele für die Formulierung jener von Evan gewünschten „präzisen und praktikablen Definitionen der Begriffe und Umschreibungen" notwendigen Unterlagen vorhanden, mit der Einschränkung allerdings, die Ausdrücke und Umschreibungen des italienischen Rechts „vor allem den Juristen des Common Law" verständlich zu machen, nicht den Juristen in ihrer Gesamtheit, wie man es in dem von Evan vorgeschlagenen Repertoire machen müßte.

— French/German/Swiss, New York 1959. Parallel dazu hat die Parker School der Columbia University die Herausgabe einer anderen Reihe von einführenden Werken in verschiedene ausländische Rechtsordnungen an die Hand genommen. Zu diesen gehören R. David und H. P. de Vries, The French Legal System (an Introduction to Civil Law Systems), New York 1958; E. Allan Farnsworth, An Introduction to Legal System of the United States, New York 1963. Eine andere Reihe wiederum ist dem Zivilprozeßrecht gewidmet; sie steht unter der Leitung von Prof. H. Smith: Columbia University School of Law Project on International Procedure. Bis heute sind erschienen die Bände von R. Bader Ginsburg und A. Bruzelious, Civil Procedure in Sweden, Den Haag 1965, und von M. Cappelletti und J. Perillo, Civil Procedure in Italy, Den Haag 1965.

ERKENNTNISTHEORETISCHES ZUM VERHÄLTNIS VON RECHTSSOZIOLOGIE UND RECHTSVERGLEICHUNG

Von Manfred Rehbinder

Über das Verhältnis von Rechtssoziologie und Rechtsvergleichung sind im Hinblick auf ihren Forschungsbereich schwerpunktmäßig drei Aussagen gemacht worden: (1) Rechtsvergleichung ist eine „rein juristisch-beschreibende" Disziplin und Rechtssoziologie betrifft die „Darlegung der Kausalität im Entstehen und Wirken des Rechts". Rechtssoziologie und Rechtsvergleichung haben daher zwei völlig getrennte Forschungsbereiche (Ernst Rabel). (2) Rechtsvergleichung beschreibt nicht nur, sondern erklärt auch die Gemeinsamkeiten und Unterschiede in den Rechtsordnungen. Rechtsvergleichung ist daher Bestandteil der Rechtssoziologie (Eugen Ehrlich, Edouard Lambert). (3) Rechtsvergleichung beschäftigt sich auch mit den außergesetzlichen Rechtsnormen und bezieht damit Faktisches in ihren (an sich im Normativen liegenden) Untersuchungsgegenstand mit ein. Rechtssoziologie beschäftigt sich auch mit der Rolle von Wertentscheidungen und bezieht damit Normatives in ihren (an sich im Faktischen liegenden) Untersuchungsgegenstand mit ein. Rechtssoziologie und Rechtsvergleichung sind daher zwar selbständige Disziplinen, haben aber vielfältige „Berührungspunkte" (Ulrich Drobnig).

Die Unterschiede dieser drei Aussagen beruhen ersichtlich auf unterschiedlichen Annahmen über den Forschungsbereich sei es der Rechtsvergleichung sei es der Rechtssoziologie. Die Frage nach den Beziehungen zwischen Rechtssoziologie und Rechtsvergleichung ist damit in erster Linie eine Frage der Definition oder Terminologie. Fragen der Terminologie sind Fragen der Zweckmäßigkeit. Wir wollen im folgenden die heute überwiegend gebräuchliche Terminologie zugrunde legen und dann unter erkenntnistheoretischem Blickwinkel fragen, was daraus für das Verhältnis zwischen den beiden so bestimmten Begriffen folgt.

I. Rechtssoziologie als Erfahrungswissenschaft vom Recht

Unter Rechtssoziologie versteht die herrschende Meinung die wissenschaftliche Erforschung der Interdependenz von Recht und Sozialleben. Nach der erkenntnistheoretischen Lehre von der Dreidimensionalität des Rechts erfaßt sie damit das Recht in seiner Realität und ist dementsprechend die Erfahrungswissenschaft vom Recht[1]. In der Sicht des „erkenntnistheoretischen Trialismus“ (Kantorowicz) kann man (a) nach der Gerechtigkeit des Rechts fragen, sich also mit den Wertvorstellungen beschäftigen, die hinter bestimmten rechtlichen Regelungen stehen, und diese Wertvorstellungen auf ihre Angemessenheit überprüfen. Untersuchungsgegenstand ist dann die Idealität des Rechts. Im Regelfall fragt der Jurist (b) danach, was in einer bestimmten Situation als Recht gilt, er beschäftigt sich mit dem Sinngehalt bestimmter rechtlicher Regelungen. Untersuchungsgegenstand ist dann die Normativität des Rechts. Schließlich kann (c) nach der gesellschaftlichen Wirklichkeit des Rechts gefragt werden, nach der Realität bestimmter rechtlicher Regelungen, nach dem Rechtsleben. Untersuchungsgegenstand ist dann die Faktizität des Rechts. Demgemäß unterteilt heute die internationale Rechtstheorie die Rechtswissenschaft erkenntnistheoretisch in drei getrennte Sphären: in Wertwissenschaft, in Normwissenschaft und in Erfahrungswissenschaft. Das Nachdenken über das „richtige“ (gerechte) Recht ist Sache der Rechtsphilosophie. Sie fragt nach dem Wohin (rechtspolitische Zielsetzung) und dem Warum (Wertehierarchie). Die Bestimmung des normativen Sinngehalts des Rechts ist Sache der Rechtsdogmatik. Sie fragt nach dem Wie (also nach dem Inhalt des „Sollens“ und den Methoden und Techniken seiner Ermittlung). Die Erforschung der sozialen Wirklichkeit des Rechts ist Sache der Rechtssoziologie. Sie fragt nach dem Was (beschreibt und erklärt also das „Sein“ des Rechts).

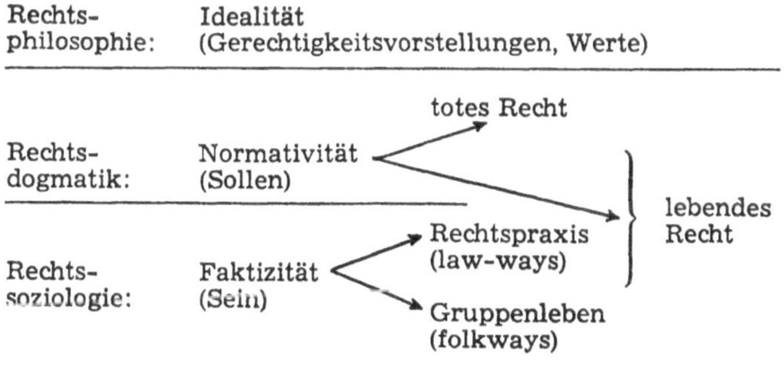

Forschungsgegenstand der Rechtssoziologie ist also nicht das Recht als Summe der geltenden Rechtsnormen (law in the books), sondern das

[1] Vgl. zum folgenden M. Rehbinder: Rechtssoziologie, in Evangelisches Staatslexikon, 2. Aufl. 1975, Sp. 2036 - 2041.

lebende Recht (law in action). Lebendes Recht sind nur diejenigen Rechtsnormen, die in der Rechtspraxis durchgesetzt werden können. Normgefüge und Realordnung müssen identisch sein. Normativität und Faktizität des Rechts sind damit zwar erkenntnistheoretisch getrennte Sphären. Für eine Wirklichkeitswissenschaft vom Recht (Rechtsrealismus) gehören sie jedoch beide zum Rechtsbegriff: Lebendes Recht ist geltendes Recht, das wirksam ist.

Daraus folgt: Rechtssoziologie behandelt nicht nur „Parallelphänomene des Rechts in der Natur" (Kelsen), sondern das Recht selbst in seinem Realitätsaspekt (seiner gesellschaftlichen Dimension).

II. Rechtsvergleichung als wissenschaftliche Vergleichung des lebenden Rechts verschiedener Rechtsordnungen

Über die Definition der Rechtsvergleichung besteht insofern Einigkeit, als es um die wissenschaftliche Erforschung der Gemeinsamkeiten und der Unterschiede verschiedener Rechtsordnungen geht. Dabei geht man von der jeweils normativ geltenden Rechtsordnung aus, sucht dann aber das lebende Recht zu erfassen, indem man totes Recht (paper rule) ausscheidet und die gesetzliche Ordnung durch „außergesetzliche Rechtsnormen" (z. B. AGB) ergänzt. Der eigentliche Vergleich unterschiedlicher Rechtsordnungen betrifft dann nur das lebende Recht.

Durch die Erforschung des lebenden Rechts, Gegenstand der Rechtstatsachenforschung[2], „berührt" sich die Rechtsvergleichung mit der Rechtssoziologie. Auch diese muß zunächst, will sie das Recht in seiner Realität erfassen, das lebende Recht feststellen. Die Gemeinsamkeit des Untersuchungsobjekts (lebendes Recht) führt jedoch noch nicht zur Identität der Forschungsbereiche. Der Forschungsbereich und damit die Selbständigkeit einer wissenschaftlichen Disziplin wird bestimmt durch ihren Untersuchungsgegenstand. Dieser aber richtet sich nicht nur nach dem Untersuchungsobjekt (lebendes Recht), sondern entscheidend nach der Fragestellung, die an das Untersuchungsobjekt herangetragen wird. Die Fragestellungen sind nun in der Rechtsvergleichung und der Rechtssoziologie nicht identisch. Während die Rechtsvergleichung nach den Gemeinsamkeiten und Unterschieden des lebenden Rechts fragt, fragt die Rechtssoziologie nach den Gründen für die Entstehung und die Wirkung dieses lebenden Rechts in der Gesellschaft. In grafischer Darstellung heißt das:

---

[2] Vgl. M. Rehbinder: Die Rechtstatsachenforschung im Schnittpunkt von Rechtssoziologie und soziologischer Jurisprudenz, in Jahrbuch für Rechtssoziologie 1 (1970), S. 333 - 359.

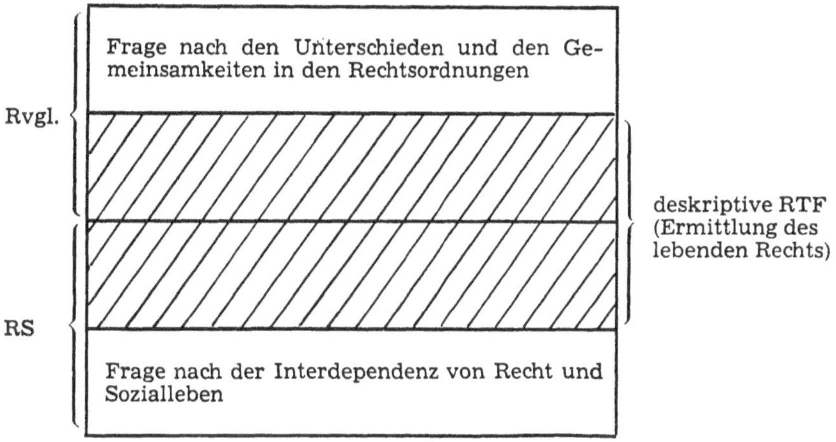

Daraus folgt: Durch die Einbeziehung der Rechtstatsachenforschung enthält die normative Rechtsvergleichung erfahrungswissenschaftliche Elemente. In diesem Bereich erfahrungswissenschaftlichen Vorgehens überschneiden sich Rechtsvergleichung und Rechtssoziologie.

III. Rechtssoziologie und Rechtsvergleichung als beschreibende und als erklärende Wissenschaften

Rechtssoziologie als Erfahrungswissenschaft kann ihr Untersuchungsobjekt beschreiben oder erklären, kann also deskriptiv oder kausalerklärend sein. Wenn sich die Rechtsvergleichung darauf beschränkt, die Gemeinsamkeiten und die Unterschiede im lebenden Recht verschiedener Rechtsordnungen zu beschreiben, dann ist sie normativdeskriptiv. Dies war der Bereich, auf den z. B. Ernst Rabel die Rechtsvergleichung festlegen wollte. Demgegenüber will man heute überwiegend sich nicht darauf beschränken, Unterschiede zwischen den einzelnen Rechtsordnungen festzustellen und zu beschreiben. Man will auch die Ursachen und die Wirkungen dieser Unterschiede erklären. Diese können sich im Bereich der reinen Dogmatik bewegen und sozusagen rechtstechnischer Natur sein (Max Weber sprach hier von internen Denkbedürfnissen der Juristen). Dann ist ihre Erforschung normativ-erklärend. Sie können aber auch im Bereich des Soziallebens liegen. Dann ist ihre Erforschung kausal-erklärend. In grafischer Gegenüberstellung bedeutet das:

	deskriptiv	kausal-erklärend	normativ erklärend
RS	Beschreibung der Interdependenz von lebendem Recht und Sozialleben	kausale Erklärung der Interdependenz vom lebendem Recht und Sozialleben	
Rvgl.	Beschreibung der Gemeinsamkeiten und Unterschiede im lebenden Recht verschiedener Rechtsordnungen	kausale Erklärung der Gemeinsamkeiten und Unterschiede im lebenden Recht verschiedener Rechtsordnungen und deren Auswirkungen	dogmatische Erklärung von Gemeinsamkeiten und Unterschieden verschiedener Rechtsordnungen

Daraus folgt: Kausale Rechtsvergleichung ist identisch mit Rechtssoziologie. Jedoch beschränkt sie sich im Rahmen der Rechtssoziologie auf eine bestimmte, nämlich eine komparative, Untersuchungsanordnung[3]. Die Interdependenz von Recht und Gesellschaft wird bei kausaler Rechtsvergleichung dadurch untersucht, daß verschiedene Rechts- und Sozialordnungen miteinander verglichen werden. Bestimmte Unterschiede in der Sozialstruktur der untersuchten Rechtsordnungen werden als Ursache für Unterschiede in diesen Rechtsordnungen betrachtet und umgekehrt. Der Vergleich der Rechtsordnungen wird zur Beantwortung einer soziologischen Fragestellung benutzt.

IV. Rechtssoziologie und Rechtsvergleichung als theoretische und als empirische Wissenschaften

Rechtssoziologie als Erfahrungswissenschaft kann theoretisch oder empirisch vorgehen. Als Theorie beschäftigt sie sich mit der Systematisierung bisheriger Erkenntnisse und mit dem Aufbau von Modellen, aus denen dann Hypothesen über bestimmte Kausalzusammenhänge zwischen Recht und Gesellschaft abgeleitet werden. Als Empirie beschäftigt sich Rechtssoziologie mit der Erhebung des lebenden Rechts und seines Zusammenhanges mit dem Sozialleben (deskriptiv) sowie mit der Verifizierung oder Falsifizierung von Hypothesen über bestimmte Kausalzusammenhänge (kausal-erklärend). Auch die Rechtsvergleichung kann theoretisch oder empirisch arbeiten. Sie arbeitet

[3] Vgl. zur komparativen Untersuchungsanordnung in der Rechtssoziologie M. Rehbinder: Zu den Methoden der Rechtstatsachenforschung, in Festschrift Alois Troller, 1976, S. 13 - 35, 24 ff.

theoretisch, wenn sie aus dem vorhandenen Material über Gemeinsamkeiten und Unterschiede mehrerer Rechtsordnungen verschiedene Rechtskreise aufbaut und deren unterschiedliche Stile beschreibt sowie eine Lehre von den rechtlichen Institutionen entwickelt (deskriptiv). Sie kann weiter die Gemeinsamkeiten und Unterschiede der Rechtsordnungen dogmatisch zu erklären suchen und daraus eine allgemeine Rechtslehre entwickeln (normativ-erklärend). Sie kann schließlich Rechtskreise und Rechtsinstitutionen mit dem Sozialleben in Beziehung setzen und Hypothesen über die Ursachen für Gemeinsamkeiten und Unterschiede in den Rechtsordnungen sowie deren Auswirkungen aufstellen (kausal-erklärend). Rechtsvergleichung arbeitet empirisch, wenn sie Material über Gemeinsamkeiten und Unterschiede des lebenden

	theoretisch	empirisch	
RS	Aufbau von Modellen und Ableitung von Hypothesen über die Interdependenz von Recht und Sozialleben.	a) deskriptive RTF Erhebung des lebenden Rechts und seiner Interdependenz mit dem Sozialleben b) kausal-erklärende RTF Verifizierung oder Falsifizierung von Hypothesen über die Interdependenz des lebenden Rechts mit dem Sozialleben	
Rvgl.	a) deskriptiv Aufbau von Rechtskreisen und Rechtsinstitutionen b) normativ-erklärend allgemeine Rechtslehre	a) deskriptiv Erhebung von Gemeinsamkeiten und Unterschieden des lebenden Rechts verschiedener Rechtsordnungen b) normativ-erklärend vergleichende Rechtsdogmatik	
	c) kausal-erklärend Aufbau von Modellen und Ableitung von Hypothesen über die sozialen Ursachen oder Auswirkungen von Gemeinsamkeiten und Unterschieden in den Rechtsordnungen	c) kausal-erklärend Verifizierung oder Falsifizierung von Hypothesen über die sozialen Ursachen oder Auswirkungen von Gemeinsamkeiten und Unterschieden im lebenden Recht verschiedener Rechtsordnungen	RS

Rechts verschiedener Rechtsordnungen erhebt (deskriptiv), wenn sie die dogmatischen Begründungsversuche miteinander vergleicht (normativ-erklärend) und wenn sie Hypothesen über die sozialen Ursachen oder Auswirkungen von Gemeinsamkeiten und Unterschieden im lebenden Recht verschiedener Rechtsordnungen verifiziert oder falsifiziert (kausal-erklärend).

Daraus folgt: Empirische Rechtsvergleichung ist, soweit sie die Gemeinsamkeiten und Unterschiede des lebenden Rechts erhebt und damit deskriptiv arbeitet, deskriptive Rechtstatsachenforschung, die ihr Untersuchungsfeld über die Grenzen einer Rechtsordnung hinweg erweitert hat. Hier liegt also wieder der erfahrungswissenschaftliche Bereich vor, in dem sich Rechtsvergleichung und Rechtssoziologie überschneiden. Ungeklärt bleiben dagegen die Beziehungen der Rechtssoziologie zur theoretischen Rechtsvergleichung, die deskriptiv arbeitet, und zur theoretischen wie empirischen Rechtsvergleichung, die normativ-erklärend arbeitet (allgemeine Rechtslehre und vergleichende Rechtsdogmatik).

V. Rechtssoziologie und Rechtsvergleichung als reine und als angewandte Wissenschaften

Je nach dem Erkenntnisziel wissenschaftlicher Tätigkeit unterscheidet man reine und angewandte Wissenschaften. Erkenntnisziel reiner Wissenschaft ist die zweckfreie Erkenntnis ihres Forschungsbereichs. Die Forschung ist unabhängig davon, ob sich ihre Ergebnisse unmittelbar in praktisches Handeln umsetzen lassen und praktischen Nutzen haben können (z. B. die sog. Grundlagenforschung). Demgegenüber sind die angewandten Wissenschaften an der Praxis ausgerichtet. Sie dienen der Entwicklung von Anweisungen für praktisches Handeln. Diese Unterscheidung liegt der Unterscheidung zwischen Rechtssoziologie und soziologischer Jurisprudenz zugrunde. Rechtssoziologie ist die reine Erfahrungswissenschaft vom Recht. Sie erstrebt zweckfreie Erkenntnis über die sozialen Ursachen und Wirkungen des lebenden Rechts. Sie sucht dies durch Sammlung und Systematisierung von Erkenntnissen aus der Beschreibung und kausalen Erklärung des lebenden Rechts in seiner Interdependenz mit dem Sozialleben zu erreichen. Sie beschäftigt sich nicht mit Rechtsdogmatik, bietet also keine normativen Erklärungen. Sie beschäftigt sich auch nicht mit der rechtspolitischen Bewertung der das Recht betreffenden sozialen Prozesse. Anders ist es mit der soziologischen Jurisprudenz. Sie ist die Lehre von der soziologisch orientierten Aufstellung, Anwendung und Durchsetzung der Rechtsnormen durch den Rechtsstab. Sie ist angewandte Rechtssoziologie; denn sie erstrebt, die Ergebnisse rechtssoziologischer Forschung für die Rechtspraxis nutzbar zu machen[4]. Sie sucht dies in der Rechtsanwendung und -durchsetzung zu erreichen, indem sie unbestimmte Rechtsbegriffe und Normen, die auf Außerrechtliches verweisen (z. B. Verkehrssitte und gute Sitten) konkretisieren hilft und die Gesichtspunkte für eine teleologische Auslegung, die Ausfüllung von Rechtslücken und den Gebrauch von Ermessensspielräumen liefert. Sie sucht dies in der Rechtssetzung zu erreichen, indem sie durch Problemformulierung und Effektivitätsforschung zur Verwissenschaftlichung der Rechtssetzung im Sinne der experimentellen Rechtswissenschaft beiträgt[5]. Sie ist zwar „soziologisch orientiert"; denn sie berücksichtigt Beschreibungen und kausale Erklärungen von Ursachen und Wirkungen des lebenden Rechts. Sie ist aber eine normative Disziplin; denn sie beschäftigt sich mit Rechtsanwendung und -durchsetzung und mit Rechtssetzung und verwendet in diesem Rahmen auch rechtsdogmatische (normativ-erklärende) und rechtspolitische (Gerechtigkeitsvorstellungen bewertende) Argumente.

Frühere Äußerungen von mir zu dieser Unterscheidung zwischen Rechtssoziologie und soziologischer Jurisprudenz[6] haben zu dem Einwand geführt, „daß die ‚soziologische Jurisprudenz' nur ein neuer Name für die alte Technik ist, die Rechtswissenschaft aus ihrer gesellschaftlich-politischen Verstrickung zu befreien". Zur Begründung dieses Ideologieverdachts wird dargelegt, durch die Definition der soziologischen Jurisprudenz als „soziologisch orientierte" Rechtswissenschaft und ihre Ansiedlung im Zwischenbereich zwischen Rechtssoziologie und reiner (normativer) Rechtslehre würde für den Fall der Rechtsfindung (richterlicher Rechtsanwendung und Rechtsfortbildung) kein Unterschied zwischen reiner Rechtswissenschaft und soziologischer Jurisprudenz erkennbar. Auch bliebe neben der soziologischen Jurisprudenz kein Bereich mehr für die Rechtssoziologie übrig. Nur durch die unzulässige Beschränkung der Rechtstatsachenforschung auf die Erhebung und Analyse der konkreten Gestaltungsmöglichkeiten des Rechts und die Verweisung der wertenden Entscheidung des Wissenschaftlers in die Rechtspolitik sei ich in der Lage, die Rechtswissenschaft von der Politik zu reinigen und sie damit auf reine Rechtstechnik zu reduzieren. Jede rechtliche Problemantwort sei aber politische Wertentscheidung. Im Rahmen soziologischer Jurisprudenz mache der Richter Politik. „Erst wenn Rechtswissenschaft über die Faktenanalyse hinaus kritisch Stellung nimmt, wenn sie, wo immer es möglich ist, den Ein-

---

[4] Vgl. näher M. Rehbinder: Über den Nutzen der Rechtssoziologie für die Rechtspraxis, in ÖJZ 1975, S. 565 - 572.

[5] Vgl. F. K. Beutel: Die Experimentelle Rechtswissenschaft, 1971, sowie ders.: Experimental Jurisprudence and the Scienstate, 1975.

[6] Vgl. Fn. 2.

fluß bestimmter gesellschaftlicher Interessen im Rechtserzeugungsprozeß sichtbar macht, wenn sie fragt, wem eine bestimmte rechtliche Lösung nützt, dient sie der objektiven Wahrheit und wird Wissenschaft. Erst dann erhält Rechtswissenschaft die ihr in einer demokratischen Gesellschaft zukommende Funktion, das Recht zu entwickeln als ein Mittel zum Schutz der Schwachen, erst dann wird sie emanzipatorisch[7]."

Diese Ausführungen geben mir Veranlassung zu folgenden Klarstellungen: Ich habe die soziologische Jurisprudenz in einen Zwischenbereich zwischen der Rechtssoziologie und einer reinen (normativen) Rechtslehre eingeordnet und nicht einer reinen Rechtswissenschaft. Unter normativer Rechtslehre verstehe ich entsprechend der Lehre von der Dreidimensionalität des Rechts die Rechtsdogmatik. Rechtsdogmatik als Teil der Rechtswissenschaft kann rein (zweckfrei) und angewandt (praxisorientiert) sein. Wird sie praxisorientiert betrieben und bezieht sie außer normativen Argumenten soziologische Argumente mit ein, wird sie soziologische Jurisprudenz. Soziologische Jurisprudenz kann nicht allein aus der Verwendung rechtssoziologischer Argumente bestehen, geht man davon aus, daß die Rechtspraxis an das positive Recht durch den Grundsatz der Bindung des Richters an Gesetz und Recht gekettet ist[8]. Soweit diese Bindung reicht, ist die Rechtspraxis an die Wertentscheidungen der geltenden Rechtsordnung gebunden. Der Richter kann also eigene Politik nur in dem Rahmen machen, den das geltende Recht ihm zugesteht. Im übrigen ist seine Entscheidung vorprogrammiert und muß es auch sein, soll die gegenseitige Hemmung von rechtssetzender und rechtsprechender Gewalt spielen und das Regieren auf der Grundlage und mit Hilfe der parlamentarischen Gesetzgebung einen Sinn haben. Rechtsbeugung ist ein Straftatbestand. Aber auch im Bereich der Rechtsfortbildung macht der Richter nicht Politik nach eigener Willkür, sondern ist weitgehend gebunden, wie der berühmte Art. 1 Abs. 2 des schweizerischen ZGB zeigt, der zur Auslegung des Grundsatzes der Bindung an Gesetz und Recht auch bei uns herangezogen wird. Rechtsdogmatik besteht also aus „reiner Rechtstechnik" plus den Wertentscheidungen des positiven Rechts plus den eigenen Wertentscheidungen bei der Rechtsfortbildung, soweit dafür Raum ist. Auf diesem Hintergrund wird deutlich, daß eine angewandte Rechtsdogmatik, die soziologische Argumente mit einbezieht und damit zur soziologischen Jurisprudenz wird, nicht gleichbedeutend mit einer reinen Rechtswissenschaft oder einer reinen Rechtssoziologie sein kann. Rechtssoziologie kann auch bei der Untersuchung des Rechtsfindungsvorganges unabhängig von Fragestellungen der

---

[7] Udo Maas: Rechtsvergleichung als Methode soziologischer Rechtswissenschaft, in Rechtstheorie 2 (1971), S. 147 - 170, 153 f.

[8] So ausdrücklich auch Maas ebd. S. 151.

Rechtspraxis betrieben werden. Sie braucht sich nicht in die Erkenntnisinteressen der Praxis einspannen zu lassen (vgl. z. B. Llewellyns klassisches Werk über The Common Law Tradition oder Lautmanns Justiz — die stille Gewalt). Auch die Rechtswissenschaft besteht nicht nur aus soziologischer Jurisprudenz, wenn sie sich mit dem Vorgang der Rechtsfindung befaßt. Sie kann vom Inhalt des positiven Rechts absehen und z. B. eine allgemeine Methodenlehre der Rechtsfindung entwickeln oder eine Hierarchie der Rechtswerte.

Allerdings ist soziologische Jurisprudenz auch mehr als nur angewandte Rechtsdogmatik auf der Grundlage des geltenden Rechts. Sie ist auch soziologische Rechtssetzung, die wir schwerpunktmäßig in der Legislative, aber auch in der Verwaltung und bei der richterlichen Rechtsfortbildung finden. Als Rechtssetzung ist sie in der Tat Rechtspolitik, die die Ergebnisse kritischen Nachdenkens über das geltende Recht und neuer Zielsetzungen in die Rechtspraxis einführt. Sie tut dies im Rahmen soziologischer Jurisprudenz unter Berücksichtigung und Orientierung an rechtssoziologischen Erkenntnissen[9]. Die kritische Diskussion rechtlicher Zielsetzungen, die Aufstellung neuer Rechtsideale und rechtlicher Alternativen, die auf abweichender Zielsetzung beruhen, ist Gegenstand der Wertwissenschaft vom Recht, der „reinen" Rechtsphilosophie. Diese Wissenschaft kann jedoch nur rechtliche Zielsetzungen und Lösungsmöglichkeiten aufzeigen und ihre wertmäßigen Voraussetzungen und Folgen diskutieren. Sie kann die Erkenntnisse der „reinen" Dogmatik über Denkformen und Gestaltungsmöglichkeiten des Rechts sowie die Erkenntnisse der „reinen" Rechtssoziologie über die Voraussetzungen und Wirkungen rechtlicher Gestaltungsmöglichkeiten hinzunehmen und sich zur reinen (dreidimensionalen) Rechtswissenschaft erweitern. Die Entscheidung für oder gegen die Verwirklichung eines bestimmten Rechtsideals und auf dessen Grundlage für oder gegen eine bestimmte rechtliche Problemlösung kann aber nicht mit wissenschaftlichen Mitteln im Sinne „objektiver Wahrheit" als richtig oder falsch erkannt werden. Die Entscheidung über ein bestimmtes Rechtsideal ist vielmehr Sache der angewandten Rechtsphilosophie, der Rechtspolitik. Sie ist nicht Erkenntnis, sondern Dezision. Wenn man demgegenüber die wertende Entscheidung in die Rechtstatsachenforschung (was schon ein Widerspruch zur Bezeichnung dieser Wissenschaft wäre) und in die Rechtswissenschaft überhaupt einbeziehen will, so liegt dem ein ideologischer Wissenschaftsbegriff zugrunde, womit der Ideologieverdacht auf den Äußerer dieses Verdachtes zurückfällt. Denn wenn Rechtswissenschaft Politik ist, indem sie dem Recht vorschreibt, Mittel zum Schutze der Schwachen zu sein und

[9] Nicht jede Rechtssetzung wird derart betrieben: Gesetzgebung als „Schuß ins Dunkle".

dadurch emanzipatorisch zu wirken, so bekommt diese Wissenschaft nicht das Recht in allen seinen Erscheinungsformen, sondern nur in einer bestimmten Form ins Blickfeld, die sie unangemessen verallgemeinert. Recht kann auch ein Mittel zum Schutze des Stärkeren, zur Ausbeutung des Schwachen und Unerfahrenen sein. Solange dieses Recht normativ gilt und praktisch gehandhabt wird, kann an seiner Rechtsqualität nur zweifeln, wer den Rechtsbegriff im naturrechtlichen Sinne umdefiniert. Rechtswissenschaft kann und soll zwar auch Zukunftswissenschaft sein, indem sie der Rechtspolitik das Material für eine Rechtsreform zuliefert. Als Wissenschaft kann sie aber nicht die Entscheidung für eine demokratische[10] und emanzipatorische Rechtsgestaltung vorschreiben. Es geht hier ersichtlich um das Postulat der Wertfreiheit der Wissenschaft, über das es sich angesichts der darüber inzwischen existierenden Literatur und der letztlich — trotz der seit Max Weber erfolgten Annäherung der Auffassungen — weltanschaulich verhärteten Standpunkte kaum noch zu diskutieren lohnt. Vom hier vertretenen Standpunkt des kritischen Rationalismus aus ist festzuhalten, daß angewandte Rechtswissenschaft ein Element der Rechtspolitik enthält, sei es die eigene politische Wertung, sei es die vorgegebene politische Wertung des positiven Rechts (die man sich durch Zugrundelegung des geltenden Rechts zu eigen machen mag oder nicht). Die „emanzipatorische Rechtswissenschaft" ist die Vertreterin bestimmter Erkenntnisinteressen und gibt als „objektive Wahrheit" aus, was auf dezisionistischer Entscheidung beruht. Diese Entscheidung mag politisch billigenswert sein oder nicht. Als Entscheidung über das ideale Recht und die ideale Gesellschaft ist sie aber wissenschaftlicher Erkenntnis im hier vertretenen Sinne nicht zugänglich. Science does not teach us where to go. It never will (Llewellyn).

Wenden wir uns nunmehr der Unterscheidung zwischen reiner und angewandter Wissenschaft im Bereich der Rechtsvergleichung zu, so ergibt sich folgendes Bild: Ziel reiner Rechtsvergleichung ist die zweckfreie Erkenntnis der Gemeinsamkeiten und Unterschiede verschiedener Rechtsordnungen sowie ihrer sozialen Ursachen und Auswirkungen. Mittel dazu ist die Beschreibung, die normative (dogmatische) Erklärung und die kausale Erklärung. Kein Gegenstand der Rechtsvergleichung ist hingegen die Rechtskritik (so besonders Rabel), d. h. die rechtspolitische Bewertung. Es wird zwar festgestellt, ob eine Rechtsordnung ihrem Sozialsystem angepaßt erscheint oder ob hier ein cultural lag besteht. Es können zwar Vergleiche zu einer bestimmten Zivilisationshöhe angestellt und bestimmte Rechtsordnungen als unter-

---

[10] Was immer das im Einzelfall auch sein mag: Ist z. B. die arbeitsrechtliche oder unternehmensrechtliche Mitbestimmung unverzichtbares Merkmal der Demokratie?

entwickelt gekennzeichnet werden. Es können zwar Feststellungen über die Wertehierarchien bestimmter Rechtsordnungen getroffen werden und die eine Rechtsordnung im Hinblick auf bestimmte Wertvoraussetzungen, z. B. die Emanzipation (was immer das im Einzelfall auch sein mag) als „gerechter" gekennzeichnet werden als die andere. Der Rechtsvergleicher kann jedoch als Wissenschaftler keine Gründe erkennen, warum die in bestimmten Rechtsordnungen zum Ausdruck kommenden Rechtsideale und Rechtsüberzeugungen richtiger sein sollten als diejenigen anderer Rechtsordnungen[11]. Anders kann es bei der angewandten Rechtsvergleichung sein. Ziel der angewandten Rechtsvergleichung oder vergleichenden Jurisprudenz ist die Entscheidungshilfe für die Rechtspraxis. Sie gibt Entscheidungshilfe in der Rechtsanwendung und -durchsetzung, indem sie verwandte Rechtsordnungen zum Zwecke der Konkretisierung von unbestimmten Rechtsbegriffen und Normen, die auf Außerrechtliches verweisen, zur Ermittlung der Gesichtspunkte für eine teleologische Auslegung sowie zur Ausfüllung von Rechtslücken und Ermessenspielräumen in der eigenen Rechtsordnung heranzieht. Ferner konkretisiert sie die Verweisungsnormen des Kollisionsrechts und die unbestimmten Rechtsbegriffe des internationalen Rechts (z. B. die „allgemeinen Rechtsgrundsätze" von Art. 38 I c des Statuts des Internationalen Gerichtshofs). Rechtsvergleichung gibt Entscheidungshilfe in der Rechtssetzung, indem sie fremde Rechtsordnungen als Vorbild oder Gegenargument bei der rechtlichen Formulierung und Lösung sozialer Probleme heranzieht. Im Rahmen der Rechtsanwendung und -durchsetzung ist die vergleichende Jurisprudenz an die Wertentscheidungen der jeweiligen Rechtsordnung gebunden. Sie arbeitet hier also mit den Mitteln der Beschreibung, der normativen Erklärung und der kausalen Erklärung und muß sich der eigenen rechtspolitischen Bewertung enthalten. Anders ist es bei der Rechtssetzung (einschließlich der richterlichen Rechtsfortbildung). Hier kommt es zu rechtspolitischen Bewertungen, die fremde Rechtsordnungen zur Grundlage nehmen. Hier kommt es zu Urteilen über die Gerechtigkeit. In diesem Rahmen also führt Rechtsvergleichung zur Rechtskritik und Rechtspolitik. Bei grafischer Gegenüberstellung ergibt sich mithin das auf der folgenden Seite wiedergegebene Bild:

Daraus folgt: Die theoretisch-deskriptive Rechtsvergleichung, deren Beziehung zur Rechtssoziologie bisher offen geblieben war, kann unterschiedlichen Aufgabenstellungen dienen.

[11] Kann man wissenschaftlich feststellen, ob die Rechtsordnung der Bundesrepublik gerechter ist als die Rechtsordnung der DDR?

	rein	angewandt	
RS	Ziel: zweckfreie Erkenntnis der sozialen Ursachen und Wirkungen des lebenden Rechts Mittel: Beschreibung und kausale Erklärung	Ziel: Entscheidungshilfe für die Rechtspraxis a) Rechtsanwendung und -durchsetzung Konkretisierung von verweisenden Normen und unbestimmten Rechtsbegriffen, teleologische Auslegung, Ausfüllung von Rechtslücken und Ermessensspielräumen b) Rechtssetzung experimentelle Jurisprudenz Mittel: Beschreibung, kausale Erklärung, normative Erklärung und rechtspolitische Zielsetzung	soz. Jp.
Rvgl.	Ziel: zweckfreie Erkenntnis der Gemeinsamkeiten und Unterschiede verschiedener Rechtsordnungen sowie ihrer sozialen Ursachen und Auswirkungen Mittel: Beschreibung, normative Erklärung und kausale Erklärung	Ziel: Entscheidungshilfe für die Rechtspraxis a) Rechtsanwendung und -durchsetzung Heranziehung verwandter Rechtsordnungen bei der Konkretisierung, Auslegung und Ausfüllung des eigenen Rechts sowie Konkretisierung von Verweisungsnormen des Kollisionsrechts und von verweisenden Normen des internationalen Rechts b) Rechtssetzung Heranziehung fremder Rechtsordnungen als Vorbild oder Gegenargument Mittel: Beschreibung, normative Erklärung, kausale Erklärung und rechtspolitische Zielsetzung	vgl. Jurisprudenz

a) In der reinen Rechtssoziologie kann die Beschreibung von Rechtskreisen und rechtlichen Institutionen dazu dienen, Modelle zu entwikkeln, die der Untersuchung der Interdependenz von Recht und Sozialleben zugrunde gelegt werden. Insbesondere ermöglicht es der aus Rechtsvergleichung herrührende generalisierte juristische Typus, die Gründe für landesrechtliche Abweichungen besser empirisch zu erforschen.

b) In der soziologischen Jurisprudenz können Beschreibungen von Rechtskreisen und rechtlichen Institutionen dazu verwandt werden, verwandte Rechtsordnungen zu finden, deren Ausgestaltung im einzelnen als Entscheidungshilfe bei der Rechtsanwendung und Rechtssetzung in der eigenen Rechtsordnung dienen kann.

Die normativ-erklärende Rechtsvergleichung, deren Beziehung zur Rechtssoziologie bisher ebenfalls offen geblieben war, berührt sich mit dieser lediglich im Rahmen der soziologischen Jurisprudenz. Die Entscheidung der Rechtspraxis für die eine oder die andere dogmatische Alternative, die von der Rechtsvergleichung erarbeitet wurde, wird in einer soziologisch ausgerichteten Rechtsanwendung oder Rechtssetzung unter Abwägung der sozialen Vor- oder Nachteile gefällt, die sich bei den jeweiligen Lösungen ergeben haben oder im eigenen Recht zu erwarten sind.

Das Zusammenspiel von normativ-erklärender Rechtsvergleichung und Rechtssoziologie im Rahmen soziologischer Jurisprudenz macht ferner zwei Bereiche deutlich, in denen Rechtsvergleichung unabhängig von Rechtssoziologie wirksam werden kann, nämlich die reine Rechtsdogmatik und die reine Rechtsphilosophie.

1. In der Rechtsdogmatik hilft Rechtsvergleichung durch Bereitstellung von „Mustern und Modellen“ bei der Erarbeitung von Problemdefinitionen und Problemlösungen, bei der Systematisierung von Rechtsinhalten und bei der Methodenanalyse.

2. In der Rechtsphilosophie hilft Rechtsvergleichung durch Bereitstellung von „Mustern und Modellen“ für Gerechtigkeitsvorstellungen und juristische Wertehierarchien.

VI. Rechtsvergleichung als Methode dreidimensionaler Rechtswissenschaft

Fassen wir die bisherigen Ergebnisse zusammen, so ergibt sich folgendes Bild:

1. Rechtssoziologie erforscht die gesellschaftliche Dimension des Rechts. Sie kann die durch Rechtsvergleichung erarbeiteten Muster (Realtypen) und Modelle (Idealtypen) dazu verwenden, Theorien über

die sozialen Ursachen und Wirkungen des Rechts zu entwickeln (theoretische Rechtssoziologie). Sie kann ferner durch rechtsvergleichende Untersuchungsanordnung Hypothesen über die sozialen Ursachen und Wirkungen des Rechts illustrieren und zu verifizieren suchen (empirische Rechtssoziologie).

2. Beschreibende Rechtsvergleichung, die das lebende Recht durch Rechtstatsachenforschung ermittelt, überschneidet sich mit Rechtssoziologie, die ebenfalls das lebende Recht ermittelt. Beschreibende Rechtsvergleichung, die die Gerechtigkeitsvorstellungen und Wertehierarchien der verschiedenen Rechtsordnungen ermittelt, ist vergleichende Rechtsphilosophie[12]. Kausal-erklärende Rechtsvergleichung ist Rechtssoziologie, die eine komparative Untersuchungsanordnung verwendet. Normativ-erklärende Rechtsvergleichung ist vergleichende Rechtsdogmatik.

3. Das Verhältnis zwischen Rechtssoziologie und Rechtsvergleichung wird also durch drei Möglichkeiten bestimmt, nämlich

a) Identität (kausal-erklärende Rechtsvergleichung und komparative Rechtssoziologie),

b) Überschneidung (deskriptive Rechtstatsachenforschung) und

c) Eigenständigkeit (kausal-erklärende Rechtsvergleichung als komparative Rechtssoziologie, normativ-erklärende Rechtsvergleichung als komparative Rechtsdogmatik und deskriptive Vergleichung rechtlicher Wertungen und Wertehierarchien als komparative Rechtsphilosophie).

Die Überschneidung beruht darauf, daß die Erforschung des lebenden Rechts der Ausgangspunkt sowohl für normative als auch für erfahrungswissenschaftliche Fragestellungen sein kann. Die Bereiche von Identität und Eigenständigkeit im Verhältnis zwischen Rechtssoziologie und Rechtsvergleichung zeigen aber, daß Rechtsvergleichung keine eigenständigen Erkenntnisziele hat, sondern sich den drei Fragestellungen der Rechtswissenschaft, nämlich der erfahrungswissenschaftlichen, der normwissenschaftlichen und der wertwissenschaftlichen Fragestellung unterordnet. Rechtsvergleichung hat daher — wie heute auch überwiegend anerkannt wird — keinen eigenständigen wissenschaftlichen Gegenstandsbereich, sondern sie ist eine Methode, mit der in den drei Dimensionen wissenschaftlicher Erforschung des Rechts gearbeitet werden kann. Das Arbeiten mit sozialen Daten, das Arbeiten mit normativen wie ideologischen Analogien oder Alternativen, die aus fremden Rechtsordnungen stammen, erfolgt meist im Hinblick auf

---

[12] Auch die Rechtssoziologie kann sich vergleichend mit Gerechtigkeitsvorstellungen und Wertehierarchien beschäftigen, doch untersucht sie diese dann nicht in ihrer normativen Bedeutung (Idealität), sondern in ihrer sozialen Realität (als Faktum).

Probleme der Rechtspraxis. Im Bereiche angewandter Rechtswissenschaft, insbesondere im Bereiche von Rechtssetzung und Rechtsfortbildung, wo sich die drei erkenntnistheoretisch zu trennenden Fragestellungen der Rechtswissenschaft intensiv berühren, ist auch die Berührung von Rechtssoziologie und Rechtsvergleichung am stärksten. Dieser Bereich ist aber auch derjenige, der durch rechtspolitische Zielsetzungen und damit durch politische Dezision bestimmt wird, die zwar wissenschaftlich ausgerichtet sein kann, die aber als solche den Erkenntnishorizont der Wissenschaft überschreitet.

II. Zur Bedeutung der Rechtssoziologie für die Rechtsvergleichung

DIE SOZIOLOGISCHE METHODE IN DER RECHTSVERGLEICHUNG

Von François Terré*

Zwischen den Hilfswissenschaften der Rechtswissenschaft — Rechtsgeschichte, Rechtsvergleichung, Rechtsethnologie, Rechtssoziologie, Rechtspsychologie usw. — gibt es bekanntlich einzigartig enge Beziehungen. Einige Autoren haben sogar dazu geneigt, diese Wissenschaften zu einer einzigen Disziplin zusammenzufassen[1]. Diese Frage soll hier nicht erörtert werden. Ein vernünftiger Ausgangspunkt der Betrachtungen ist hingegen die Unterscheidung zwischen allgemeiner bzw. juristischer Soziologie und der Rechtsvergleichung. Aufgrund dieser Unterscheidung können dann ihre gegenseitigen Beziehungen oder, genauer gesagt, ihre wechselseitigen Beiträge erfaßt werden[2].

Eine historische Betrachtung läßt die Bedingungen leicht erkennen, unter denen, zumindest in Frankreich, diese gegenseitigen Einflüsse analysiert worden sind. Man kann vermuten, daß die allgemeine Soziologie und die Rechtsvergleichung ungefähr zur selben Zeit in Frankreich Wurzeln gefaßt haben. Die Rechtssoziologie dagegen trat später in Erscheinung. Sie ist im Schatten der allgemeinen Soziologie herangewachsen. Zweifellos wurde ihr Aufblühen erst dadurch gefördert, daß die Soziologen und die Juristen den Versuch zu gemeinsamen Anstrengungen machten oder wenigstens aufhörten, sich gegenseitig zu ignorieren. Ein Erfolg wurde aber bei weitem nicht von Anfang an erzielt. Aufgrund verschiedener Vorstellungen haben sich die einen wie die anderen erst spät und dann noch unvollkommen miteinander in Verbindung gesetzt. Das führte zum Ergebnis, daß im Bereich der Wissenschaftstheorie die Rechtsvergleichung hierzulande der Rechtssoziologie voraus ist.

So ist es leicht zu verstehen, daß zuerst untersucht werden muß, welchen Beitrag die Rechtsvergleichung an die Rechtssoziologie leistet oder leisten kann. Für diese ist die Rechtsvergleichung genauso notwendig

---

* Etudes de droit contemporain, Paris 1970, S. 41 - 51. Übersetzung von Dr. Pascale Kromarek und lic. oec. Jean-Fritz Stöckli.

[1] H. Lévy-Bruhl: La science du droit ou juristique, in ders.: Aspects sociologiques du droit, 1955, S. 23 ff.

[2] Carbonnier: L'apport du droit comparé à la sociologie juridique, in: Livre du Centenaire de la Société de législation comparée, 1969, S. 75 ff.

wie die Rechtsgeschichte. Die Rechtsvergleichung erleichtert die soziologische Forschung, weil sie es ermöglicht, eine „bessere Kenntnis des nationalen Rechts“ zu erwerben[3]. Sie lehrt den Soziologen, daß das, was ihm nur durch die vorgegebenen Grundtatsachen des nationalen Milieus erklärbar scheint, vielmehr durch ein verschiedenes soziales Milieu bedingt sein kann. Da, wo er keine Besonderheiten entdecken würde, zeigt ihm gegebenenfalls der Rechtsvergleicher eine solche Eigentümlichkeit. Durch die Erfahrungen im ausländischen Recht werden ihm scheinbare oder wirkliche Ähnlichkeiten und künstliche oder ursprüngliche Abweichungen deutlich. Eine solche Erfahrungssammlung ist für ihn um so notwendiger, als die Rechtssoziologie ihre Forschung nicht allein auf den nationalen Bereich beschränken kann. Von diesen Betrachtungen ausgehend verbindet sich die Verbesserungs- bzw. Vereinheitlichungsfunktion, die traditionellerweise der Rechtsvergleichung zuerkannt wird, mit der „Normativfunktion“, die man — unter gewissen Bedingungen — der Rechtssoziologie wohl ohne Vermessenheit zuschreiben kann[4].

Wie könnte im übrigen die Rechtssoziologie für die Entwicklungs- oder Strukturgesetze, die die Rechtsvergleicher manchmal hervorzuheben versuchen, kein Interesse haben? Wenn die Rechtsvergleicher erkennen, daß ständig bestehende Bedürfnisse durch verschiedenartige und sich mehr oder weniger leicht den wirtschaftlichen oder sozialen Notwendigkeiten[5] anpassende rechtstechnische Mittel befriedigt werden, dann leiten sie davon die Gleichwertigkeit der verschiedenen Regelungen ab[6]. Wenn sie über die vielfältigen Lösungsmöglichkeiten hinaus die Wirkung von Interessenausgleichen zwischen Stabilitäts- und Reformfaktoren im Recht feststellen[7], so regen sie den Rechtssoziologen zu fruchtbaren Forschungen an. Daher taucht auch der Gedanke von selber auf, daß die Rechtsvergleicher selbst seit langem soziologisch forschen, ohne daß sie es nötig hätten, darauf hinzuweisen. Auf der Ebene der vergleichenden Methode zeigt sich dieselbe Analogie. Wenn z. B. gewisse Rechtsvergleicher auf den imperativen Anweisungen des Funktionalismus bestehen und statt der bloßen Darstellung der Unterschiede zwischen Regeln und Techniken es vorziehen, nach den Verfahren zu forschen, die ein mehr oder weniger ständiges Bedürfnis in zwei oder mehreren unterschiedlichen sozialen Milieus befriedigen — wenn auch auf verschiedenen Wegen[8] —, bieten sie den Soziologen im-

---

[3] R. David: Les grands systèmes de droit contemporains, Nr. 8, S. 10.

[4] Carbonnier: Flexible droit, 1959, S. 272.

[5] Vgl. R. Perrot: De l'influence de la technique sur le but des institutions juridiques, 1953.

[6] Rodière: Introduction au droit comparé, in: Cours de la Faculté internationale pour l'enseignement du droit comparé, 1967, S. 42.

[7] Rodière, ebd., S. 46 ff.

mer noch aufschlußreiche Perspektiven an. Manchmal glauben sie sogar, daß das Fehlen einer entsprechenden Regel in einem ausländischen Milieu möglicherweise auf den künstlichen Charakter dieser ursprünglich betrachteten Rechtsregel hinweist. Wer weiß schon, ob nicht das hier durch das Recht befriedigte Bedürfnis anderswo durch außerrechtliche Mittel gestillt wird?

Aber je weiter man diese Gedanken fortführt, desto stärker offenbart sich eine besondere Schwierigkeit. Um zu wissen, ob dem Bedürfnis im Ausland anders als durch das Recht entsprochen wird, muß der Rechtsvergleicher in seinen Untersuchungen die Grenzen des Rechts überschreiten und aufhören, nur Jurist zu sein. Und bevor er sich dafür entscheidet, muß er bereits eine Definition des Juristischen festgelegt haben. Mehr oder weniger bewußt entscheidet er sich, wenn auch nur bei der Wahl der Methode, für eine extensive Auffassung. Woher soll man aber dieses Postulat ableiten, wenn nicht aus der Rechtssoziologie? Das bedeutet, daß diese für ihn unerläßlich ist.

Sie ist es um so mehr, als — für die einen als einzigartiges Paradoxon, für die anderen als dialektische Bewegung — die Unvollkommenheiten der rechtsvergleichenden Methode vom Standpunkt des Rechtssoziologen aus, aufgrund der Reaktionen, die von seiner Seite hierzu erfolgen, Anlaß zu einem Beitrag der Rechtssoziologie an die Rechtsvergleichung sein können. Dabei ist es überflüssig zu betonen, mit welcher Vorsicht der Rechtssoziologe die Mittel der Rechtsvergleichung anwenden muß. Das ist erst kürzlich sehr scharfsinnig gesagt worden[9]. Es ist z. B. unzweifelhaft, daß der Aspekt der Nutzbarkeit der Rechtsvergleichung an sich geeignet ist, beim Soziologen einen Reflex des Mißtrauens hervorzurufen. Zu Zwecken einer Gesetzesreform ist der Rechtsvergleicher oft in die Versuchung geraten, ausländische Rechte nachzuahmen. Auf den ersten Blick erscheint ein solches Verhalten nicht notwendig antisoziologisch; schließlich könnte es, nicht ganz ohne Künstlichkeit, seine Rechtfertigung in dem seinerzeit von Tarde herausgearbeiteten Gesetz finden; und ohne jeden Zweifel trägt es dazu bei, das Übermaß der Unterschiede zu beschränken, indem es das Hindernis überwindet, das sich aus den Staatsgrenzen ergibt — jenen „Narben, die die Geschichte hinterläßt". Die Soziologen aber korrigieren mit Hilfe anderer Faktoren das Phänomen der Nachahmung, selbst wenn sie der Mode des Strukturalismus nicht anhängen. Belehnt — vielleicht auch von den Rechtsvergleichern[10] — durch die Wechselfälle

[8] Vgl. insbes. Zweigert: Méthodologie du droit comparé, in: Mélanges Maury, 1960, Bd. I, S. 589 und die dort angegebenen Zitate.

[9] Carbonnier: L'apport du droit comparé à la sociologie juridique, ebd., S. 77 ff.

[10] Zur Rezeption vgl.: Annales de la Faculté de Droit Instanbul, Nr. 6, 1956.

der juristischen Akkulturation, bleiben sie „verträumt angesichts der Bestrebungen, das Recht zu vereinheitlichen"[11]. Insofern anders auch als die Rechtsvergleichung neigt die Rechtssoziologie dazu, den Pluralismus in der Gesamtgesellschaft[12] in ihre Betrachtungen mit einzubeziehen. Es ist nicht ausgeschlossen, daß die Rechtsvergleicher eines Tages vermehrt auf diese Einstellung aufmerksam werden. Bereits im internationalen Privatrecht wird die Beobachtung der interlokalen Konflikte neben jener der internationalen nicht mehr vernachlässigt — vielleicht aufgrund einer Art Rückkehr zu den Ursprüngen. In diesem Zusammenhang, und da sich die Erscheinung der Kodifikation zeitlich immer mehr entfernt, ist die Feststellung von Nutzen, daß die Rechtsvergleichung selbst in Frankreich gleichermaßen intern wie extern möglich ist, weil es bei der Äußerung der Rechtssouveränität Abstufungen gibt. Da jede Erkenntnis auf einem Vergleich beruht, wie Novalis gesagt hat, ist es ganz selbstverständlich, daß die soziologische Methode etwas zum Fortschritt der Rechtsvergleichung beisteuern kann.

Die Rechtsvergleicher sind sich übrigens dieser Tatsachen vollkommen bewußt. Die Beschreibung des Sozialmilieus trägt augenscheinlich zur Erklärung der Entstehung einer Norm und deren Schicksal bei. Auch sie offenbart, allerdings aus einer anderen Perspektive, hinter der Ähnlichkeit der Norm den Unterschied der Fakten und über die Verschiedenheit der Gesetze, der Sitten, der Rechtsprechungen und der Gebräuche hinaus die Übereinstimmung oder Annäherung gewisser Lösungen. Auch die von den Rechtsvergleichern vorgenommenen Aufteilungen kann sie insoweit korrigieren, wie die großen soziologischen Familien, sofern es sie gibt, nicht notwendig mit den großen juristischen Familien, wie die Geschichte sie hervorgerufen hat, übereinstimmen. Dies stellen einige Rechtsvergleicher fest. So bemerkt Yamaguchi, daß „eine Beschreibung neuer Rechtsnormen nur insofern von Interesse ist, als die Beziehungen zwischen diesen Normen und der sozialen Wirklichkeit aufgezeigt werden, aus der diese Normen hervorgegangen sind und durch die sie bestimmt werden"[13]. Ohne so weit zu gehen, ist aber anzuerkennen, daß die Kenntnis des Milieus das mehr oder weniger zerbrechliche Schicksal der übertragenen Regel erklärt, und sie erklärt auch die sichtbaren Zeichen spontaner Vereinheitlichungen, die Vorteile der Harmonisierung gegenüber einer provozierten Vereinheitlichung und ihre Erfolgschancen unter einigen Staaten, insbesondere im europäischen Zusammenschluß.

---

[11] Carbonnier: L'apport du droit comparé à la sociologie juridique, S. 78.

[12] Carbonnier, ebd.

[13] La théorie de la suspension du contrat de travail et ses applications pratiques dans le droit des pays membres de la Communauté Européenne, 1963, S. 32.

Aber wenn die Rechtssoziologie sich mit den Gruppen beschäftigt, dann sollte sie auch die Sozialpsychologie nicht vernachlässigen[14]. Nun gäbe es in dieser Hinsicht viel über die Beziehungen zwischen Völkerpsychologie[15] und Rechtsvergleichung zu berichten. Was jene auch immer an Hochfliegendem und Hypothetischem anbietet — die Rechtsvergleichung kann es nicht außer acht lassen. Es gibt auf diesem Gebiet sogar Raum für die Charakterologie. So hat ein für die Tugenden der Philosophie und der Soziologie besonders empfänglicher Rechtsvergleicher die Unterschiede zwischen introvertierten und extrovertierten Völkern in überzeugender Art dargestellt und daraus Konsequenzen auf der Ebene der Rechtsvergleichung[16] gezogen. In diesem Zusammenhang sind manche literarischen Werke erwähnenswert[17]. Man denke beispielsweise an Curtius und an sein „Essai sur la France". Auch völkerpsychologische Aufzeichnungen sind oft unerläßlich und zudem immer faszinierend; die Anhänger der Rechtsvergleichung dürfen sie nicht vernachlässigen. Dementsprechend bemerkt R. David[18]: „Der Franzose liebt die juristischen Auseinandersetzungen ebenso wie die Probleme der Grammatik und der Sprachwissenschaft, und die juristisch Anspruchsvollsten sind in Frankreich nicht immer die Juristen." In dem Maße, wie man von der Lehre der historischen Schule das behält, was sie an Fruchtbarstem geben konnte, und wie man meint, daß das Recht — ebenso wie die Sprache und die Sitten — vor allem Ausdruck des Geistes und der Sele eines Volkes ist, greift man selbstverständlich auf die Dienste der Linguistik zurück. Historiker einerseits haben vergleichend die Entwicklung der Dialekte und Gewohnheitsrechte bzw. Bräuche unter dem ehemaligen französischen Recht erforscht[19]. Soziologen andererseits verwenden linguistische Modelle, um abzuschätzen, wie weit die Rechtsnormen durch die Masse des Volkes absorbiert werden können. Man hat manchmal versucht, die Entwicklungsgesetze der Sprache über die Rechtssoziologie auf die Rechtsvergleichung zu übertragen. Auch darf man die Tatsache nicht vernachlässigen, daß, falls das Kommunikationsphänomen zum Mittelpunkt eines gewissen Strukturalismus wird, diese Denkweise aufgrund

---

[14] Vgl. insbes. Klineberg: Psychologie sociale, 2 Bde., französische Übersetzung, 1957.

[15] Vgl. Carbonnier: L'apport du droit comparé à la sociologie juridique, insbes. S. 84 ff.; Miroglio: La psychologie des peuples, i. d. Reihe: Que sais-je, 1965.

[16] Noda: Introduction au droit japonais, S. 175 ff.

[17] Carbonnier: L'apport du droit comparé à la sociologie juridique, S. 85; näheres, ders.: La théorie des conflits de famille chez Proudhon, in: Mélanges Gurvitch, 1969, S. 371 ff.

[18] R. David: Le droit français, 1960, Bd. I, S. 66.

[19] Ourliac: Coutumes et dialectes gascons, in: Mélanges H. Lévy-Bruhl, 1959, S. 459 ff.

einer neuen Betrachtung der Sprache entstanden ist[20]. Es ist übrigens seltsam, daß die Juristen von den Mitteln des Strukturalismus so wenig Gebrauch gemacht haben. Zweifellos hat er in der Rechtsphilosophie bereits einige Bedeutung erlangt[21]. Doch die Rechtsvergleichung hat ihn bisher vernachlässigt. Immerhin ist sie vielleicht diejenige unter den juristischen Disziplinen, die aus ihm den größten Gewinn ziehen könnte.

Vor Bestimmung des Nutzens, den der Rückgriff auf die soziologische Methode für die Rechtsvergleichung darstellt oder darstellen könnte, wäre noch zu vemerken, daß sie, ausgehend von Bedenken oder grundsätzlich verschiedenen Postulaten, nur nach und nach entstand, obwohl manche Wissenschaftler aufgrund einer etwaigen „Personalunion"[22] — weniger in Frankreich als im Ausland — gleichzeitig Juristen und Soziologen waren.

Da die Dokumentation die wesentliche Funktion der Rechtssoziologie darstellt, ist es von Belang zu bemerken, daß die soziologische Methode ihrerseits an Genauigkeit zugenommen hat. Wenn auch die Nützlichkeit der Forschung an sich kaum umstritten ist, verursachte die Bestimmung der Methode Kontroversen. Diese dürfen bei der Untersuchung eines möglichen Beitrages der soziologischen Methode an die Rechtsvergleichung nicht außer acht gelassen werden.

Aus der Analyse Durkheims oder — vielleicht genauer gesagt — aus deren Interpretation in der heutigen Zeit leitet man üblicherweise das Vorhandensein einer gewissen Anzahl von Postulaten ab: die sozialen Tatbestände müssen als Dinge betrachtet werden; die Charakteristik eines sozialen Tatbestandes ist vom Vorhandensein eines auf die Individuen ausgeübten Zwanges abhängig; und schließlich: jeder soziale Tatbestand wird normalerweise von einem anderen sozialen Tatbestand und nicht von einem individualpsychologischen Faktum verursacht. Wie genau auch immer die Postulate sein mögen, ihre Übertragung in Begriffe der Rechtsoziologie ist zweifellos leicht denkbar. Es ist unerläßlich, daß der Rechtssoziologe die juristischen Tatbestände — im weiteren Sinne des Wortes — betrachtet. Selbstverständlich besteht die erste Schwierigkeit in der Bestimmung des Begriffes des juristischen Tatbestandes im soziologischen Sinne. Dann ist es denkbar, daß man die Analyse des sozialen Zwanges innerhalb des juristischen Phänomens anwendet. Auch da sind die von den Soziologen entwickelten Meßinstrumente für die Rechtsvergleicher unerläßlich. Zuletzt macht die Analyse der Beziehungen zwischen den juri-

[20] Vgl. insbes. Piaget: Le structuralisme, i. d. Reihe: Que sais-je, 1958; Foucault: Les mots et les choses, 1968.

[21] A. J. Arnaud: Structuralisme et droit, in: Arch. Phil. Droit, 1968, S. 283 ff.

[22] Carbonnier: L'apport du droit comparé à la sociologie juridique, S. 76.

stischen Phänomenen sich das dritte Postulat zunutze; besonders wenn man das Recht als das Ergebnis eines unaufhörlichen Kampfes zwischen konkurrierenden sozialen Kräften betrachtet, als Ergebnis eines Kampfes, der mitten durch verschiedene Arten kollektiven Rechtsbewußtseins gehen kann[23].

Die Durkheimsche Methode ist treffend kritisiert worden. Ohne unbedingt alle Elemente zu verwerfen, hat man behauptet, die sozialen Tatbestände seien nicht Dinge[24], bezweifelt, der Zwang sei Kriterium des sozialen Tatbestandes, und geltend gemacht, die Ursachen der sozialen Tatbestände könnten andere sein als wiederum soziale Tatbestände. Auf diesem Weg hat die Soziologie Max Webers erneuernd gewirkt.

Rufen wir einige Grundzüge in Erinnerung[25]. Die Sozialwissenschaften oder auch die Wissenschaften, deren Forschungsgegenstand die menschliche Realität ist, sind Kultur- und nicht Naturwissenschaften. Darunter steht der Rechtssoziologie ein guter Rang zu. Wie ihre Schwestern strebt sie danach, die Hintergründe der von den Menschen während ihrer geschichtlichen Entwicklung geschaffenen Werke zu erkennen. Hinter diesen Werken verbergen sich Werte, die auf die Werke Einfluß genommen haben oder — umgekehrt — durch sie beinflußt worden sind und an die die Menschen glauben bzw. geglaubt haben. Dann hat der Wissenschaftler, der gewisse Werte mehr oder weniger bewußt annimmt, wegen deren Kraft Schwierigkeiten, sich von dem Zusammenhang zu lösen, dem er anhängt. Als Jurist kann er allenfalls über die Rechtsregel streiten; um so mehr, wenn er Laie ist. Kann er das als Soziologe? Man rät ihm, die sozialen Tatbestände wie Dinge zu analysieren. Wenn man aber unter Dingen Werte ebenso wie Institutionen oder Gegenstände von Normen versteht, ist es ihm unmöglich, die Treue zu einer so objektiven Methodologie zum äußersten zu treiben. Es gibt, wenigstens teilweise, eine unheilbare Verwirrung zwischen Beobachter und Beobachtetem. Und was beispielsweise für die politische Soziologie oder für die Kriminalsoziologie wahr ist, ist es auch für die Rechtssoziologie. Es sei dem Rechtssoziologen empfohlen, das Recht von außen her zu erforschen; dies ist wünschenswert, wenn immer es möglich ist. Aber das er sich von diesen Tatbestands- und hauptsächlich Ideenkomplexen lösen kann, ist mindestens teilweise eine Illusion. Doch selbst wenn man den Rechtsvergleicher mitten zwischen dem Juristen und dem Soziologen ansiedelt, bleibt jenes Hindernis be-

[23] Vgl. insbes. R. Aron: Les étapes de la pensée sociologique, 1967, S. 317 ff. und insbes. S. 362 ff.; S. Villeneuve: Durkheim, Réflexions sur la méthode et sur le droit, in: Arch. Phil. Droit 1969, S. 237 ff.

[24] Monnerot: Les faits sociaux ne sont pas des choses, 1946.

[25] R. Aron, ebd., S. 497 ff.; Freund: La sociologie de Max Weber, 1966.

stehen. Zweifellos in dem Maße, wie der Rechtsvergleicher ein ausländisches Recht erforscht, gewinnt er mehr Distanz und Übersicht als der Jurist, der sich auf das nationale Recht beschränkt.

Die Rechtsanalyse und -vergleichung hat jedoch in der Beschreibung Max Webers einen wesentlichen Platz inne, weil der für den Fortschritt der wissenschaftlichen Werke notwendige Eifer zumindest hinsichtlich der Human- und Sozialwissenschaften für ihn der Unvoreingenommenheit und Objektivität entgegensteht. Sicher kann die Zuverlässigkeit der Ergebnisse dadurch in Frage gestellt sein, aber insgesamt und ohne Vernachlässigung der Anforderungen, die ein wissenschaftlicher Ansatz stellt, scheinen die Antworten weniger wichtig zu sein als die von den Wissenschaftlern gestellten Fragen; und gerade diese lassen die Soziologie fortschreiten. Wir wollen feststellen, in welchem Maße die auf den Einfluß Max Webers zurückzuführende und durch ihn in der Analyse der ausländischen Rechte oft zur Geltung gekommene Erneuerung der Ansätze und Methoden in vorliegender Angelegenheit sowohl von Rechtsvergleichern wie auch von Rechtssoziologen in Raum und Zeit vermehrt angewendet werden kann. Mit Hilfe der Analysen Max Webers kann man besser verstehen, was das juristische Phänomen an Historischem enthält. Das juristische Phänomen wiederholt sich nie, und dies erklärt das Schicksal übertragener, rezipierter Regeln. Die Tatsachen prägen das Recht, ob es nun angewandt werde oder nicht, und die gemäß Zeit und Umwelt veränderlichen Werte, die übersetzt oder übertragen werden, finden im Geist des Rechtsinterpreten, Beobachters oder Rechtsvergleichers mehr oder weniger Anklang. Man darf annehmen, daß die Rechtsvergleicher von den von Max Weber entwickelten Rechtstypen nicht genügend Gebrauch machten, als sie die großen Rechtssysteme und Rechtsfamilien beschrieben. Sie könnten z. B. aus den berühmten Parallelen zwischen dem römischen Jurisconsultus, dem englischen Anwalt, dem Theologen und dem islamischen Mufti[26] einen großen Gewinn ziehen.

Die Rechtsvergleichung ist in der Tat, bewußt oder unbewußt, nicht völlig frei vom Einfluß Max Webers geblieben. Es ist nicht abwegig anzunehmen, daß auf dem Gebiet der vergleichenden Forschung die weite Ausdehnung des Forschungsfeldes dazu geführt hat, dieser Lehre Rechnung zu tragen, vor allem beim Formulieren der Fragestellungen durch die Rechtsvergleicher, d. h. bei der „Inspiration", dann bei der Bestimmung des Hauptsachgebietes, das vom Analytiker angenommen wurde, und schließlich hinsichtlich der Ausdehnung des Forschungsgebietes auf der Tatsachenebene[27]. In demselben Zusammenhang könnten

[26] Vgl. Freund, ebd., S. 230, N. 1.

[27] Zweigert, ebd., S. 583 ff.

die Rechtsvergleicher, ohne einer bestimmten soziologischen Lehre anzuhängen, sich die von den Soziologen entwickelten Regeln zunutze machen: in bezug auf die Bestimmung des notwendigerweise beschränkten Objektes jeder Forschung und in bezug auf die Wahl der Ausgangshypothese, die wie in jeder wissenschaftlichen Forschung notwendig ist. Man muß außerdem der vorangegangenen Wahl des Forschungsfeldes Rechnung tragen sowie der Tatsache, daß die Betrachtungsweise sich ändert, je nachdem, ob es sich um eine Forschung in der Theorie oder in der Praxis handelt. Dabei muß man feststellen, daß der Rechtsvergleicher, in dieser Beziehung dem Juristen eng verwandt, oft zum theoretischen Forschertyp neigt. Es steht außer Zweifel, daß die Einführung des einen wie des anderen in die Rechtsvergleichung deren Geist von Grund auf erneuern würde. Die Rechtsvergleicher sind sich dieser Notwendigkeit allerdings vollauf bewußt.

Es kann wirklich notwendig erscheinen, vor der Darlegung der Verwendbarkeit der soziologischen Methode in der Rechtsvergleichung die verschiedenen Methoden der Rechtssoziologie getrennt zu betrachten. Jedoch hat ihr noch nicht weit fortgeschrittener Entwicklungsstand notwendigerweise die Suche nach ihrer Methodologie beinflußt. Zwei Vorbemerkungen können hierzu aufgezeigt werden, die beide durch diesen Rückstand oder die gehemmte Entwicklung erklärbar sind.

Obwohl die Auseinandersetzung zwischen den Anhängern der theoretischen und der empirischen Soziologie nicht ohne Widerhall auf die Rechtssoziologie geblieben war, so erschien es dennoch unerläßlich, wenn auch nur zu Beginn, zu versuchen, aus der einen wie der anderen Methode gleichzeitig Nutzen zu ziehen. Allerdings haben sich die beiden Strömungen trotz der Bemühungen der Durkheimschen Schule immer mehr voneinander entfernt. Die erwähnte eklektische Richtung zeigte sich u. a. in den Aktivitäten des „Centre d'études sociologiques", das 1945 auf Gurvitchs Initiative hin gegründet worden war.

Man stellt u. a. fest, daß die Rechtssoziologie, aus deren dokumentarischen und normativen Funktionen sich recht klare und zum Teil originelle Zielsetzungen ergeben[28], bis zum gegenwärtigen Zeitpunkt noch keine klaren, spezifischen Methoden entwickelt zu haben scheint. Man muß sogar feststellen, daß bei einem Kolloquium, an dem ausländische Wissenschaftler teilnahmen und das 1956 von der juristischen Fakultät der Universität Straßburg veranstaltet und den Beziehungen zwischen Rechtswissenschaft und soziologischer Methode gewidmet wurde, solche Betrachtungen die meiste Zeit der Diskussion beanspruchten, die nicht die Methode im eigentlichen Sinn betrafen[29].

[28] Vgl. auch Carbonnier: La sociologie juridique et son emploi en législation, in: Communication à l'Académie des Sciences morales et politiques, 1968, S. 91 ff.

Die Anfänge der vergleichenden Rechtssoziologie zeigen noch ein recht enges Festhalten an den Werkzeugen der allgemeinen Soziologie[30]. Dies ist die anfängliche Verhaltensweise des Soziologen. Sein Ansatz ist von dem des Rechtsvergleichers sehr verschieden. So benutzt dieser gewöhnlich nicht den Ausdruck vom „Prinzip der schöpferischen Vorherbestimmung", dessen Formulierung wie folgt lautet: „Wenn die Menschen bestimmte Situationen als tatsächlich erkannt haben, sind sie für sie tatsächlich in ihren Folgerungen[31]." Man könnte sich die Anwendung dieses Gesetzes durch die Rechtsvergleicher in zwei verschiedenen Richtungen vorstellen, sei es, um seinen unterschiedlichen Einfluß je nach Größe des Systems oder innerhalb eines jeden Systems zu vergleichen oder sei es, um die mehr oder weniger vermeintliche Übernahme einer Rechtsregel darzustellen. Man nahm z. B. in Frankreich lange Zeit an, daß die echte Zugewinngemeinschaft in Skandinavien zu finden sei. Ein anderes Beispiel für die Übernahme einer Methode aus der allgemeinen in die juristische Soziologie ist die Unterscheidung zwischen Rolle und Status[32]. Es bleibt abzuwarten, ob auch die Rechtsvergleichung sich dieses Verfahrens bedienen wird.

Hier scheint sich eine doppelte Feststellung aufzudrängen. Auf der einen Seite kann die soziologische Methode normalerweise einen Einfluß auf die Rechtsvergleichung nur unter der Voraussetzung ausüben, daß die Rechtssoziologie ihre Funktionen und Methoden in hinreichender Weise präzisiert hat. Aber auf der anderen Seite ist, was diese Methoden anbelangt, die Übernahme und Anpassung der Methoden der allgemeinen Soziologie gewöhnlich notwendiger als eigentliche Neuschöpfungen. Es scheint nicht, daß es diesbezüglich naturgegebene Unterschiede zwischen der Rechtssoziologie und den übrigen Zweigen der Soziologie gibt. Es handelt sich vielmehr um Unterschiede in der Abstufung, im Gegenstand oder in der Anwendung. Solche Unterschiede bestehen auf der Ebene des soziologischen Erklärungsvorgangs: der Mechanismus des Vergleichs, der der Soziologie zweifellos genauso wie jeder anderen Wissenschaft innewohnt, führt in der Rechtssoziologie vielleicht noch stärker als anderswo dazu, von bestimmten historischen, ethnologischen oder statistischen Gegebenheiten ausgehend, bestimmte Typen[33], bestimmte Ursachen und wenn nicht Gesetze, so doch zumin-

---

[29] Méthode sociologique et droit, in: Ann. Fac. droit Strasbourg, Bd. V, 1958.

[30] Vgl. R. Treves: Nuovi sviluppi della sociologia del diritto, S. 9 ff.

[31] Vgl. insbes. Robert King Merton: Eléments de méthode sociologique, Übersetzung 1953, S. 169.

[32] Grawitz: De l'utilisation en droit de notions sociologiques, in: Année sociol. 1966, S. 415 ff.

[33] Mauss: Sociologie et anthropologie, 1960, S. 143; Cuvillier: Manuel de sociologie, Bd. I, Nr. 130.

dest, um mit Gurvitch zu sprechen, bestimmte „tendenzielle Regelmäßigkeiten" (des Status zum Vertrag, des Kollektiveigentums zum Privateigentum, der freiwilligen Nachkommenschaft zur Blutsverwandtschaft usw.)[34] zu erkennen. Es ist offensichtlich, daß derartige Schlußfolgerungen dem Vergleicher nützen, nicht nur aufgrund ihres eigenen Wertes, sondern auch aufgrund der Methoden, die es erlauben, diese Schlußfolgerungen zu ziehen und zu diskutieren.

Beachtlicher erscheinen auf früherer Stufe der wissenschaftlichen Untersuchungen einige Zeichen einer gewissen Originalität der soziologischen Forschung. Auf der Sache nach Forschungsmaterial stellen französische Rechtssoziologen in der Tat fest, daß der Boden nicht karg ist. Aber in Ermangelung geeigneter Mittel ist diesem Bewußtwerden — abgesehen von bestimmten Gebieten — eine hinreichende Auswertung der verborgenen Reichtümer noch nicht gefolgt. Die für soziologische Untersuchungen bestimmten öffentlichen Mittel wurden meistens durch Andere als die Rechtssoziologen in Anspruch genommen. Trotz dieser Schwierigkeiten haben diese in gewissem Maße eine Methodologie entwickelt. In der folgenden kurzen Betrachtung wird man feststellen, daß diese Methodologie, gegebenenfalls mit einigen Anpassungen, der Rechtsvergleichung kostbare Dienste leisten kann.

Vor allem steht außer Zweifel, daß die Analyse einer großen Anzahl von Urkunden zu einem fast parallel verlaufenden Fortschritt in der Rechtssoziologie und der Rechtsvergleichung beitragen könnte. Was die französische Wissenschaft betrifft, wären die Nationalarchive, die Archive der Departements oder der Städte für die Soziologie des öffentlichen oder privaten Rechts von großem Nutzen, auch wenn es Hindernisse gäbe, die mehr oder weniger vorübergehend ihre Aussagefähigkeit einzuschränken drohten. Ebenso sind bestimmte Urkunden wie Grundbücher oder Statistiken der Registereintragungen geeignet[35], die Ausarbeitung einer Soziologie des Vermögensrechts zu erleichtern. Wenn diese Reichtümer dennoch lediglich in geringem Maße ausgewertet werden, so geschieht das vielleicht — nach der Feststellung bestimmter Autoren[36] — deshalb, weil „die Juristen, ausgenommen die Rechtshistoriker . . ., die Rechtssoziologie oft unter einem zu philosophischen Aspekt betrachtet haben und aus dem Durcharbeiten der Urkunden — Anerkennung nichtehelicher Kinder, Adoptionen, Konkurse — nicht alles herausgearbeitet haben, was diese enthielten". Nicht erwiesen ist, ob es sich damit im Ausland gleich verhält[37].

[34] Vgl. J. Gaudemet: Les communautés familiales, 1963; Marmier: Sociologie de l'adoption, 1969.

[35] Vgl. Sébag: La méthode quantitative en droit civil et la réforme des régiments matrimoniaux, 1963, S. 469 ff.

[36] Pinto/Grawitz: Méthodes des sciences sociales, 1964, Bd. II, Nr. 412, S. 469.

Sicherlich bemühen sich die Rechtssoziologen, diese noch tief verborgenen Reichtümer sichtbar zu machen. Sie weisen in Frankreich z. B. auf den Nutzen hin, der aus Archiven von Notaren gezogen werden könnte. Dementsprechend zieht die Tätigkeit der Notare, in der man einen wesentlichen Aspekt der Rechtsrealität sieht, verstärkt die Aufmerksamkeit der Rechtsinterpreten auf sich[38]. Zwar sind diese in den meisten Fällen eher Juristen als Soziologen, jedoch setzt ihre Forschung die Arbeit der Soziologen in Gang. So ist der französischen Eherechtsreform, die durch das Gesetz vom 13. Juli 1965 in Kraft trat, eine Umfrage bei den Notaren vorangegangen, die die Verteilung der gesetzlichen Güterstände im Jahre 1962 ziemlich genau erkennen ließ[39]. Es ist dennoch nicht unnütz, solche Statistiken mit den im Ausland erhobenen zu vergleichen, z. B. mit Statistiken aus Japan[40], auch wenn sie auf Urkunden anderer Art beruhen. Auch wenn man — allgemeiner gesagt — die rechtssoziologische Forschung systematisiert und allgemeiner faßt, so können die Spezialisten, was öffentliche oder private Archive betrifft, nichtsdestoweniger auf mehr oder weniger unüberwindbare Hindernisse stoßen. Dies vor allem in sozialen Schichten, in denen der Mythos des Geheimnisses — Geheimhaltung des Privatlebens, Familiengeheimnis, Berufsgeheimnis, Geschäftsgeheimnis — einen mehr oder weniger starken Einfluß ausübt und mehr oder weniger vor den Blicken des Beobachters die Merkmale eines Rechtslebens versteckt, das unter einem allzu hellen Licht leiden würde. Genauso wie es diesbezüglich Unterschiede nach sozialen und beruflichen Kategorien geben kann, stellt sich die Vielfältigkeit unter den verschiedenen Ländern dar. Ändert sich der Wunsch, sich einzuigeln, nicht z. B. entsprechend der psychologischen Mentalität oder der ökonomischen Geographie? Auch die Soziologie der verschiedenen juristischen Berufe ist nicht zu vernachlässigen: man könnte insbesondere untersuchen, in welchem Maße sich die Stellung des belgischen Notars von der des französischen unterscheidet; dies würde vielleicht die Vielfältigkeit der Lösungsmöglichkeiten erklären, die für die Kontrolle der Rechtmäßigkeit von Handelsgesellschaften angewandt werden.

Bestimmte Dokumente, über die die Rechtssoziologen verfügen, haben den Vorteil, von beträchtlicher Globalität zu sein. Es handelt sich

[37] R. Treves: La Sociologia del diritto, ebd.; näheres bei Moriondo: L'ideologia della magistratura italiana, 1967.

[38] Sourioux: Recherches sur le rôle de la formule notariale dans le droit positif, 1967.

[39] Carbonnier: Un essai de statistique de la répartition des régimes matrimoniaux conventionnels à le veille de la réforme de 1965, in: Année sociol. 1964, S. 443 ff.

[40] Noda, ebd. S. 194 N. 1; vgl. außerdem über die Untersuchung, die vor der Erbfolgereform von 1952 in England angestellt wurde: Carbonnier: La sociologie juridique et son emploi en législation, ebd. S. 97.

hauptsächlich um verschiedene Statistiken, deren Nutzen allgemein anerkannt ist: Volkszählungen, Erhebungen über die Entwicklung der Arbeitslosigkeit, statistische Dokumente der Universitäten, Statistiken über Registereintragungen oder allgemeine Statistiken der Zivil- oder Strafjustizverwaltung[41]. Diese Dokumente können in Frankreich in dem Maße mehr oder weniger ohne Bedenken verwendet werden, als ihr Inhalt nicht notwendigerweise im Interesse Einzelner abgefaßt wurde, seien es Forscher, aber noch eher im Dienste dieser oder jener Verwaltungsbehörde. Aber möglicherweise ist dies nicht wesentlich, denn die Rechtssoziologie scheint heute — zumindest in der französischen Gesellschaft — zunehmend durch die Untersuchungen der Forscher gefördert zu werden. Diese Forscher werden ihrerseits vom Staat vermehrt unterstützt, dem wiederum die Rechtssoziologie dienen kann[42]. Im Ausland konnte eine analoge Entwicklung festgestellt werden[43]. Für die Rechtsvergleichung besteht ein ernsthaftes Hindernis darin, daß die Art der Erhebung von Statistiken sich von einem Land zum anderen ändern kann, sowie darin, daß „die Statistiken nur verglichen werden können, wenn sie vergleichbar sind“[44]. Aber selbst im nationalen Rechtskreis werden nicht selten ähnliche Schwierigkeiten festgestellt, z. B. was die Vereinheitlichung der Abteilungen von Sachregistern anbelangt, die mit dem Aufschwung der juristischen Datenverarbeitung verbunden ist.

Die Rechtssoziologie hat übrigens in einem nahe verwandten Bereich eine bezüglich des verwendeten Materials geeignete Methode entwikkelt: die Analyse der Rechtsprechung[45]. Solche Untersuchungen, die je nach Ort, Zeit und Gegenstand mehr oder weniger beschränkt sind, werden im Augenblick in Frankreich von Rechtssoziologen wissenschaftlich durchgeführt[46]. Ihre Lektüre bietet kostbare Anregungen. Doch müssen die Schlußfolgerungen aus diesen Untersuchungen zweifellos auf verschiedene Weise korrigiert werden. Denn die veröffentlichten Gerichtsentscheide stellen nicht die ganze Rechtsprechung dar. Aber selbst wenn dies der Fall wäre, würde das Gebiet der Streitfragen im-

[41] A. Davidovitch / H. Lévy-Bruhl: La statistique et le droit, in: Année sociol. 1957 - 1958, S. 353 ff.

[42] Carbonnier: La sociologie juridique et son emploi en législation, ebd.

[43] Carbonnier: ebd., insbes. S. 91, über die Umstellung vom Linksverkehr auf den Rechtsverkehr auf den schwedischen Straßen.

[44] Carbonnier: L'apport du droit comparé à la sociologie juridique, ebd., S. 86.

[45] Carbonnier: Cours de sociologie juridique, 1963 - 1964, in: Directions de recherches, S. 48 ff.; Charnay: Sur une méthode de sociologie juridique, L'exploitation de la jurisprudence, in: Annales Economies, Sociétés, Civilisations, 1965, S. 513 ff.

[46] Vgl. insbes. Sourioux: Le charivari, Etude de sociologie criminelle, in: Année sociol. 1961, S. 400; Charnay: La vie musulmane en Algérie d'après la jurisprudence de la première moitié du XXe siècle, Paris 1965.

mer noch nicht mit dem gesamten Rechtsleben zusammenfallen, sondern mit einem geringen Teil desselben, der zudem variabel ist, je nachdem ob die Streitfragen mehr oder weniger künstlicher Natur sind. Die Rechtssoziologen sind nicht so naiv, dies alles zu verkennen. Immerhin haben sie bei dieser Gelegenheit ein Werkzeug geschmiedet, das um so wertvoller ist, als die mit ihm erzielten Ergebnisse durch andere, nicht lediglich schriftliche Methoden vervollständigt werden können.

In diesem Zusammenhang kann heute schon den Meinungsumfragen — im weitesten Sinne des Wortes — ein wichtiger Stellenwert zuerkannt werden. Die einen betreffen im wesentlichen die Rechtstechniker. Da diese weitgehend mit der Rechtssprache vertraut sind, kann man annehmen, daß die Ergebnisse dieser Untersuchungen recht bedeutend sein werden[47]. Doch muß man wohl mit ziemlich skeptischen Einstellungen bezüglich des Nutzens dieser Bemühungen rechnen. So wird oft gesagt, es sei überflüssig, die Meinung des Juristen, die so unterschiedlich von der opinio iuris ist, derart zu erforschen, da die Juristen im allgemeinen über eine ausreichende Anzahl von Fachzeitschriften verfügen, um ihre Ansichten darzulegen. Dies hat nicht unbedingt ausgereicht, die Rechtssoziologen zu entmutigen. Aber indem sie sich meistens an die Rechtstechniker und damit an die ihnen entsprechenden Untersuchungsmittel wenden, stellen sie ziemlich häufig ein großes zahlenmäßiges Mißverhältnis zwischen Fragebögen und Antworten fest. Aber es steht nicht fest, ob es sich im Ausland oder in der Rechtsvergleichung damit gleich verhält. Man wird in diesem Zusammenhang vor allem auf eine Untersuchung über juristische Sachverständigengutachten hinweisen, die durch Fragebögen erhoben wurde[48]. Wenn also bei der Erarbeitung von Fragebögen mit größter Vorsicht vorgegangen werden muß, so scheint es, daß auch auf diesem Gebiet der Rückgriff auf die in der Rechtssoziologie angewandten Methoden von großem Nutzen sein könnte.

Andere rechtssoziologische Untersuchungen fassen nicht mehr die Rechtstechniker ins Auge, sondern die Laien. Nicht weniger aufklärend entwickeln sich heutzutage solche Untersuchungen in einigen Ländern. Ihre Verwirklichung ist mehr oder weniger schwierig. So bemerkt der Dekan Carbonnier[49] in bezug auf Frankreich: „Es ist unmöglich, nicht erschreckt zu sein über den Umfang der Kluft, die gegenwärtig zwischen unserem zunehmend technisierten Recht und der Bevölkerung besteht.“ Wenn die Fragen nicht in einer ausreichend verständlichen

[47] Vgl. insbesondere zu einer Untersuchung über die Situation des Kindes: Houin, in: Rev. trim dr. civ., 1950, S. 18 ff.; Les délégations judiciaires en matière civile et commerciale, in: Ann. Fac. Droit, Strasbourg, Bd. XIII, 1964.

[48] L'expertise dans les principaux systèmes juridiques d'Europe: Travaux et recherches de l'Institut de Droit comparé de Paris, Bd. XXXII, 1969.

[49] Carbonnier: Flexible droit, S. 273.

Form gestellt werden, so ist der Erfolg der Interviews und noch mehr derjenige der Untersuchungen von Tatsachen, Wissen und Meinungen in fataler Weise in Frage gestellt.

Trotz dieser Schwierigkeiten ist eine rasche Entwicklung und ein Erfolg der Meinungsumfragen auf Gebieten völlig verschiedener Reichweite zu verzeichnen. Eine von Duberge durchgeführte Musteruntersuchung über die sozialpsychologische Wirkung der Steuer im Frankreich von heute hat zur Ausarbeitung einer Steuerrechtssoziologie beigetragen[50]. Es wäre interessant zu wissen, welche Resultate vergleichbare in den USA oder in England durchgeführte Untersuchungen zeigen würden. Vielleicht würde der Vorwurf erhoben, daß es sich hier weniger um eine Anwendung soziologischer Untersuchungen durch die Rechtsvergleichung als um eine Entwicklung der vergleichenden Rechtssoziologie handle. Aber in Wirklichkeit stehen die Untersuchungen miteinander in Verbindung. Und man kann sagen, daß die vergleichende Rechtssoziologie in gewissem Maße für die Rechtsvergleichung das ist, was die nationale Rechtssoziologie — wenn sich diese Ausdrücke überhaupt miteinander vertragen — für das nationale Recht ist.

Im übrigen sind es die Berufsorganisationen, die anläßlich der Vorbereitung ihrer regelmäßigen Kongresse nach Lust und Laune mehr oder weniger ausgedehnte Meinungsumfragen durchführen. Es ist z. B. nicht unnütz, das Bild zu kennen, das sich die Bevölkerung aus der Gegend von Marseille vom Juristen und besonders vom Rechtsanwalt macht. Aber wenn es interessant ist, dieses Bild mit jenem aus einer anderen Gegend von Frankreich zu vergleichen, so ist es nicht minder interessant, es mit dem Bild zu vergleichen, das man sich im Ausland von den Juristen macht.

Man muß auch den von speziellen Meinungsforschungsorganisationen erhobenen Untersuchungen Rechnung tragen, da sie die unerläßliche Wissenschaftlichkeit gewährleisten[51]. Dies gilt für die Umfragen des Institut français d'opinion publique. Wenn auch in den letzten Jahren die Aktivitäten dieser Organisation wenig zur Entwicklung der Rechtssoziologie beigetragen haben, selbst wenn Fragebögen ausgearbeitet wurden, so haben sich die Dinge doch geändert. So wurden repräsentative Meinungsumfragen über Ehegüterrecht, Erbrecht, außereheliche Lebensgemeinschaft und deliktisches Haftungsrecht durchgeführt. Eine von ihnen hat bereits anläßlich einer Gesetzesreform die Entscheidung des Gesetzgebers erleichtert. In der Tat ist der Reform des Eherechts eine breite repräsentative Umfrage, die zunächst quantitativ, dann qualitativ durchgeführt wurde, vorangegangen[52]. Das Ergebnis dieser

[50] Über dieses Werk vgl. J. Carbonnier, in: année sociol. 1961, S. 384.
[51] Vgl. Grawitz: Réflexions sur les sondages d'opinion, 1965, S. 45 ff.
[52] Vgl. „Sondages", Revue française de l'opinion publique, 1967, S. 7 ff.

Untersuchung, die wirklich einen Grundstein in der Entwicklung der französischen Rechtssoziologie darstellt, war erstaunlich überzeugend. Offensichtlich ist die Entwicklung derartiger Prozesse in verschiedenen Ländern dazu angetan, die Perfektionierung der Methodologie voranzutreiben: als Beispiele lassen sich die Untersuchungen von W. Goode über Scheidungen in den Vereinigten Staaten[53] oder die in Ungarn angestellten Untersuchungen über die Rechtskenntnisse anführen[54]. In verschiedener Art, je nach Ländern, entwickelt sich eine Soziologie der Gesetzgebung[55] mit der Aufgabe, das positive Recht zu verbessern; eine Aufgabe, die herkömmlicherweise der Rechtsvergleichung zuerkannt wird. Zweifellos müßte zur Unabhängigkeit der wissenschaftlichen Forschung vermieden werden, daß der Staat, ja sogar die Regierung, allein über die zu diesem Zweck notwendigen Quellen verfügen kann. Doch gibt es ein Verfahren, über das der Staat — zumindest gesamtgesellschaftlich — die ausschließliche Verfügungsgewalt innezuhaben scheint, und zwar das Verfahren des gesetzgeberischen Experimentierens; man könnte sich auch dessen Verwendung in der Rechtsvergleichung vorstellen[56].

Man sieht, was die rechtssoziologische Methode an die Rechtsvergleichung beiträgt oder beitragen könnte: Soziologie des ausländischen Rechts oder eher simultane gleichzeitige Soziologie ausländischer Rechtsordnungen, Soziologie der Rechtsvergleichung und — vielleicht, wer weiß? — Soziologie des Rechtsvergleichers selbst. Man hat gelegentlich gesagt, daß die Rechtsvergleichung lediglich die Anwendung der vergleichenden Methode auf das Recht sei; man könnte behaupten, daß die Rechtssoziologie nur die Anwendung der soziologischen Methode auf das Recht sei, und daß die Begegnung dieser beiden Disziplinen — bei Beachtung einiger Vorsichtsmaßnahmen — nur von Nutzen sein könne[57].

---

[53] Vgl. den Fragebogen bei W. Goode: Women in Divorce, Free press, Columbia University, 1965.

[54] K. Kulcsar: La connaissance du droit en Hongrie, in: Année sociol. 1967, S. 429 ff.

[55] Vgl. Carbonnier: Flexible droit, S. 273.

[56] Carbonnier: Cours de sociologie juridique, 1960 - 1961, in: Directions de recherches, S. 23 ff.

[57] Evans / Grisoli / Treves: Sociology of law and Comparative law, Rapport au Comité de recherche de sociologie juridique, anläßlich des VI. Weltkongresses der Soziologie, Evian 1966, abgedruckt oben S. 35 ff.

SOZIOLOGISCHE FORSCHUNGSMETHODEN IN DER RECHTSVERGLEICHUNG

Von Ulrich Drobnig*

I. Theoretische Erwägungen

1. Abgrenzungen

Der Titel dieses Beitrages unterstellt, daß soziologische Untersuchungen ein wesentlicher Bestandteil rechtsvergleichender Arbeit seien. Diese Annahme führt zu zwei Fragen, von deren Beantwortung die richtige Abgrenzung des Themas abhängt: zunächst, was ist unter *soziologischer* Forschung im Unterschied zu anderen Forschungsmethoden zu verstehen? Und sodann, wie soll der Begriff der Rechtsvergleichung für die Zwecke dieser Untersuchung aufgefaßt werden?

a) Als „soziologische Forschungsmethoden" bezeichne ich im Rahmen dieses Beitrages alle Methoden rechtsvergleichender Arbeit, die das lebende Recht einer bestimmten Rechtsordnung festzustellen suchen[1].

Das lebende Recht unterscheidet sich vom „law in the books" — der in allen entwickelten Rechtsordnungen vorhandenen Unmasse geschriebenen Rechtsstoffes: Gesetzgebung im weitesten Sinn des Wortes (d. h. einschließlich Verordnungen, Anordnungen etc.); veröffentlichte Entscheidungen der Gerichte und aller anderen offiziellen und privaten Stellen, die Recht anwenden[2]; sowie das juristische Schrifttum. Gesetze, Entscheidungen und Literatur sind überall, wenn auch in unterschiedlichem Maße und und mit verschiedenem Rang, die wichtigsten Quellen des Rechts. In der modernen Rechtsvergleichung ist es unbestritten,

---

* Deutsche Übersetzung des in englischer Sprache abgefaßten deutschen Landesbericht zum VIII. Internationalen Kongress für Rechtsvergleichung (Pescara 1970) zum Kongressthema I.c.2., ursprünglich veröffentlicht in RabelsZ 35 (1971) 496 - 504. Der Beitrag wird bis auf einige mit a und b gekennzeichnete Fußnoten unverändert abgedruckt.

[1] Terré, La méthode sociologique en droit comparé: Etudes de droit contemporain (1970) 41 - 51, 46 f., abgedruckt oben S. 75 ff., glaubt, daß auch die Hypothesen und Theorien der theoretischen Soziologie für den Rechtsvergleicher bedeutsam sein können.

[2] Terré (oben Anm. 1) 49, hat mit Recht darauf hingewiesen, daß unveröffentlichte Entscheidungen eine höchst wertvolle Informationsquelle über das lebende Recht bilden, insbesondere, wie Neumayer, RabelsZ 34 (1970) 413 bemerkt hat, für ein kodifiziertes Rechtssystem.

daß alle jene Rechtsquellen für jedes Vergleichsland berücksichtigt werden müssen, soll die Vergleichung irgendwelchen Wert haben[3].

Der moderne und typisch soziologische Anspruch der Rechtsvergleichung geht jedoch weiter, über die zuvor erwähnten klassischen Rechtsquellen hinaus: nämlich das lebende Recht zu suchen, das außerhalb der geschriebenen Bücher existiert[4].

b) Das komplexe Verhältnis zwischen Rechtsvergleichung und Rechtssoziologie braucht hier nicht grundsätzlich bestimmt zu werden[5]. Nur am Rande sei vermerkt, daß die Untersuchung einer einzelnen ausländischen Rechtsordnung noch nicht „Rechtsvergleichung" darstellt; deshalb bleibt die rechtssoziologische Untersuchung nur eines einzigen fremden Landes hier außer Betracht[6]. Ein besonderer Aspekt des Verhältnisses zwischen Rechtsvergleichung und Soziologie verdient jedoch Erwähnung. Der *Umfang* der Rechtsvergleichung beeinflußt offensichtlich die Ziele und daher auch die Methoden der rechtssoziologischen Forschung.

Die entscheidende Frage ist, ob zur Rechtsvergleichung auch rechnet — über die Analyse und Kontrastierung des Rechtes verschiedener Länder hinaus — die Prüfung der tatsächlichen Gründe der rechtlichen Divergenzen einerseits und der Folgen für die Gesellschaft andererseits. Die Meinungen zu diesem Problem sind geteilt[7]. Diese Kontroverse kann hier nicht ausgetragen werden. Im Rahmen dieses Beitrages bleibt nichts anderes übrig, als sich für eine der beiden Ansichten zu entscheiden. Angesichts der soziologischen Ausrichtung des gestell-

---

[3] Und den verschiedenen Quellen muß jeweils dasjenige relative Gewicht beigelegt werden, das ihnen in der betreffenden Rechtsordnung zukommt, siehe Zweigert, Zur Methode der Rechtsvergleichung: Studium generale 13 (1960) 193 - 200, 196 (französische Fassung in Mélanges Maury I, 1960, 579 - 596, 587); David, Traité élémentaire de droit civil comparé (1950) 10.

[4] Neumayer (oben Anm. 2) 420 f. hat darauf hingewiesen, daß man zwischen „transparenten" Rechtsordnungen und anderen unterscheiden müsse. Sind rechtssoziologische Untersuchungen für die nicht transparenten Rechtsordnungen unerläßlich, so sind sie doch auch für die relativ wenigen Länder mit ausreichender Transparenz erwünscht.

[5] Als Hinweise mögen genügen Carbonnier, L'apport du droit comparé à la sociologie juridique: Livre centenaire de la société de législation comparé (1969) 75 - 87; Drobnig, Rechtsvergleichung und Rechtssoziologie: RabelsZ 18 (1953) 295 - 305 (abgedruckt oben S. 20 ff.).

[6] Das bedeutet natürlich nicht, daß eine solche beschränkte Untersuchung der Rechtstatsachen eines Landes nicht auch für eigentliche vergleichende Arbeiten ausgenutzt werden kann. Péteri, Some Aspects of the Sociological Approach in Comparative Law: Droit Hongrois — Droit Comparé (1970) 75 - 94, 94, kommt zu dem Schluß, daß aus *praktischen* Gründen die rechtssoziologische Erforschung fremder Rechtsordnungen derzeit nicht möglich sei. Zur Überbrückung dieser Lücke schlägt er vor, eine internationale Zusammenarbeit zwischen Juristen und Soziologen verschiedener Länder zu organisieren.

[7] Siehe den Überblick bei Drobnig (oben Anm. 5) 295 - 298 (oben S. 20 - 24).

ten Themas empfiehlt es sich, von einem weiteren Begriff der Rechtsvergleichung auszugehen. Es wird daher im folgenden angenommen, daß zur Rechtsvergleichung auch die Untersuchung der tatsächlichen Ursachen und Wirkungen der Differenzen zwischen den verschiedenen Rechtsordnungen gehört[8].

2. Bedürfnis soziologischer Forschungen

Bevor wir uns Einzelfragen zuwenden, ist es zweckmäßig, sich den Sinn rechtssoziologischer Untersuchungen zu vergegenwärtigen. Die führenden Rechtsvergleicher erklären übereinstimmend, daß das bloße Studium von ausländischen Gesetzestexten und juristischen Lehrbüchern und selbst von Gerichtsentscheidungen dem Leser kein vollständiges Bild der fremden Rechtsordnung vermittle. Volles Verständnis setzt eine Kenntnis des gesamten „Umlandes" voraus, in dem eine Rechtsnorm funktioniert[9]. Genaue Informationen sind nötig, und zwar zunächst über die Rechtsnormen selbst und ihre Anwendung oder Änderung in der Praxis der Kaufleute, Notare und Gerichte. Genaue Informationen sind auch erforderlich über die praktische Bedeutung der Rechtsnormen und juristischen Institute sowie über die tatsächlichen Bedingungen, d. h. die sittlichen, ideologischen, wirtschaftlichen und sozialen Gegebenheiten, in deren Rahmen die Rechtsnormen wirken. Weder die präzise Tragweite der Rechtsnormen als solcher noch die Bedingungen ihrer Anwendung lassen sich ohne die eben erwähnte Informationen näher bestimmen.

Wenn die Rechtsvergleichung ihre Ziele verwirklichen soll, so *muß* sie das lebende Recht (einschließlich seiner faktischen Bedingungen) in den Vergleichsländern mit einbeziehen. Rechtsvergleichung benötigt also das höchstmögliche Maß an Rechtstatsachenforschung.

Dieses Postulat gilt zumindest für die Grundformen der Rechtsvergleichung, nämlich den Vergleich von Rechtsnormen und Rechtsinstituten verschiedener Länder. Bei weitem die meisten Studien verfolgen eines dieser beiden Ziele.

Hingegen erscheinen rechtssoziologische Untersuchungen für gewisse Sonderformen der Rechtsvergleichung weniger nötig, wie z. .B die Vergleichung juristischer Begriffe, die Vergleichung juristischer Grundanschauungen, die Vergleichung verschiedener Formen der Kundma-

[8] Ähnlich auch Feldbrugge, Methods of Sociological Research in Comparative Law: Netherlands Reports to the VIIIth International Congress of Comparative Law Pescara (1970) 61 - 71, 63.

[9] David (oben Anm. 3) 17 - 21 und auch 21 - 25; Arminjon / Nolde / Wolff, Traité de droit comparé I (1950) 34; Schnitzer, Vergleichende Rechtslehre (2. Aufl. 1961) I 31 f.

chung des Rechts und die Vergleichung juristischer Methoden[10]. Diese hochtheoretischen Zwecke der Rechtsvergleichung werden jedoch relativ selten verfolgt. Wir können sie deshalb im folgenden übergehen. Wir werden uns also ausschließlich mit der Grundform der Rechtsvergleichung befassen, also dem Vergleich von Regeln und Instituten verschiedener Länder, für welche rechtssoziologische Untersuchungen unentbehrlich sind.

II. Soziologische Forschungsmethoden

3. Begrenzung des Themas

Eine Untersuchung der verschiedenen soziologischen Forschungsmethoden sollte sowohl ihre Anwendung beschreiben als auch ihre Ergebnisse bewerten. Welche Methoden die deutschen Rechtsvergleicher benutzen und welche Ergebnisse sie damit erzielt haben, läßt sich Veröffentlichungen kaum entnehmen. Die nachfolgenden Überlegungen können deshalb nicht beanspruchen, die in Deutschland tatsächlich unternommenen Versuche und die gesammelten Erfahrungen zu beschreiben. Der Verfasser muß sich vielmehr im wesentlichen auf seine eigenen Erfahrungen stützen. Diese Erfahrungen wiederum sind vor allem bei der Vergleichung von Regeln und Instituten des Privat- und des Handelsrechts gesammelt worden. Sie decken auch nicht alle denkbaren Methoden der Rechtstatsachenforschung, sondern nur einige wenige. Diese bedeutsamen Beschränkungen unserer Untersuchung werden nur durch den Vorteil unmittelbarer, persönlicher Erfahrungen aufgewogen.

Der Verfasser hat bei verschiedenen Gelegenheiten folgende vier Methoden der Rechtstatsachenforschung benutzt: Statistiken, Fragebogen, Interviews und Dokumente. Ich werde für jede dieser vier Methoden kurz die praktischen Erfahrungen ihrer Benutzung einschließlich der dabei aufgetretenen Schwierigkeiten schildern und zu den erzielten Ergebnissen Stellung nehmen.

4. Statistiken

a) *Zweck von Daten.* — Statistische Angaben vermitteln einen Eindruck von der faktischen Bedeutung einer Rechtsregel: die Zahl der Adoptionen und der Ehescheidungen, der Nennbetrag von Grundpfandrechten und der durch sie gesicherten Forderungen, usw. Für eine vergleichende Untersuchung sind solche Zahlen jedoch nur relevant, wenn

---

[10] Siehe die Aufzählung bei Rheinstein, Comparative Law — Its Functions, Methods and Usages: Arkansas Law Review 22 (1968) 415 - 425, 418 - 421.

sie selbst vergleichbar sind[11]. Der Sinn von Statistiken in rechtsvergleichenden Arbeiten liegt also darin, die relative Bedeutung der untersuchten Rechtsinstitute zu bestimmen.

b) *Sammlung von Daten.* — Die Sammlung von Daten setzt in der Regel voraus, daß Primärdaten bereits vorliegen. Normalerweise werden Daten nur verfügbar sein, soweit die erheblichen Tatsachen (z. B. die Zahl der im Jahre 1969 eingetragenen Grundpfandrechte) amtlich erfaßt werden. Grundpfandrechte werden fast überall öffentlich eingetragen. Die Eintragung von Sicherungsrechten an beweglichen Sachen hängt dagegen von dem Bestehen eines Eintragungssystems für solche Rechte ab. Solche Systeme bestehen in vielen Ländern für alle oder nahezu alle Sicherungsrechte (z. B. Frankreich, Großbritannien und die USA), in einigen Staaten sind sie dagegen auf bestimmte Arten von Sicherungsrechten beschränkt (z. B. Italien und die Schweiz), während sie in wiederum anderen Ländern so gut wie völlig fehlen (z. B. Deutschland, Österreich und die sozialistischen Länder). Es bestehen daher in vielen Ländern ziemlich gute Chancen, Zahlen über Grundpfandrechte zu erhalten. Für Sicherungsrechte an beweglichen Sachen wechseln dagegen die Aussichten von Land zu Land, je nach dem Publizitätssystem.

Viele statistische Daten finden sich in den Statistischen Jahrbüchern der verschiedenen Länder. Rechtliche Daten und insbesondere Angaben über die Justiz sowie die Tätigkeit der Gerichte werden oft auch in besonderen, mehr oder weniger ausführlichen gerichtlichen Statistiken veröffentlicht (z. B. in Deutschland, England und den Schweizer Kantonen).

Daneben kann man gesammelte, aber unveröffentlichte Daten von den Statistischen Ämtern der verschiedenen Staaten erhalten und oft auch von den Ämtern, welche die betreffenden Umstände in ihre Register eintragen.

Auf eine nahezu unüberwindliche Schwierigkeit stößt man, wenn statistische Daten weder veröffentlicht noch gesammelt worden sind. Zwei Auswege gibt es gelegentlich. Man kann die zuständige ausländische Behörde darum bitten, die gewünschten Daten zu sammeln. Eine private Bitte dieser Art wird natürlich kaum Aussicht auf Erfolg haben, falls sie ohne jede amtliche Unterstützung aus dem Heimatland des Forschers vorgetragen wird. Der andere Ausweg besteht darin, die gesuchten Daten selbst zu sammeln. Dieser Weg ist jedoch so zeitraubend und teuer, daß er nur unter ganz besonderen Umständen eingeschlagen werden kann und in der Regel nicht für mehrere Länder zugleich.

---

[11] Siehe Terré (oben Anm. 1) 49.

Statistische Daten können also normalerweise für rechtsvergleichende Zwecke nur benutzt werden, wenn sie im Untersuchungsland bereits veröffentlicht oder wenigstens erhoben worden sind.

c) *Schwierigkeiten.* — Statistische Daten sind für rechtsvergleichende Arbeiten nur sinnvoll, wenn sie vergleichbar sind (oben a). Es ist sinnlos, die deutsche Zahl der am 31. 12. 1969 *insgesamt bestehenden* Grundpfandrechte der französischen Zahl der im Jahre 1969 *begründeten* Hypotheken gegenüberzustellen. Die angestrebte Vergleichbarkeit der verschiedenen nationalen Daten muß bereits während der Datensammlung berücksichtigt werden.

Die erforderliche Vergleichbarkeit der rechtlich erheblichen Daten wirft einige schwierige Fragen auf.

Es ist offensichtlich sinnlos, die absoluten Zahlen der Ehescheidungen für Frankreich und für Luxemburg zu vergleichen. Welche andere Zahl sollte aber als gemeinsamer Nenner dienen? Die Zahl der Einwohner? Oder die Zahl der Eheschließungen? Wie sollten, wenn man die Einwohnerzahl wählt, Unterschiede der Alterspyramide ausgeglichen werden? Auf welches Jahr kommt es an, wenn man von der Zahl der Eheschließungen ausgeht? Diese Probleme lassen sich nur lösen, wenn man die Erfahrungen und Erkenntnisse der internationalen Statistik gebührend berücksichtigt[12].

Eine andere Schwierigkeit ist beim Vergleich von Geldwerten zu überwinden. Es versteht sich, daß man vergleichbare Zahlen nur erhält, wenn man eine einheitliche Währung benutzt. Rechnet man die Werte aus den verschiedenen Landeswährungen in die Einheitswährung auf Grund des offiziellen Wechselkurses um, so mag dies dem „wirklichen" Verhältnis der beiden Währungen entsprechen (wie er sich — vielleicht — in den jeweiligen Lebenshaltungskosten spiegelt); es ist aber mindestens ebenso gut möglich, daß diese beiden Umrechnungsverhältnisse sich nicht decken. Es mag deshalb erforderlich sein, einen realistischen Umrechnungskurs zu berechnen, vielleicht auf der Grundlage des Verhältnisses der Lebenshaltungskosten. Auch hier ist der Rückgriff auf die Erfahrungen internationaler Geldstatistiken unabdingbar, will man wirklich vergleichbare Daten erhalten.

d) *Wertung.* — Vergleichende statistische Daten können höchst aufschlußreich sein für die praktische Bedeutung eines Rechtsinstituts in verschiedenen Ländern. Die Verwertung von Daten hängt jedoch im praktischen Effekt davon ab, daß sie in den verschiedenen Ländern bereits erhoben worden sind und entweder gedruckt oder unveröffent-

[12] Siehe etwa R. Wagenführ, Der internationale wirtschafts- und sozialstatistische Vergleich (1959).

licht bereit liegen. Der Nutzen solcher Daten hängt jedoch von ihrer Vergleichbarkeit ab, die gelegentlich nur schwer zu erzielen ist.

5. Fragebogen

a) *Zwecke.* — Fragebogen können sowohl zur Klärung zweifelhafter Punkte des ausländischen Rechts benutzt werden als auch zur Feststellung seiner praktischen Wirkungen. Gelegentlich werden beide Zwecke in demselben Dokument vereinigt. Im Rahmen dieses Beitrages interessiert jedoch ausschließlich der zweite Aspekt, nämlich die Klärung der tatsächlichen Anwendung bestimmter Rechtsnormen.

Diese praktische Anwendung ist im weitesten Sinn zu verstehen. Um ein vollständiges Bild des lebenden Rechts zu erhalten, sind nicht nur Fragen zu stellen wie

— wie oft bedienen Sie sich der Regel A?

— unter welchen Umständen bedienen Sie sich der Regel?

— wann bedienen Sie sich stattdessen der Regel B?

— welche anderen Regeln erfüllen dieselben Aufgaben wie Regel A?

Vielmehr erstreckt sich unsere Neugierde auch auf Fragen wie

— warum hat Regel A ihren jetzigen Inhalt erhalten?

— wie reagiert die Rechtsgemeinschaft darauf, wenn Sie sich auf Regel A berufen?

— gibt es soziale Konventionen oder wirtschaftliche oder politische Realitäten, welche es ausschließen, daß Sie sich auf Regel A berufen oder welche eine Berufung auf diese Regel überflüssig machen?

— welche sozialen, wirtschaftlichen oder politischen Folgen hat die Anwendung der Regel A?

— wird Regel A als befriedigend empfunden, oder bestehen Pläne zu ihrer Abänderung?

b) *Abfassung von Fragebögen.* — Um die zahlreichen Mißverständnisse zu vermeiden, die möglich sind und die *David* so lehrreich beschrieben hat[13], ist es wichtig, einen Fragebogen im Hinblick auf den Verständnishorizont und die Begriffswelt des Empfängers abzufassen. Der Rechtsvergleicher sollte dazu nicht nur die spezielle Fachterminologie des fremden Landes auf seinem speziellen Fachgebiet kennen, sondern auch die allgemeinen juristischen Grundsätze und Grundbegriffe. Aus demselben Grund sollte ein Fragebogen nach Möglichkeit in der Sprache des Empfängers abgefaßt sein.

Sinnvolle Fragen nach der praktischen Wirkung bestimmter Regeln können nur bei voller Kenntnis ihres Inhalts gestellt werden. Es ent-

[13] David (oben Anm. 3) 14 - 15.

spricht daher bewährter Erfahrung, einen Fragebogen erst abzufassen, nachdem man sich zuvor mit den einschlägigen ausländischen Regeln vollauf vertraut gemacht hat.

c) *Auswahl der Adressaten.* — Die Empfänger eines Fragebogens müssen zuverlässig und antwortwillig sein. Die richtige Auswahl geeigneter Empfänger ist vielleicht die wichtigste Voraussetzung für den Erfolg der Befragung. Es empfiehlt sich, für die Auswahl der Empfänger einen anerkannten Fachmann aus dem fremden Land zu Rate zu ziehen.

Die Zuverlässigkeit der Empfänger des Fragebogens läßt sich dadurch überprüfen, daß in einem Land mehrere Fragebögen verteilt und die Antworten später verglichen werden. Die Bereitschaft der Empfänger zur Ausfüllung eines Fragebogens läßt sich natürlich dadurch erhöhen, daß ihnen eine greifbare oder doch wenigstens immaterielle Gegenleistung angeboten wird.

d) *Abweichende Antworten.* — Sind mehrere ausländische Fachleute desselben Landes befragt worden, so ist mit scheinbar oder auch wirklich verschiedenen Antworten zu rechnen. Oft erklären sich derartige Divergenzen dadurch, daß sich die Antworten auf unterschiedliche Tatsachen beziehen. Abweichende Antworten können sich auch daraus ergeben, daß die Frage persönliche Ansichten mit umfaßt, bei denen man durchaus verschiedene Standpunkte einnehmen kann. Was aber ist zu tun, wenn der Widerspruch weder auf diesem noch auf jenem Wege erklärt werden kann? Dann ist es erforderlich, neue Erkundigungen einzuziehen, bis der zweifelhafte Punkt geklärt ist.

6. Interviews

Interviews sind im Grund mündliche Fragebogen — jedoch mit dem einen bedeutsamen Unterschied, daß jede Antwort benutzt werden kann, um eine Gegenfrage zur Klärung zu stellen. Abgesehen von diesem besonderen Aspekt gelten für Interviews dieselben Regeln wie für Fragebögen (oben 5).

7. Urkunden

a) *Zwecke.* — Urkunden können wie Fragebögen und Interviews dazu benutzt werden, um den Inhalt ausländischer Rechtsnormen oder Rechtsinstitute zu klären. So lassen sich die abstrakten Regeln des deutschen Rechts über die Eintragungen von Grundstücken im Grundbuch oder von Kaufleuten im Handelsregister durch Auszüge aus diesen Registern illustrieren. Diese Verwendung von Urkunden dient dazu, den Inhalt bestimmter Rechtsnormen zu beleuchten, klärt jedoch noch nicht ihre tatsächlichen Wirkungen; sie liegt daher außerhalb des Rahmens dieses Beitrages.

Urkunden können aber auch die tatsächliche Verwirklichung bestimmter Rechtsnormen illustrieren. So ist es heute in vielen Ländern unrealistisch, die gesetzlichen Regeln des Vertragsrechts darzustellen, wenn man dabei den Umstand übergeht, daß in bestimmten Geschäftsbereichen alle oder die meisten Verträge auf der Grundlage von Allgemeinen Geschäftsbedingungen abgeschlossen werden. Der volle Wortlaut von typischen Vertragsmustern oder Vertragsklauseln, von typischen Grundstückverträgen oder Gesellschaftsstatuten sind oft wesentlich bedeutsamer als die kurzen und nachgiebigen Regeln des Gesetzesrechts. Solche Muster illustrieren die praktische Bedeutung des Rechts und sind deshalb für die Erkenntnis des lebenden Rechts unentbehrlich.

b) *Auswahl.* — Die richtige Auswahl von Urkunden wird oft nur mit Hilfe des Rates von Sachverständigen des betreffenden Landes möglich sein. Eine Beratung ist namentlich hinsichtlich zweier Punkte erforderlich: welche Urkunden sind typisch? Und wann, wie oft und durch wen werden sie benutzt? Es versteht sich, daß diese letzten Angaben unentbehrlich sind, um die tatsächliche Rolle zu bestimmen, welche die Urkunden in dem ausländischen Rechtssystem spielen.

8. Bewertung der verschiedenen Methoden

Abschließend sei versucht, die jeweiligen Vorzüge der vier Methoden rechtssoziologischer Untersuchung hervorzuheben, die wir oben vorgestellt haben.

(Verläßliche) Statistiken sind gewiß der beste Indikator des zahlenmäßigen Volumens bestimmter rechtlicher Phänomene. Ihr Nutzen beschränkt sich jedoch im Normalfall auf diejenigen Rechtstatsachen, die in sämtlichen oder doch den meisten untersuchten fremden Rechtsordnungen bereits erhoben worden sind. Die Verwertung von Statistiken setzt ferner voraus, daß die in verschiedenen Ländern erhobenen Werte vergleichbar sind. Und eine Grenze der Statistik liegt darin, daß sie nicht Kausalzusammenhänge erklärt.

Fragebögen und Interviews unterliegen einem stärkeren subjektiven Einfluß. Andererseits kann eine weit größere Zahl von Fragen gestellt werden, insbesondere solche nach den Ursachen bestimmter Rechtsregeln und ihren Wirkungen. Das Interview als „lebender" Fragebogen führt zu besseren Ergebnissen als ein schriftlicher Fragebogen. Jedoch werden komplizierte Fragen oder solche, deren Beantwortung einiges Nachdenken bzw. Nachforschungen erfordert, besser schriftlich gestellt.

Der Wert von Urkunden hängt von Angaben über die Häufigkeit ihrer Verwendung ab.

Aus dieser Stellungnahme zu den verschiedenen Methoden rechtssoziologischer Untersuchung ist zu folgern: jede der erwähnten Methoden hat ihre besonderen Vorzüge und Grenzen. Keine schließt die andere aus. Im Gegenteil: da jede Methode besondere Bedürfnisse befriedigt, läßt sich die Fülle des lebenden Rechts nur durch parallele Verwendung aller vier Methoden einfangen.

SOZIOLOGISCHE METHODEN IN DER RECHTSVERGLEICHUNG

Von Radomir Lukić*

Das Referat behandelt zunächst die Länderberichte, deren wesentlicher Inhalt kurz dargestellt wird. Dann werde ich versuchen, die Probleme zusammenzustellen, die gelöst werden müssen. Zuletzt werde ich zu den möglichen Problemlösungen Stellung nehmen.

I.

Zehn Länderberichte sind eingegangen. Sie werden in der alphabetischen Reihenfolge ihrer Autoren vorgestellt.

1. *Bericht von Henri Buch* (Conseiller d'Etat, Professor an der Freien Universität Brüssel)[1]

Das Referat ist als Länderbericht für Belgien ausgewiesen. Der Autor hat ausführlich beschrieben, wie sich die vom Generalreferenten angesprochenen Probleme in Belgien darstellen. Vor der Erörterung dieser Probleme befaßt er sich mit der Geschichte der Rechtssoziologie in Belgien. Er stellt fest, daß dem ausländischen Recht, obwohl nicht Recht *stricto sensu,* seit jeher lebhaftes Interesse gegolten habe. Das gelte insbesondere für das französische Recht, das das belgische Recht stark beeinflußt habe.

Zu Beginn seiner Ausführungen zur Sache geht es dem Berichterstatter darum zu erklären, was in der belgischen Rechtsvergleichung unter soziologischer Forschung verstanden wird. Zunächst definiert er den Begriff der „Soziologie", dann — unter Hinweis auf Rolin, Cornil und Jorion — den der Rechtssoziologie. Der Verfasser selbst definiert danach den Zweck rechtssoziologischer Forschung in der Rechtsvergleichung wie folgt: „Gegenstand soziologischer Forschung in der Rechtsvergleichung ist die im gegebenen rechtlichen Rahmen durchzufüh-

* Les méthodes de recherche sociologique en Droit comparé. Generalbericht, erstattet auf dem VIII. Internationalen Kongress für Rechtsvergleichung 1970 in Pescara. Teil III wird in der überarbeiteten Fassung wiedergegeben, welche der Verfasser in dem von Mario Rotondi herausgegebenen Sammelband Buts et méthodes du droit comparé (Inchieste di diritto comparato no. 2) (1973) 453 - 463, veröffentlicht hat. Übersetzung von Christa Heining.

[1] Bericht veröffentlicht in Rapports belges au VIIIe Congrès international de droit comparé (1970) 115 - 138.

rende Analyse der sozialen Beweggründe einer solchen Studie und die Analyse der das Recht erzeugenden und erhaltenden Bedingungen, die den Gegenstand der Studie hervorbringen."

Zum Verhältnis der soziologischen Forschung zur sogenannten „reinen" Rechtswissenschaft stellt der Autor fest, daß Soziologie und Recht eng miteinander verknüpft seien. Heutzutage gebe es wohl kaum einen Juristen, der nicht den Wert soziologischer Forschung für die Rechtswissenschaft anerkenne.

Danach stellt der Autor die geschichtliche Entwicklung rechtssoziologischer Forschungen in Belgien dar, die mit Laurent und Giron beginnt und bis zu Dabin, de Page, Dupréel und Haesaert reicht.

Am Anfang der eigentlichen Untersuchung über soziologische Methoden in der Rechtsvergleichung bestimmt der Autor den Forschungsgegenstand folgendermaßen: „Welche Schritte sind notwendig, um von der allgemeinen Benutzung *formeller* Quellen zu den *realen* Quellen, d. h. zu den sozialen Beziehungen vorzudringen, die, wenn sie ausreichend gereift und generalisiert sind, mittels formeller Quellen zur Ausbildung von Rechtsregeln führen?" Er räumt ein, daß dieses Problem von der belgischen Wissenschaft noch nicht behandelt worden ist. Der Verknüpfung der juristischen Institutionen mit den sozialen Gegebenheiten und Zielen mißt der Autor große Bedeutung bei. Die Bearbeitung dieses Gebietes falle jedoch eher in den Bereich der politischen Philosophie als in den der Soziologie. Das Ziel soziologischer Forschungen in der Rechtsvergleichung erläutert er an Hand eines Zitats von Lambert. Dieser bezieht sich auf den Universalismus der Rechtswissenschaft und auf die Tendenz zur Vereinheitlichung des Rechts unter dem Druck entsprechender Faktoren. Zum Wert der soziologischen Forschung in der Rechtsvergleichung weist der Berichterstatter besonders auf ihre Bedeutung für den Gesetzgeber hin.

Abschließend wendet sich der Autor technischen Problemen bei soziologischen Forschungen in der belgischen Rechtsvergleichung zu. Er stellt fest, daß die allgemeinen soziologischen Methoden in der Rechtsvergleichung nicht angewandt werden, wohl aber in verschiedenen anderen Zweigen des belgischen Rechts. Der Bericht schließt mit der Bemerkung, die Rechtssoziologie sei zwar wichtig, man müsse jedoch die Besonderheiten des Rechts beachten.

2. *Bericht von F. S. M. Feldbrugge* (Professor an der Universität Leiden)[2]

Dieser Bericht ist in zwei Teile gegliedert. Im ersten Teil wird die Rechtsvergleichung allgemein dargestellt, um zu bestimmen, was man

[2] Bericht veröffentlicht in Netherlands Reports to the VIIIth International Congress of Comparative Law, Pescara 1970 (1970) 61 - 71. Eine überarbei-

und warum man vergleicht. Der zweite Teil stellt den Beitrag der Soziologie zur Lösung der Aufgaben der Rechtsvergleichung dar.

Einleitend bemerkt der Autor, daß die Begriffe „Rechtsvergleichung", „Soziologische Methoden" sowie das verbindende „in" geklärt werden müßten. Man könne fragen, ob und wie man diese Methoden in der Rechtsvergleichung anwende und welchen Wert diese Anwendung habe.

In seinen Ausführungen zum Vergleich in der Rechtsvergleichung vertritt der Autor die Ansicht, man dürfe nicht nur das Recht *stricto sensu* vergleichen, sondern man müsse auch seinen gesamten sozialen Kontext in die Vergleichung einbeziehen. Die Rechtsvergleichung habe nicht nur den Fortschritt der Wissenschaft im Auge, sondern sie sei auch praktisch ausgerichtet. Sie könne den Gesetzgeber bei der Verbesserung des Rechts unterstützen, da sie die Bedingungen für die Verwirklichung des Rechts besser kenne als er. Daneben könne sie auch dem Richter behilflich sein, wenn es darum gehe, eine gerechte Lösung zu finden, die praktikabel und daher geeignet ist, den Streit der Parteien zu beenden.

Zur Bestimmung des Beitrages der Soziologie zur Rechtsvergleichung möchte der Autor zunächst die Beziehung zwischen der Rechtssoziologie und der Rechtsvergleichung klären. Er meint, die Rechtsvergleichung sei mit der auf akademischem Niveau betriebenen Rechtssoziologie identisch, da die Erklärung der Unterschiede zwischen den Rechtsordnungen ohne Hilfe der Soziologie nicht möglich sei. Die Soziologie erleichtere es Gesetzgeber und Justiz, ihre Aufgaben zu bewältigen.

Am Ende seines Berichtes wendet sich der Autor den soziologischen Methoden in der Rechtsvergleichung zu. Er unterscheidet zwischen den eher abstrakten Forschungsmethoden und den konkreteren Untersuchungstechniken. Als Methoden kommen zum Beispiel die funktionale Analyse von Institutionen, die Konstruktion von Typologien und „soziale Feldstudien" in Betracht. Als Techniken können das Studium von Urkunden, die Beobachtung, das Interview, etc. ... angesehen werden. Vom akademischen Standpunkt aus scheine der funktionalen Analyse besondere Bedeutung zuzukommen. Sie decke die Funktion der juristischen Institutionen auf und könne Auskunft darüber geben, welche Institutionen in den verschiedenen Rechtsordnungen dieselbe Funktion erfüllten. Dasselbe gelte für die sozialkulturelle Studie der juristischen Institutionen in unterschiedlichen Rechtsordnungen. Die Verwendung der Institutionen werde durch „Feldstudien" erforscht. Die funktionale Analyse stelle eine hypothetische Beschreibung dar,

---

tete Fassung ist in Rotondi, Buts et méthodes du droit comparé (oben * Anm.) 211 - 224 erschienen.

die vom Gesetzgeber überprüft werden müsse. Dieser profitiere von diesen Analysen, weil er Fehler vermeiden könne, die andere vor ihm begangen hätten.

Der Bericht kommt zu dem Schluß, daß die soziologischen Methoden in der Rechtsvergleichung angewandt werden müssen.

3. *Bericht von Jerome Hall* (Professor an der Indiana Universität)[3]

Einleitend meint der Autor, daß zwischen der Anwendung soziologischer Methoden in der Rechtsvergleichung und der Anwendung soziologischer Methoden im allgemeinen Recht kein Unterschied bestehe und daß deshalb die Rechtssoziologie von der Soziologie in der Rechtsvergleichung nicht zu trennen sei. Jedoch könnten Forschungsmethoden nicht die schöpferische Phantasie der Forscher ersetzen.

Darauf werden die in den USA vertretenen Theorien zur Rechtssoziologie dargestellt. Der Verfasser behandelt die Theorien der amerikanischen Realisten Holmes und Pound, insbesondere auch seine eigene in „Theft, Law and Society", sowie die Theorien von Llewellyn und Hoebel in „The Cheyenne Way" und schließlich die Theorie von Lasswell und MacDougal. Da sich diese Theorien auf das Recht im allgemeinen beziehen und nicht speziell auf die Rechtsvergleichung, soll auf die Darstellung des Autors hier nicht näher eingegangen werden.

Für die soziologische Forschung in der Rechtsvergleichung zieht der Verfasser im wesentlichen folgende Schlüsse: Die Rechtsvergleichung sei im Bereich zwischen der Rechtsgeschichte und einer ausschließlich allgemeine Grundsätze verkündenden Wissenschaft angesiedelt: sie sei abstrakter als erstere und konkreter als letztere. Die zu vergleichenden Fakten müßten vergleichbar sein, d. h. sie dürften nicht zu ähnlich, aber auch nicht zu verschieden sein. Die Rechtsvergleicher könnten einen Beitrag zur Rechtssoziologie leisten, indem sie ihr die allgemeinen Begriffe liefern, die die verschiedenen juristischen und sozialen Aktionen und Transaktionen kennzeichnen.

4. *Bericht von Ulrich Häfelin* (Professor an der Universität Zürich): Das Soziologische Element in der rechtsvergleichenden Methode[4]

Der Autor erörtert zunächst die Rechtsvergleichung im allgemeinen. Er bestimmt ihren Gegenstand, ihre Aufgabe und ihre Ziele, die theoretischer und praktischer Natur seien. (Der Autor ist gegen die Tendenz, mit Hilfe der Vergleichung die allgemeinen Gesetze der Rechtsentwicklung aufzudecken.)

---

[3] Bericht veröffentlicht in Legal Thought in the United States of America Under Contemporary Pressures (1970) 149 - 169.

[4] Bericht veröffentlicht in Recueil de travaux suisses présenté au VIIIe Congrès international de droit comparé (1970) 87 - 107.

Dann erläutert er die allgemeinen Methoden der Rechtsvergleichung. Dabei hebt er besonders hervor, daß auch die Verwirklichung der Rechtsregeln zu beachten sei. Mit ihr sei die Erforschung der Funktion des Rechts, die funktionale Methode verbunden. Hier ergebe sich auch die Frage nach dem „soziologischen“ Element in der Rechtsvergleichung, da die soziale Grundlage und die soziale Funktion einer Rechtsordnung Fakten seien, die von der Soziologie erforscht würden. Aus diesem Grund könne man auch von einer Ähnlichkeit von Rechtsvergleichung und Rechtssoziologie sprechen, ohne daß damit jedoch eine Vermischung gemeint sei. Denn der primäre Gegenstand der Rechtsvergleichung, die Vergleichung von Rechtsnormen, bleibe juristischer Natur. Die soziologische Methode sei dagegen sekundär, da sie nur dazu diene, rechtsvergleichende Ergebnisse besser zu erklären.

Sodann beschreibt der Autor, in welcher Weise die Rechtssoziologie in die Rechtsvergleichung einbezogen wird. Ohne die Rechtssoziologie könne man das positive Recht nicht erklären, da es von der Sozialordnung abhänge, aus der heraus es geschaffen worden sei und auf die es einwirke. Obwohl es sehr schwer sein werde, die bisher vorliegenden Hypothesen zu beweisen, könne die Funktion, die Fortbildung und die Anwendung des Rechts nicht ohne die Soziologie erforscht werden. Natürlich trage die Soziologie nicht auf allen Rechtsgebieten gleichmäßig zur besseren Erkenntnis bei. Sie verstärke jedoch den empirischen Charakter der Rechtsvergleichung und lasse am Wert von Theorien zweifeln, die die Existenz allgemeiner Gesetze der Rechtsentwicklung postulierten. Durch sie würden auch die Theorien über eine Weltkultur und ein Weltrecht in Frage gestellt. Sie beschränke das Feld der Rechtsvergleichung, da sie nicht nur fundierte Kenntnisse über die Gesetzestexte, sondern auch über die sozialen Bedingungen voraussetze. Sie liefere zudem mit der Aufdeckung der sozialen und kulturellen Grundlagen die Erklärung für die Unterschiede zwischen den Rechtsordnungen und ermögliche so deren rationale Bewertung.

5. *Bericht von P. Kalensky* (Institut der Rechtswissenschaften, Prag)[5]

Dieser Bericht besteht aus zwei Teilen. Im ersten Teil werden die Begriffe Rechtsvergleichung und Rechtssoziologie definiert. Der zweite Teil behandelt die Anwendung soziologischer Methoden in der Rechtsvergleichung.

Zwei Auffassungen über die Bedeutung der Rechtsvergleichung stehen einander gegenüber. Nach der einen Auffassung ist die Rechtsvergleichung ein selbständiger Zweig der Rechtswissenschaft (universalistische Tendenz), nach der anderen handelt es sich lediglich um eine

[5] Bericht veröffentlicht in Travaux de droit comparé no. 2 (1970) 1 - 20.

juristische Methode (Positivismus). Daneben bestehen Tendenzen, Rechtsvergleichung und Rechtssoziologie zu vermischen.

Die Definition der Rechtssoziologie stößt deshalb auf Schwierigkeiten, weil es eine spekulative, zur Philosophie tendierende Soziologie und eine empirische, den Naturwissenschaften zuneigende Soziologie gibt. Dennoch hat die Rechtssoziologie — insbesondere vom marxistischen Standpunkt aus — für die Kenntnis des Rechts im allgemeinen und für die der Rechtsvergleichung im besonderen große Bedeutung.

Zur Anwendung soziologischer Methoden in der Rechtsvergleichung betont der Autor, man könne von einer Beziehung zwischen Rechtsvergleichung und Soziologie — beziehungsweise soziologischen Methoden — nur dann sprechen, wenn man die Rechtsvergleichung als unabhängige Wissenschaft auffasse. Verstehe man sie dagegen als einfache Methode, so gebe es lediglich ein Nebeneinander zweier rechtswissenschaftlicher Methoden, nämlich die vergleichende und die soziologische.

Die soziologische Methode hilft den Gegenstand der Vergleichung in der Rechtsvergleichung zu bestimmen. *Tertium comparationis* sei nicht bloß eine rechtliche Institution, sondern ihr realer sozialer Gehalt. Dieser Gehalt ist insbesondere bei der Vergleichung von sozialistischen und kapitalistischen Rechtsordnungen zu beachten. Der Autor schließt mit der Forderung, man dürfe nicht nur den Wortlaut der Rechtsnormen vergleichen. Vielmehr müssen auch ihre Funktionen in der Gesellschaft und die sozialen Beziehungen, die sie regeln, in die Untersuchung einbezogen werden, da im Wortlaut identische Normen sehr unterschiedliche soziale Funktionen erfüllen können. Nur so dringt man von der Oberfläche des zu erforschenden Phänomens zu seinem Wesenskern vor. Hierzu trägt die Anwendung von soziologischer Analyse und Synthese, von Induktion und Deduktion bei. Induktion und Deduktion sind sowohl im kontinentalen als auch im angelsächsischen Recht anzuwenden; es ist falsch, die Induktion dem angelsächsischen und die Deduktion dem kontinentalen Recht vorzubehalten. Dagegen sind Experimente in der Rechtsvergleichung nur schwer vorstellbar.

6. *Bericht von José Luís Estevez* (Zentraluniversität von Venezuela, Caracas)[6]

Der Bericht ist in sechs Teile gegliedert. Im ersten Teil untersucht der Autor, ob soziologische Methoden in der Rechtsvergleichung angewandt werden. Er stellt diese Frage in dem weiteren Zusammenhang des Problems, ob es juristische Tatsachen gibt, die nur mit soziologischen Methoden erfaßt werden können.

---

[6] Bericht veröffentlicht in La investigación científica y su propedeutica en el Derecho (1972) 169 - 219.

Anschließend stellt er knapp die beiden entgegengesetzten Theorien dar, die sich mit diesem Problem befassen. Nach der Lehre des Normativismus sei das Recht das, was sein soll, und könne daher nicht durch die Soziologie erforscht werden. Nach der soziologischen Rechtslehre sei das Recht ein sozialer Sachverhalt und könne daher nur mit Hilfe der Soziologie erschlossen werden.

Im dritten Teil unterzieht der Autor die Lehre des Normativismus einer gründlichen Kritik. Er weist nach, daß sich das Recht nicht aus Normen beliebigen Inhalts zusammensetzt, sondern aus Normen, deren Inhalt durch objektive Gesetze festgelegt ist. Da die Normen richtig oder falsch sein könnten und sich nicht mit den sozialen Gegebenheiten deckten, könne auch die soziologische Rechtsauffassung nicht anerkannt werden.

Im vierten Teil weist der Autor ausführlich nach, daß das Recht in seiner Funktion als Regulator gesellschaftlicher Kooperation nicht als eine bloße Aufreihung von Normen verstanden werden dürfe. Vielmehr müsse man es als ein in Bewegung befindliches, soziales Gebilde auffassen, das aus Plänen und deren fortwährender Verwirklichung im Sinne der Vervollkommnung bestehe, als eine mit Leben erfüllte Norm, die unser Zusammenleben ermögliche. Das Recht bestehe daher aus vier Elementen. Eines der Elemente sei deontologischer, die restlichen drei sozialer Natur: einerseits das natürliche Substrat; andererseits der Zweck, das zu seiner Verwirklichung notwendige rechtspolitische Handeln und die sozialen Reaktionen darauf. Um diese drei sozialen Elemente zu erforschen, müsse die Soziologie angewandt werden.

In Teil V stellt der Autor die voluntaristische und die intellektuelle Auffassung von der Rechtspolitik vor. Er kritisiert sie zugleich, indem er aufzeigt, daß das Recht auf Tatsachen basieren muß, um verwirklicht werden zu können.

Im letzten Teil vertritt der Autor folgerichtig die Auffassung, daß es ideal wäre, wenn man mit neuem Recht vor seinem Inkrafttreten experimentieren könnte. Die soziologischen Methoden seien für das Recht wichtig, denn die Norm könne als statistische Wahrscheinlichkeitsregel aufgefaßt werden, als Ergebnis der Beobachtung menschlichen Verhaltens in der Gesellschaft, und nicht als kausale Determinante. Aus diesem Grund basiere die Rechtspolitik auf der Rechtssoziologie. Die Schlußfolgerung des Autors geht dahin, daß die Rechtsvergleichung als lebendiges Laboratorium des Rechts verstanden werden müsse, da sie so etwas wie ein Rechtsexperiment ermögliche. Da sie den Wirkungsgrad von Rechtsinstitutionen verschiedener Länder bestimmen könne, müsse sie als Methode aufgefaßt werden.

7. *Bericht von Recasens Siches* (Freie Nationale Universität von Mexiko, Mexiko)[7]

Der Bericht behandelt acht verschiedene Fragen.

a) *Gründe für die Anwendung soziologischer Lehren und Methoden in der Rechtsvergleichung.* — In der Rechtsvergleichung sind zwei soziologische Untersuchungen erforderlich. Erforscht werden müssen die sozialen Grundlagen der Normen und ihre sozialen Wirkungen (ihre Wirksamkeit). Da das Recht kein System reiner Normen, sondern ein soziales Instrument zur Verwirklichung von Werten ist, sind logisch-mathematische Methoden für seine Erforschung nicht geeignet.

b) *Die dreidimensionale Beschaffenheit des Recht.* — Als soziales Instrument ist das Recht dreidimensional. Es ist normativ (imperativ, verbindlich), es verfügt über eine soziale Grundlage (die sozialen Bedürfnisse) und es zielt darauf ab, Werte zu verwirklichen. Diese drei Dimensionen sind so eng miteinander verbunden, daß jeder Bereich den anderen beeinflußt.

c) *Die Rechtswirklichkeit.* — Die Rechtswirklichkeit ist daher komplexer Natur. Sie umfaßt neben Tatsachen auch Ideen, Bedürfnisse, Werte und Bestrebungen. Zur vollkommenen Rechtsvergleichung gehört die Untersuchung zahlreicher sozialer Faktoren, so zum Beispiel die Erforschung des Rechtsbewußtseins, der biologischen und psychologischen Faktoren, der sozialen Strukturen außerhalb und innerhalb des Rechts, der politischen, ökonomischen, historischen, religiösen und rationalen Faktoren und des Wertempfindens.

d) *Die Ursachen und Ziele.* — Das Recht ist ein Mittel zur Verwirklichung des Zweckes, der ihm zugrunde liegt. Da Ursachen und Zweck des Rechts sozial bedingt sind, kann der Prozeß der Rechtssetzung und der Rechtsanwendung mit den Methoden der Soziologie analysiert werden. Auch bei der Rechtsvergleichung muß untersucht werden, wer das Bedürfnis hatte, neues Recht zu schaffen, wie sich dieses Bedürfnis ausdrückte und was das Bedürfnis verursacht hat. Die physischen und die sozialen Tatsachen müssen ebenso geprüft werden wie die Idealvorstellungen, die diesbezüglichen Werte, das Verhältnis zwischen dem Bewußtsein des Gesetzgebers und dem Bewußtsein der Gesellschaft, die neuen Auffassungen von der Gerechtigkeit, das ausländische Recht als mögliches Modell, und schließlich die Frage, ob der Gesetzgeber die möglichen Wirkungen der Normen im voraus bedenkt oder nicht. Der Autor hebt hervor, daß dies nur einige der Faktoren sind, die in der Rechtsvergleichung mit soziologischen Methoden untersucht werden können.

---

[7] Bericht veröffentlicht in Comunicaciones Mexicanas al VIII congreso Internacional de Derecho Comparado (1971) 75 - 91.

e) *Das Problem der Eigentümlichkeiten jeder konkreten Kulturregion.* — Auch wenn sich jede konkrete historische Kultur von den übrigen Kulturen unterscheidet, so kann man gleichwohl einen einheitlichen und gemeinsamen Zivilisationsprozeß feststellen. Es gibt auch bestimmte gemeinsame Rechtsinstitutionen.

f) *Weitere Angaben über soziologische Untersuchungen in der Rechtsvergleichung.* — Die Rechtsvergleichung muß folgende Fragen beantworten: Welche Grundsätze, Kriterien, Normen und Institutionen sind allen Menschen gemein und was verursacht diese Gemeinsamkeit? Welche Vorstellungen, Normen und Institutionen würden allen Völkern entsprechen und warum werden sie nicht von allen anerkannt? Inwieweit weichen die einzelnen Völker von den der Menschheit gemeinsamen Prinzipien und Normen ab? Welche Rechtsinstitutionen sind für verschiedene Kulturen charakteristisch und welche Gründe sind dafür maßgebend? Entsprechend *Northop* unterscheidet der Autor drei verschiedene Rechtstypen: das gefühlsmäßig erkannte Recht, das der Lebenswirklichkeit nachgebildete Recht und das Recht mit abstrakten und allgemeinen Normen. Er hebt hervor, daß die Rechtsauslegung zunehmend unter internationalen Aspekten betrieben wird.

g) *Die semantischen Dimensionen.* — Man muß das ausländische Recht in seinem sozialen Kontext sehen, um es richtig verstehen und gut übersetzen zu können.

h) *Die soziologische Untersuchung der (mehr oder weniger großen) Wirksamkeit oder der Unwirksamkeit einer Rechtsnorm.* — Man darf nicht nur Texte vergleichen, sondern man muß auch ihre Anwendung, das lebende Recht und die Ursachen für die Wirksamkeit oder Unwirksamkeit der Normen in die Vergleichung einbeziehen. Dasselbe gilt für die Bedingungen, unter denen der Normzweck erreicht wird, denn es ist durchaus möglich, daß trotz Anwendung der Norm ihr Zweck nicht erreicht wird.

8. *Bericht von François Terré* (Rechtswissenschaftliche Fakultät, Universität von Paris, Paris)[8]

Der Autor prüft zunächst den Beitrag der Rechtsvergleichung zur Rechtssoziologie. Er stellt fest, daß die Rechtsvergleicher oft Rechtssoziologie betrieben haben, ohne es zu wissen. Das beweise, daß die Soziologie in der Rechtsvergleichung notwendig sei, um die Übereinstimmungen und Unterschiede zwischen den verschiedenen Rechtssystemen fundiert nachweisen zu können. Soziale Faktoren spielten bei der Rechtsschöpfung und bei der Rechtsanwendung eine Rolle. Dabei

[8] Bericht veröffentlicht in Etudes de droit contemporain (Travaux et recherches de l'Institut de Droit Comparé de Paris XXXIII, 1970) 41 - 51.

käme es nicht darauf an, ob das Recht aus dem Ausland rezipiert sei. Man müsse auch die Sozialpsychologie und den Volkscharakter beachten.

Dann befaßt sich der Autor mit der Frage, ob die Rechtssoziologie imstande sei, aus der Beschreibung von Tatsachen unmittelbar neue Normen zu entwickeln. In diesem Zusammenhang stellt er die methodologischen Auffassungen von *Durkheim* und *Weber* dar und behandelt das Problem der Unparteilichkeit des Juristen bei der Untersuchung inländischen oder ausländischen Rechts.

Zur Anwendung soziologischer Methoden in der Rechtswissenschaft meint der Autor, man solle sowohl die theoretische als auch die empirische Soziologie einsetzen. Die Rechtssoziologie habe keine eigenen Methoden entwickelt. Danach befaßt er sich mit der Beziehung zwischen Rechtsgeschichte und Rechtssoziologie. Es könne auch für die Rechtsvergleichung von Nutzen sein, daß die Rechtssoziologie, die von den allgemeinen Methoden der Soziologie ausgehe, diese ihrem jeweiligen Gegenstand anpassen müsse. Besondere Bedeutung für Rechtssoziologie und Rechtsvergleichung hätten alle Schriftstücke und deren Analyse, insbesondere auch der Rechtsprechung. Zum Schluß berichtet er über Erhebungen, insbesondere Befragungen von Juristen und Meinungsumfragen.

9. *Bericht von Zoltán Péteri* (Institut für Rechts- und Verwaltungswissenschaften, Budapest)[9]

Dieser Bericht besteht aus drei Teilen.

Der erste befaßt sich mit methodologischen Problemen der heutigen Rechtsvergleichung. Insbesondere wird die Berücksichtigung sozialer Gesichtspunkte in der Rechtsvergleichung erörtert. Der Autor unterstreicht, daß sich die moderne Rechtsvergleichung gewandelt habe. Sie richte sich heute mehr nach den praktischen Bedürfnissen als nach Theorien. Sie neige dazu, das Recht in seinem sozialen Zusammenhang unter dem Blickwinkel seiner sozialen Funktion zu erfassen. Besonders die wirtschaftlichen Zusammenschlüsse in der heutigen Welt erforderten rechtsvergleichende Studien, die darauf abzielten, Regeln zu finden, welche die neuen Aufgaben am besten bewältigen könnten. Die Entstehung der sozialistischen Rechtsordnungen, insbesondere nach dem Zweiten Weltkrieg, habe das Bedürfnis nach soziologischen Untersuchungen verstärkt. Denn das sozialistische Recht habe, auch wenn es bei einer positivistischen Betrachtungsweise mit den bürgerlichen Rechtsordnungen identisch zu sein scheine, eine gänzlich andere soziale Funktion als diese.

[9] Bericht veröffentlicht in Droit Hongrois — Droit Comparé / Hungarian Law — Comparative Law (1970) 75 - 94.

Im zweiten Teil untersucht der Autor zunächst die Bedeutung soziologischer Untersuchungen im sozialistischen Recht. Obwohl sie für das marxistische Verständnis des Rechts unerläßlich seien, hätten solche Forschungen in der sozialistischen Rechtswissenschaft keinen hohen Entwicklungsstand erreicht, da diese selbst früher stark von der dogmatischen Methode beeinflußt worden sei. Heute entwickle sich die Soziologie dagegen schnell. Dasselbe gelte für die bürgerliche Rechtswissenschaft und für die Rechtsvergleichung. Das dürfe jedoch nicht dazu führen, die dogmatisch-normativen Methoden zu verwerfen; beide Richtungen seien zur vollständigen Erfassung des Rechts notwendig. Die methodologische Vielfalt ermögliche es darüber hinaus, den Beitrag der verschiedenen Rechtsordnungen zum sozialen Fortschritt objektiv zu bewerten. Andererseits seien soziologische Untersuchungen im Recht schon durchgeführt worden, bevor noch die konkreten soziologischen Methoden als moderne Errungenschaften angewandt worden seien. Mangels Erfahrung auf diesem Gebiet stoße die Anwendung dieser Methoden auf Schwierigkeiten. Man könne sie auf zweierlei Weise anwenden. Die rein soziologische Anwendung führe zur übermäßigen Ansammlung von Material. Die mehr juristisch ausgerichtete Anwendung prüfe die Rechtsbegriffe unter soziologischen Gesichtspunkten; das sei jedoch schwer zu realisieren.

Der dritte Teil enthält die Schlußfolgerungen. Die Soziologie könne mit vollem Erfolg nur zum Studium von Rechtsordnungen beitragen, die unter gleichen soziologisch-ökonomischen Bedingungen existierten. Bei der Erforschung von Rechtsordnungen verschiedener Prägung könne die Soziologie zwar zur besseren Erfassung der Rechtsordnungen führen, nicht jedoch zur wechselseitigen Befruchtung und Verbesserung.

10. *Bericht von Ulrich Drobnig* (Max-Planck-Institut für ausländisches und internationales Privatrecht, Hamburg)[10]

Der Autor (dieses nachträglich eingegangenen Berichts) vertritt die Auffassung, soziologische Methoden in der Rechtsvergleichung seien alle Methoden, die geeignet seien, das lebende Recht — im Gegensatz zum Recht aus den Büchern — zu erforschen. Hinzu komme die Erforschung der Ursachen und Wirkungen der Unterschiede zwischen den nationalen Rechtsordnungen. Ohne die Anwendung soziologischer Methoden könne ausländisches Recht nicht hinreichend erforscht werden.

Zur Frage der soziologischen Forschungsmethoden stellt der Autor fest, daß es in Deutschland nur sehr wenige Arbeiten über dieses Problem gebe. Er beschränkt sich auf die Darstellung seiner eigenen Er-

[10] Bericht veröffentlicht in Rabels Zeitschrift für ausländisches und internationales Privatrecht 35 (1971) 496 - 504, und oben S. 91 ff.

fahrungen in der Rechtsvergleichung auf dem Gebiet des Privat- und Handelsrechts. Für seine Arbeiten habe er Statistiken, Fragebögen, Interviews und Urkunden benutzt. Er berichtet über die Anwendung dieser Methoden, über die dabei aufgetretenen Schwierigkeiten und über die Ergebnisse, deren Wert er beurteilt. Er schließt mit der Folgerung, daß jede dieser Methoden ihren Wert habe, da mit jeder spezifische Ergebnisse erzielt werden könnten, die für eine vertiefte rechtsvergleichende Forschung unerläßlich seien.

II.

Die vorgestellten Berichte enthalten eine Fülle von Gedanken zum Thema. Es ist jedoch festzustellen, daß sich die Berichterstatter mehr mit den allgemeinen Problemen befaßt haben, die mit dem besonderen und zentralen Problem der Anwendung soziologischer Methoden in der Rechtsvergleichung zusammenhängen, als mit diesem Problem selbst. Das ist allerdings verständlich. Dieses besondere Problem kann nicht gelöst werden, ohne daß die Lösungen der allgemeinen Probleme, wie zum Beispiel die Definition der Begriffe Rechtsvergleichung, Rechtssoziologie, soziologische Methoden, Wesen des Rechts etc. in Betracht gezogen werden. Es wäre jedoch sehr wünschenswert gewesen, mehr über das besondere Problem, den eigentlichen Gegenstand der Erörterungen, zu erfahren. So aber befaßte sich die Hälfte der Berichte zum überwiegenden Teil mit der Darstellung allgemeiner Probleme *(Buch, Hall, Estevez, Recasens Siches)*, während ihr der Rest zumindest die Hälfte widmete. Auch die Partien der Berichte, die sich direkt mit den soziologischen Methoden in der Rechtsvergleichung befassen, gehen nur wenig oder gar nicht auf die bei der praktischen Anwendung auftretenden technischen Probleme ein. Die sehr interessanten und wichtigen Darlegungen zu den allgemeinen Problemen wurden deshalb hier nicht ausführlich wiedergegeben, da die Abschnitte der Berichte hervorgehoben werden sollten, die sich auf das spezifische Problem der soziologischen Methoden in der Rechtsvergleichung beziehen.

Überblickt man jedoch sämtliche Berichte, so sind nahezu alle wichtigen Probleme, die sich bei der Anwendung der soziologischen Methoden in der Rechtsvergleichung ergeben können, zumindest gestreift, wenn nicht sogar in vollem Umfang abgehandelt worden. So sind nicht nur alle die Probleme erörtert worden, die im Schema des Generalreferenten aufgeführt worden waren, sondern darüber hinaus wurden weitere erwähnt. Folglich geben die Berichte insgesamt einen allgemeinen Überblick über die wissenschaftlichen Untersuchungen zum Problem der soziologischen Methoden in der Rechtsvergleichung. Wahrscheinlich kann man von Berichten über ein bisher so wenig erforschtes Problem nicht mehr verlangen.

Unter Einbeziehung der Ergebnisse aus den Berichten und des am Anfang aufgestellten Schemas können meines Erachtens die Probleme in der folgenden „endgültigen“ Reihenfolge behandelt werden.

Bevor man den Begriff der soziologischen Methode definieren kann, muß man den Ausgangspunkt bestimmen. Man muß also zum Problem der Natur oder des Wesens des Rechts Stellung nehmen. Nur so kann man feststellen, ob das Recht bestimmte Elemente oder Seiten hat, die mit soziologischen Methoden erforscht werden können und müssen.

Dann erst taucht das Problem auf, die Soziologie und ihre Methoden zu definieren, zu klassifizieren und ihre Anwendungsmöglichkeiten zu prüfen.

Anschließend ist das Problem zu lösen, die Rechtsvergleichung zu definieren.

Nach der Lösung dieser Vorfragen stellen sich die eigentlichen Probleme. Hier muß man — wie im zitierten Schema — die allgemeinen Probleme von den technischen Problemen *stricto sensu* unterscheiden.

Das erste allgemeine Problem besteht darin, genau zu definieren, was soziologische Methoden in der Rechtsvergleichung sind. Man muß also ihren Gegenstand und ihre Ergebnisse bestimmen, die mehr oder weniger weit aufgefaßt werden können. Dabei kann die Geschichte der Anwendung soziologischer Methoden von Nutzen sein.

Das nächste Problem ist die Bewertung der soziologischen Methoden für die Rechtsvergleichung, besonders im Vergleich zu anderen möglichen Methoden.

Schließlich muß man vorausschauen und zu bestimmen versuchen, welche Zukunft soziologische Methoden in der Rechtsvergleichung haben werden.

Die technischen Probleme beziehen sich auf jede einzelne soziologische Methode. Zu ihnen zählen auch Änderungen und Anpassungen, die notwendig sein mögen, um die Methoden in der Rechtsvergleichung einsetzen zu können.

Da viele Probleme genannt wurden, wird der Leser vergeblich auf die gründliche Behandlung aller Probleme warten. Meines Erachtens hat das Generalreferat nicht die Aufgabe, alle in Frage stehenden Probleme erschöpfend zu behandeln. Das wäre im übrigen auch nicht möglich. Hier sollen vielmehr die Resultate der Berichte zusammengefaßt und die vorgeschlagenen Lösungen dargelegt werden. Es soll auf mögliche Widersprüche hingewiesen und versucht werden, sie auszugleichen. Da das Generalreferat eher Anregungen geben soll, kann für eigene Thesen auf eine erschöpfende Begründung verzichtet werden.

III.

1. Das Recht kann nur dann mit soziologischen Methoden erforscht werden, wenn es sozusagen soziologische Elemente, d. h. Bestandteile enthält, die Gegenstand der soziologischen Forschung sind.

Tatsächlich kann man nach unserer Ansicht das Recht mit zwei ganz verschiedenen Hauptmethoden erforschen. Die eine Hauptmethode ist philosophischer Art. Sie erforscht das Recht, ohne unmittelbare Erfahrungen einzubeziehen. Das Recht kann unter vier philosophischen Aspekten untersucht werden, mit der jeweils geeigneten Methode: nämlich ontologisch, erkenntnistheoretisch, axiologisch und logisch-semantisch. Die andere Hauptmethode ist naturwissenschaftlich orientiert. Sie besteht in der Beobachtung und Deutung empirischer „positiver" Faktoren, die objektiv geprüft werden können.

Als empirisches und positives Faktum gesehen, erscheint das Recht zunächst als ein Normensystem, das dazu bestimmt ist, bestimmte Werte zu verwirklichen, also als eine geistige (oder — wenn man dies vorzieht — intellektuelle) Erscheinung. Der Normeninhalt besteht aus Ideen und Begriffen, die mit der dazu geeigneten normativen oder dogmatischen Methode erforscht werden. Diese für die Rechtswissenschaft klassische und spezifische Methode basiert auf der Logik, weil es darum geht, die genaue Bedeutung der Normen zu erforschen. Die Bedeutung ergibt sich aus den logisch-signifikanten Verbindungen der Begriffe, die die einfachsten Elemente der Norm darstellen.

Die normative Methode ist ebenso wissenschaftlich wie die anderen wissenschaftlichen Methoden, nämlich der kausalen, also der Natur- und Sozialwissenschaften. Dennoch werden in diesem Zusammenhang manchmal Zweifel laut. Diese Zweifel sind dann unberechtigt, wenn die Wissenschaft als ein System von Feststellungen verstanden wird, die objektiv (intersubjektiv) nachprüfbar sind. Obgleich die Norm das Verhalten beschreibt, das *sein soll*, bleibt sie doch ein Faktor der Welt, der *ist*, der objektiv besteht und objektiv — also wissenschaftlich — erfaßt werden kann.

Andererseits ist das Recht, besonders das positive Recht (der heutigen oder einer vergangenen Zeit), ein sozialer Faktor, da es einem bestimmten Raum, einer bestimmten Zeit und einer bestimmten Gesellschaft zugeordnet ist. Kurz, es ist eine reale Erscheinung und kann, wie alle vergleichbaren Faktoren, mit der gewöhnlich als kausal-explikativ bezeichneten Methode erforscht werden. Diese Methode beschreibt Faktoren einer bestimmten Zeit und eines bestimmten Raums und forscht nach den kausalen Verbindungen mit anderen Faktoren der gleichen Art. Das Recht als solches besteht nicht aus einzelnen, isolierten Normen, sondern aus Normen, die in einer Gesellschaft existieren. Es besteht also aus konkreten menschlichen Verhaltensweisen und sozialen Prozessen, die durch diese Verhaltensweisen hervorgerufen werden, und alles das hat bestimmte Ursachen und bestimmte Wirkungen sozialer und anderer Art. Das muß mit entsprechenden Methoden, vor allem mit soziologischen, dann psychologischen und möglicherweise auch noch anderen Methoden erforscht werden.

Obwohl diese beiden wissenschaftlichen Methoden zur Erforschung des Rechts sehr verschieden sind, sind sie in Wirklichkeit eng miteinander verknüpft. Denn um ein Recht soziologisch untersuchen zu können, muß sein wirklicher Inhalt bekannt sein. Umgekehrt ist das positive Recht Teil einer realen sozialen Welt, und die Bedeutung seiner Normen kann nur erfaßt werden, wenn diese reale Welt bekannt ist. Deshalb muß die normative Methode von der Soziologie (und der Psychologie) ergänzt werden.

Aus diesen Gründen ist die Soziologie zur Erforschung des Rechts im allgemeinen und damit auch in der Rechtsvergleichung unerläßlich.

2. Die Soziologie ist eine bisher wenig entwickelte Wissenschaft, deren Gegenstand und Methoden noch heftig diskutiert werden. Eine der strittigen Fragen ist das Verhältnis der sogenannten empirischen zur sogenannten theoretischen Soziologie.

Tatsächlich kann man beide nicht voneinander trennen. Das Verhältnis der beiden Theorien zueinander beeinflußt auch die soziologischen Methoden, bei denen man zwei Richtungen unterscheiden kann. Die eine ist theoretisch, die andere technisch ausgerichtet. Deshalb bezeichnet sich letztere selbst oft als „Technik".

Die theoretischen Methoden ziehen allgemeine soziologische Theorien zur Erforschung einzelner konkreter, sozialer Faktoren heran. Man stellt die Hypothese auf, daß die allgemeine Theorie auch für den konkreten, zu erforschenden Faktor gültig ist. Das Resultat kann positiv oder negativ für die allgemeine Theorie ausfallen. Wenn es negativ ist, muß die Theorie geändert werden. Auf diese Weise führt die Anwendung der funktionalen Theorie zur funktionalen Methode oder funktionalen Analyse; die Theorie des historischen Materialismus zur historisch-materialistischen (oder marxistischen) Methode; die Weber'sche Lehre von der „verstehenden" Soziologie zur verstehenden Methode, etc.

Andererseits können diese theoretischen Methoden als Methoden zur (theoretischen) Erklärung bezeichnet und den technischen Methoden gegenübergestellt werden, die als Methoden zur Beobachtung oder zur Erfassung von Faktoren bezeichnet werden können. Mit den theoretischen Methoden können die von den technischen Methoden zusammengetragenen und beschriebenen Faktoren erklärt werden.

Es gibt zahlreiche technische Methoden. Es handelt sich dabei um konkrete Mittel zur Beobachtung sozialer Faktoren, angefangen bei der Beobachtung *stricto sensu* bis hin zur Statistik und zum Experiment.

Zwischen diesen beiden Arten von Methoden gibt es eine dritte, gemischte Art. Gemeint sind die Methoden, mit denen man das mittels der technischen Methoden gesammelte Material aufbereiten kann, zum Beispiel Analyse und Synthese, Klassifikation, Konstruktion von Idealtypen, von Modellen etc. Der Einsatz dieser Methoden ist gewissermaßen der erste Schritt zur Erklärung der Faktoren durch die allgemeinen und theoretischen Methoden.

3. Bezüglich der Bestimmung der Rechtsvergleichung selbst, ihres Gegenstandes etc., werden viele unterschiedliche Ansichten vertreten. Die größte Divergenz besteht zwischen den Ansichten, die die Rechtsvergleichung als Methode begreifen, und denen, die sie als unabhängige Wissenschaft auffassen. Man denkt, daß von der Anwendung soziologischer Methoden nur dann die Rede sein kann, wenn die Rechtsvergleichung als Wissenschaft und nicht als Methode begriffen wird.

Unseres Erachtens handelt es sich hierbei nicht um einen Unterschied in der Sache, sondern lediglich in der Terminologie. Es kommt nicht so sehr darauf an, bestimmten Erscheinungen denselben Namen beizulegen, als vielmehr ihre Existenz zu bestätigen. Anders ausgedrückt: wichtig ist die Feststellung, daß man die Normen einer Rechtsordnung oder von zwei oder mehreren Rechtsordnungen untersuchen kann, indem man sie untereinander vergleicht oder daß man sogar die Normen aller bestehenden (oder aller früheren) Rechtsordnungen zur Vergleichung heranziehen kann. Wenn man so will, kann man die Vergleichung von zwei oder mehreren Rechten als Methode bezeichnen. Dagegen können die Ergebnisse, die man mit dieser Methode erzielt, die mit ihr erworbenen Kenntnisse offensichtlich nicht als Methode, sondern nur als Wissenschaft bezeichnet werden (oder als Teil einer Wissenschaft — nämlich der Rechtswissenschaft).

Umstritten ist auch, ob die Rechtsvergleichung allgemeine und umfassende Entwicklungsgesetze des Rechts formulieren kann und ob sie in der Lage ist, einen Beitrag zur Schaffung eines Weltrechts zu leisten. Unseres Erachtens darf die Rechtsvergleichung diese von ihr zu bewältigende größte Aufgabe nicht vernachlässigen, jedoch sind wir weit davon entfernt, sie zu lösen. Es ist einfacher, die Elemente zusammenzustellen, die allen Rechten gemeinsam sind, als festzulegen, wie ein vollkommenes Weltrecht beschaffen sein müßte. Unter anderem ist es ausgeschlossen, vom Seienden zum Sollen zu gelangen.

4. Wenn die soziologischen Methoden bei der Erforschung des Rechts im allgemeinen angewandt werden können und notwendigerweise angewandt werden müssen, ist kein Grund ersichtlich, warum sie nicht auch in der Rechtsvergleichung angewandt werden sollten. Denn der Forschungsgegenstand der Rechtsvergleichung ist im wesentlichen der gleiche wie in der sonstigen Rechtswissenschaft, eben das Recht. Der einzige Unterschied besteht darin, daß man in der Rechtsvergleichung zwei oder mehr Rechte nebeneinander erforscht. Alle Probleme, die die allgemeine Rechtswissenschaft mit den soziologischen Methoden untersucht, können ebensogut auch in der Rechtsvergleichung mit denselben Methoden erforscht werden. Wie wir sogleich sehen werden, sind die rechtssoziologischen Untersuchungen in der Rechtsvergleichung sogar noch umfangreicher.

Die Anwendung soziologischer Methoden in der Rechtsvergleichung wirft die Frage auf, in welcher Beziehung die Rechtsvergleichung und die Rechtssoziologie zueinander stehen. Dazu wird die Ansicht vertreten, daß das Ergebnis dieser Anwendung mehr oder weniger als Rechtssoziologie zu bezeichnen sei. Auch dieses Problem ist vorwiegend ein terminologisches. Man muß sich über die Definition der Begriffe Rechtsvergleichung und Rechtssoziologie einigen. Unseres Erachtens unterscheidet sich die Rechtsvergleichung von der Rechtssoziologie dadurch, daß jene die Rechtsnormen vergleicht, während die soziologische Untersuchung nur dazu dient, die Normen besser verstehen und erklären zu können. Die Rechtssoziologie verfolgt dagegen einen anderen Zweck. Sie zielt darauf ab, im Verhältnis von Recht und sozialen Erscheinungen allgemeingültige Gesetze aufzudecken. Folglich bleiben die in der Rechtsvergleichung mittels der soziologischen Untersuchungen gewonnenen Erkenntnisse im Bereich der Rechtsvergleichung, soweit sie dazu beitragen, die verglichenen Rechtsnormen besser zu erfassen. Dagegen gehören sie zur Rechtssoziologie, wenn sie zur Feststellung soziologischer Gesetzmäßigkeiten als solcher dienen. Der für die Rechtsvergleichung typische Gedankengang lautet: Das Recht X unterscheidet sich vom Recht Y durch die Besonderheit Z, die durch den sozialen Faktor A bestimmt ist. Der für die Rechtssoziologie typische Gedankengang lautet dagegen folgendermaßen: Der soziale Faktor A ist für die Besonderheit Z im (in jedem) Recht maßgebend. *Hall* gelangt in seinem Buch „Comparative Law and Social Theory“, in dem er die Rechtssoziologie ebenfalls als generalisierende Wissenschaft auffaßt, zu der Erkenntnis, daß die Rechtsvergleichung heute auf mittlerem Wege zwischen der Rechtssoziologie und der reinjuristischen Erforschung der Rechte und einzelner Rechtsinstitutionen stehe, da sie allgemeine Erkenntnisse beschränkter Geltung liefere. Dennoch schließt *Hall* die Möglichkeit nicht aus, daß Erkenntnisse von uneingeschränkter

Allgemeingültigkeit gewonnen werden können, die dann der Rechtssoziologie und nicht der Rechtsvergleichung zuzuordnen seien.

Die Zuordnung der Erkenntnisse, die mittels soziologischer Methoden bei der Vergleichung verschiedener Rechte gewonnen werden, zur Rechtsvergleichung oder zur Soziologie wird jedenfalls davon abhänggen, welcher Art die Erkenntnisse sind und welches Maß an Allgemeingültigkeit ihnen zukommt.

5. Versucht man, für dieses Problem eine systematische Lösung zu finden, kann man unseres Erachtens davon ausgehen, daß soziologische Untersuchungen in der Rechtsvergleichung grundsätzlich den gleichen Gegenstand betreffen wie in der sonstigen Rechtswissenschaft, jedoch mit bestimmten Änderungen und Erweiterungen.

Soziologische Untersuchungen in der Rechtsvergleichung verfolgen zwei Zwecke. Erstens sollen die Unterschiede (oder Ähnlichkeiten bzw. Übereinstimmung) verschiedener miteinander verglichener Rechte erklärt werden. (Hierdurch unterscheidet sich der Gegenstand der Rechtsvergleichung von dem der sonstigen Rechtswissenschaft. Er ist weiter, denn in der sonstigen Rechtswissenschaft werden nur bestimmte Züge einer einzigen Rechtsordnung erklärt.) Zweitens sollen die Unterschiede (oder Ähnlichkeiten) der sozialen und rechtlichen Prozesse der verschiedenen Rechtsordnungen beschrieben und erklärt werden, so der Prozeß des Bestehens, der Schaffung und der Anwendung des Rechts und die sozialen Wirkungen des Rechts. Die soziologischen Untersuchungen, die den ersten Zweck erreichen wollen, tragen zur normativen oder dogmatischen Rechtswissenschaft bei. Bei der Erfüllung der zweiten Zielsetzung wird die Basis für eine Rechtssoziologie geschaffen, die die Vergleichung aller Rechtsordnungen aller Völker und Zeiten umfaßt.

Folglich variiert der Gegenstand der soziologischen Untersuchungen in der Rechtsvergleichung sehr stark. Er umfaßt alle Probleme, die von der Rechtswissenschaft und der Soziologie untersucht werden, und seine Spannweite hängt von der Anzahl der miteinander verglichenen Rechte ab.

Da unseres Erachtens der erste Gegenstand der Untersuchung leicht zu verstehen ist, soll hier nur der zweite näher erörtert werden. Mit dem Prozeß des Bestehens des Rechts ist ein Prozeß sozialer Kommunikation zwischen dem Bewußtsein verschiedener Individuen und Kollektive der Gesellschaft gemeint, in der das bestimmte Recht gilt. Dieser Prozeß kann in den verschiedenen Gesellschaften variieren. Die Zahl der am Prozeß beteiligten Personen, die materiellen Mittel (wie Zeichen und Symbole), mit denen er sich äußert, die Einstellung der Teilnehmer zum Recht und viele andere Faktoren können in verschiedenen Rechtsordnungen differieren. Alle diese Unterschiede sind sozial bedingt, und die Soziologie ist imstande, sie zu erklären.

Der Prozeß der Rechtsschöpfung ist ebenfalls ein komplexer sozialer Vorgang. An ihm nehmen viele Bürger mehr oder weniger aktiv formell oder informell teil, die sich gegenseitig bekämpfen und die doch zugleich zusammenarbeiten. Unter allen Gesichtspunkten variieren diese Prozesse in verschiedenen Rechtsordnungen, und die Soziologie hat das mit entsprechenden Ursachen zu erklären. Ebenso ist das Recht, das aus diesen Prozessen hervorgeht, nicht in allen verglichenen Ländern gleich, und die Soziologie muß auch hier die Unterschiede erklären.

Dasselbe gilt, *mutatis mutandis,* sowohl für den Prozeß der Rechtsanwendung als auch für die sozialen Wirkungen des Rechts. Hier ist anzumerken, daß in den Länderberichten für den Kongreß als soziale Wirkungen das bezeichnet wird, was gewöhnlich soziale Funktion (oder sozialer Zweck) des Rechts genannt und als einer der Gegenstände soziologischer Untersuchungen in der Rechtsvergleichung aufgefaßt wird.

6. Die Geschichte soziologischer Forschungen in der Rechtsvergleichung stellt ein eigenes Problem dar, das hier nicht behandelt werden kann. Hervorzuheben ist, daß die Kenntnis dieser Geschichte dazu beitragen könnte, die soziologischen Untersuchungsmethoden zu vervollkommnen.

7. Der Wert der Soziologie für die Rechtsvergleichung liegt auf der Hand; er ist genau so hoch wie in der sonstigen Rechtswissenschaft. Man erkennt den Wert der Soziologie besonders gut, wenn man die Ergebnisse, die man mit der klassischen normativen (dogmatischen) Methode erzielt hat, mit denjenigen der soziologischen Methode vergleicht. Die normative Methode klärt nichts anderes als den genauen Inhalt der Rechtsnormen. Selbst dieses Ergebnis kann jedoch, wie schon bemerkt wurde, nicht ohne Einsatz der Soziologie erreicht werden. Aber die gesamte soziale Seite des Rechts bleibt ohne soziologische Forschung im Dunkeln. Und gerade darin besteht ihr Wert: sie erfaßt das Recht in der Gesellschaft, als soziale Erscheinung.

Allerdings muß darauf hingewiesen werden, daß einige Wissenschaftler am Wert soziologischer Forschungen für Rechte mit unterschiedlichen sozial-ökonomischen Grundstrukturen (konkret: bürgerliche Rechtsordnungen und sozialistisches Recht) zweifeln. In diesem Fall könne die soziologische Forschung nur die tiefgreifenden (sozialpolitischen) Unterschiede zwischen diesen Rechten verständlicher machen und aufzeigen, daß die gleichen Rechtsinstitute sehr unterschiedliche soziale Funktionen haben können. Zur Veränderung (Vervollkommnung) dieser Rechtsordnungen könne sie jedoch nicht beitragen. Wir stimmen dieser Ansicht grundsätzlich zu, sind aber der Meinung, daß die Soziologie auch bei den Rechtsordnungen mit unterschiedlichen sozial-ökonomischen Grundlagen zu denselben Ergebnissen gelangen kann wie bei Rechtsordnungen, die auf derselben Grundlage beruhen. Das jugoslawische Recht kann als Beispiel angeführt werden. Dort wurde die gerichtliche Kontrolle der Gesetzmäßigkeit von Verwaltungsakten und der Verfassungsmäßigkeit von Gesetzen eingeführt, offensichtlich nach dem Vorbild bürgerlicher Rechtsordnungen.

8. Wenn, wie festgestellt wurde, die soziologische Forschung für die Rechtsvergleichung einen gewissen und bestimmbaren Wert hat, so ist zu erwarten, daß dieser Wert von der Wissenschaft anerkannt werden wird (soweit das nicht schon geschehen ist). Von dieser Anerkennung hängt natürlich die Zukunft dieser Forschung ab.

Es ist sehr schwer, diesen Faktor ohne hinreichendes Material zu beurteilen. Zweifellos differiert die Lage von Land zu Land. Vielleicht wagt man jedoch nicht zu viel, wenn man feststellt, daß die soziologischen Methoden mehr und mehr in den verschiedenen Zweigen der Wissenschaft Fuß fassen, daß man eine Art soziologischen Imperialismus beobachten kann. Was für die anderen Wissenschaften gilt, trifft mit großer Wahrscheinlichkeit für die Rechtswissenschaft selbst zu und folglich auch für die Rechtsvergleichung. Die Soziologie nimmt einen immer größeren Raum in der Rechtsvergleichung ein, und es ist zu erwarten, daß sie zukünftig noch allgemeiner verbreitet sein wird.

In den sozialistischen Ländern liegt das offen zu Tage, und es erklärt sich einfach daraus, daß die Juristen dieser Länder versuchen, auf das Recht den historischen Materialismus, also eine soziologische Theorie, anzuwenden. Deshalb wird die soziologische Erforschung des Rechts einschließlich der Rechtsvergleichung auch in Zukunft intensiviert werden. Allerdings ist festzustellen, daß man in diesen Ländern zuweilen die Anwendung des historischen Materialismus und ganz allgemein auch die Anwendung soziologischer Methoden auf das Recht übertrieben hat, weil ihre Bedeutung überschätzt und die Bedeutung der normativen Methode und der herkömmlichen Rechtswissenschaft, der Dogmatik, unterschätzt wurde. In Wirklichkeit sind dagegen beide Methoden zum vollen Verständnis des Rechts notwendig. Sie müssen sich gegenseitig ergänzen.

9. Die technischen Methoden (oder einfach die Techniken) dienen dazu, die sozialen Fakten zu sammeln. Grundsätzlich wendet man in der Rechtsvergleichung dieselben Techniken an wie in der sonstigen Rechtswissenschaft und in der Soziologie. Deshalb ist auf diese Methoden nicht allzu ausführlich einzugehen.

Andererseits kann die Anwendung dieser Methoden in der Rechtsvergleichung jedoch gewisse spezifische Schwierigkeiten hervorrufen, die zu Abänderungen der Methoden nötigen mögen.

Diese Modifikationen müssen sorgfältig untersucht werden. Natürlich kann das nicht hier geschehen. Es soll lediglich auf diesen Punkt aufmerksam gemacht werden. Ich begnüge mich mit einigen Beispielen.

Untersucht man zum Beispiel die Methoden der direkten Beobachtung, der Prüfung von Urkunden und besonders der Umfrage, des Interviews und sogar der Statistik, so erkennt man, daß die Anwendung dieser Methoden in der Rechtsvergleichung schwieriger ist als in der nationalen Rechtswissenschaft. Das liegt auf der Hand, und die Schwierigkeiten nehmen mit der Ausdehnung der vergleichenden Forschung zu. Umfaßt diese eine große Anzahl — vielleicht gar alle — Rechte, so werden die Schwierigkeiten enorm und fast unüberwindlich. Oft handelt es sich um ganz unterschiedliche Kulturen, und oft ist nicht nur die Sprache, sondern auch die Denkweise unterschiedlich (besonders, wenn es sich um sogenannte primitive Kulturen handelt). Folglich ist es häufig recht schwierig, die genaue Bedeutung der gesammelten Fakten zu ermitteln, und man muß daher besonders kritisch sein.

Daher rührt die Schwierigkeit, die in den meisten Berichten behandelt worden ist, genau zu bestimmen, welche Faktoren bei der Vergleichung verschiedener Rechtsordnungen überhaupt vergleichbar sind. Wenn dieses Problem nicht zufriedenstellend gelöst wird, ist die ganze Untersuchung wertlos. Das Problem der Vergleichbarkeit taucht jedoch nicht nur bei den zu vergleichenden Erscheinungen auf, sondern auch bei den mit soziologischen Methoden erfaßten Fakten, welche die Erscheinungen ausmachen. Gerade diese Fakten sind häufig kaum vergleichbar. Ein Beispiel sind die statistischen Angaben über Verbrechen, die von der Definition der Verbrechen abhängen, die in den verschiedenen Rechtsordnungen voneinander abweichen.

Von einigen Autoren ist das Experiment als technische Methode besonders behandelt worden. Einige können sich die Anwendung dieser Methode in der Rechtsvergleichung kaum vorstellen. Andere vertreten dagegen die Ansicht, die Rechtsvergleichung müsse in ein echtes Laboratorium umgewandelt werden, in dem an Hand rechtspolitischer Versuche das beste und wirksamste Recht ermittelt werden könne. Natürlich stellen sich diese Autoren keinen Versuch *stricto sensu* vor, sondern sie sehen die Rechtsvergleichung als Ersatz für das eigentliche Experiment an, das in der Rechtsvergleichung kaum möglich sein würde. Es sei hinzugefügt, daß sich der Versuch schon allgemein in den Sozialwissenschaften, und daher auch im Recht, nur sehr schwer verwirklichen läßt. In der Rechtsvergleichung dürfte er auf noch größere

Schwierigkeiten stoßen, denn er müßte in mehreren Rechtsordnungen zur selben Zeit durchgeführt werden, was im Hinblick auf die internationalen Beziehungen und deren Anfälligkeit sehr schwierig sein dürfte.

Aber wie jeder Vergleich, kann auch der Vergleich verschiedener Rechte ein Experiment ersetzen. Das ist einer der Gründe für den hohen Wert der Rechtsvergleichung, welcher sie der sonstigen Rechtswissenschaft weit überlegen sein läßt (in gewissem Maße kann hier freilich die Rechtsgeschichte als Experimentierfeld aushelfen).

Besondere Probleme ergeben sich auch bei der Untersuchung von Urkunden und bei Umfragen.

SOZIOLOGISCHE ÜBERLEGUNGEN ZU EINER THEORIE DER ANGEWANDTEN RECHTSVERGLEICHUNG

Von Volkmar Gessner*

Der folgende Beitrag behandelt einige theoretische Probleme der angewandten Rechtsvergleichung. Dabei wird als angewandte Rechtsvergleichung das Forschungsgebiet angesehen, das sich mit der Suche nach rechtlichen Modellen für die Verhinderung und Lösung sozialer Konflikte befaßt und sich dabei die Erfahrungen mehrerer Rechtsordnungen zunutze macht[1]. Diese Suche dient keineswegs nur der Gesetzesvorbereitung, wie *Loeber*[2] anzunehmen scheint, wenn er angewandte auch als legislative Rechtsvergleichung bezeichnet. Sie dient jedermann, der soziales Handeln durch Anwendung von Rechtsnormen beeinflussen will. Denn die moderne juristische Methodenlehre[3] und die rechtssoziologische Analyse richterlichen Entscheidungshandelns[4] erweisen den weiten rechtspolitischen Entscheidungsspielraum jedes Rechtsanwenders. Das „volle Hereinnehmen der gesamten Konfliktproblematik", das *Esser*[5] insbesondere dem Richter abverlangt, erfordert eine umfassendere Reflexion, als sie vom vorprogrammierten Entscheider des Rechtspositivismus erwartet wurde[6].

---

* RabelsZ 36 (1972) 229 - 260.

Abgekürzt werden zitiert: Luhmann, Zweckbegriff und Systemrationalität (1968); Zweigert / Kötz, Einführung in die Rechtsvergleichung auf dem Gebiete des Privatrechts I: Grundlagen (1971).

[1] In dieser Forschungsrichtung sehen Zweigert / Kötz 14 die primäre Funktion der Rechtsvergleichung. Die von ihnen dort weiter genannten Aufgaben der Rechtsvergleichung sind von dieser primären Funktion weitgehend schon erfaßt.

[2] Loeber, Rechtsvergleichung zwischen Ländern mit verschiedener Wirtschaftsordnung: RabelsZ 26 (1961) 201 - 229 (211).

[3] Vgl. z. B. Kriele, Theorie der Rechtsgewinnung (1967); Esser, Vorverständnis und Methodenwahl in der Rechtsfindung (1970); Schwerdtner, Rechtswissenschaft und kritischer Rationalismus, in: Rechtstheorie 1971, 67 - 94 (73); Zippelius, Rechtsnorm und richterliche Entscheidungsfreiheit: JZ 1970, 241 - 245.

[4] Vgl. z. B. Judicial Decision Making, hrsg. von Schubert (1963); Judicial Behavior, hrsg. von Schubert (1964); Kaupen, Die Hüter von Recht und Ordnung (1969); Weltanschauliche Hintergründe der Rechtsprechung, hrsg. von Böhme (1968); Lautmann, Rolle und Entscheidung des Richters — ein soziologischer Problemkatalog, in: Jb. f. Rechtssoziologie und Rechtstheorie 1 (1970) 381 - 416.

[5] Esser (oben N. 3) 130.

[6] Zurückhaltend Luhmann, Funktionale Methode und juristische Entscheidung: AöR 1969, 1 - 31 (22).

Wie die folgenden Überlegungen ergeben werden, ist die Absicht, „einen Vorrat an Lösungen" anzubieten, allerdings schwieriger zu verwirklichen, als es scheinen mag. Insbesondere ist die Aufgabe erheblich komplexer als diejenige, die sich die deskriptive oder die dogmatische Rechtsvergleichung gestellt hat. Im Vergleich zu diesen traditionellen Forschungsrichtungen läßt die moderne Rechtsvergleichung jedoch sowohl an theoretischer Erkenntnis als auch an praktischem Nutzen einiges mehr erwarten.

Überlegungen zur eigenen Methodik sind nicht die Schwäche einer Wissenschaft, wie *Radbruch* meint[7], sondern im Gegenteil ein Beweis ihrer Lebenskraft. Denn worin sonst als in der Weiterentwicklung der Forschungsmethoden kann wissenschaftlicher Fortschritt liegen? Es kommt nun nicht von ungefähr, wenn die moderne rechtswissenschaftliche Methodenlehre zunehmend einen Blick hinüber wagt zu den Sozialwissenschaften und speziell zur Soziologie: zum einen wird dort seit einigen Jahren geradezu spektakulär um methodische Positionen gerungen, zum anderen haben die dort geführten Diskussionen ein Abstraktionsniveau erreicht, das ihre Relevanz weit über den soziologischen Forschungsansatz hinausreichen läßt.

Auch die im Verlauf dieser Arbeit angestellten Erwägungen versuchen, soziologische Theorie im Gebiet der Rechtswissenschaften nutzbar zu machen — mit allen Vor- und Nachteilen, die eine Betrachtung gewissermaßen „von außen" mit sich bringt. Von Vorteil ist sicherlich die Verfremdung, die eintritt, wenn ungewohnte Bezüge hergestellt werden. Von Nachteil muß sein, daß vielen Details nicht genügend Rechnung getragen werden kann.

Aus dieser Sicht stellen sich für die angewandte Rechtsvergleichung vier wichtige theoretische Probleme: (1) die adäquate Erfassung des sozialen Konflikts, der gelöst werden soll, (2) die Brauchbarkeit der Vergleichsmethode von Rechtsfiguren, (3) der Wechsel des sozialen Systems beim Vergleich und (4) das Prognoseproblem. Das erstgenannte Problem ist nicht spezifisch für die Rechtsvergleichung, hier aber von gleicher Bedeutung wie auf anderen juristischen Forschungsgebieten. Auch das Prognoseproblem beschäftigt andere rechtspolitisch ausgerichtete Fachrichtungen, doch stützt sich die rechtsvergleichende Prognose auf andere Daten, so daß sich eine eigene Problematik ergibt.

Im folgenden werden nur die ersten beiden Fragenkomplexe behandelt, die — übernimmt man die hier vorgeschlagene Lösung — eine gewisse Einheit bilden: es wird sich zeigen, daß sich aus der adäquaten Problemerfassung Vergleichsmaßstäbe gewinnen lassen. Auch die bei-

---

[7] Radbruch, Einführung in die Rechtswissenschaft[10] (1961) 250.

den weiteren Problemkreise gehören zusammen und bleiben, da das hier gesetzte Ziel begrenzt ist, gemeinsam unberücksichtigt.

I. Problemerfassung in der Rechtsvergleichung

Der Erkenntnisgegenstand der angewandten Rechtsvergleichung ist von denjenigen anderer rechtswissenschaftlicher Forschungsansätze erheblich unterschieden. Objekt des Vergleichs sind zwar überwiegend, aber nicht ausschließlich rechtliche Lösungsformen sozialer Konflikte[8]. Die einer Analyse unterzogenen Regelungsmuster sind keine hypothetischen Modelle, sondern tatsächlich in einer Gesellschaft wirkende Normen oder Institutionen. Hierdurch grenzt sich die Rechtsvergleichung gegenüber rein rechtspolitischem Denken ab, das zu einer Rechtsnorm immer nur hypothetische Alternativen anzubieten vermag. Im Unterschied zu dogmatischen Ansätzen, seien sie bezogen auf ein Rechtssystem oder auf mehrere, ist bei der angewandten Rechtsvergleichung der Blick nicht auf die Form, auf den systematischen Standort oder auf die dogmatische Einkleidung von Normen gerichtet, sondern auf deren Funktion, was das Bestreben andeutet, ein Bezugsverhältnis zur sozialen Wirklichkeit herzustellen[9].

Neben der Rechtsvergleichung (und anderer angewandter Rechtswissenschaft) gibt es noch eine Reihe von Forschungsbereichen, die sich mit der Verhinderung und Lösung sozialer Konflikte befassen: z. B. Volkswirtschaftslehre, Betriebswirtschaftslehre, Operations Research, Spieltheorie, Friedensforschung, Soziologie, Sozialpsychologie. Aus allen diesen wissenschaftlichen Ansätzen können, wie bei der Rechtsvergleichung, Normen formuliert werden, derart, daß mit einem bestimmten, von der Norm geforderten oder geförderten Verhalten ein bestimmter Konflikt verhindert oder gelöst werden muß, wenn ein bestimmter Wert wie volkswirtschaftliches Wachstum, Gewinnmaximierung, Systemrationalität, Handlungsrationalität, Friede, Bestandserhaltung, Spannungsausgleich verwirklicht werden soll. Mit Ausnahme der Spieltheorie ist das methodische Vorgehen hier jedoch durchwegs analytisch, d. h. das Hauptgewicht der Forschungsarbeit liegt im Erkennen von Regelmäßigkeiten der jeweils in Auge gefaßten sozialen Wirklichkeit. Erst nach Aufstellung von gesicherten Theorien über die sozialen Zusammenhänge, die zu Konflikten führen, wird darangegangen, Lösungsmöglichkeiten dieser Konflikte aufzuzeigen. Spieltheorie und

[8] Vgl. die Beispiele bei Zweigert / Kötz 34 ff.

[9] Für die angewandte Rechtsvergleichung läßt sich die Streitfrage, ob es sich um eine eigenständige rechtswissenschaftliche Forschungsrichtung oder nur um eine besondere Methode handelt, daher sicher im ersteren Sinn beantworten.

Rechtsvergleichung befassen sich dagegen gleich unmittelbar mit der Ausarbeitung und Bewertung von Lösungen[10]. Dies erklärt sich für die Spieltheorie einfach daraus, daß es sich bei ihr nicht um eine sozialwissenschaftliche, sondern um eine mathematische Disziplin handelt. Die Akteure ihrer Konflikte sind gedachte Figuren, die sich an Spielregeln halten und rational handeln können, da sie die Kosten ihrer Handlungsalternativen überblicken[11]. Die Umsetzung der mathematischen Lösungsmodelle in soziale Verhaltensnormen, wie sie im politischen, militärischen und insbesondere wirtschaftlichen Bereich gelungen ist, setzt die Aufbereitung der Konfliksituation nach den jeweils adäquat erscheinenden sozialwissenschaftlichen Kategorien voraus.

Im Unterschied hierzu beanspruchen die rechtlichen Lösungsmuster, auch wenn sie oft im Abstraktionsgrad denjenigen der Spieltheorie in nichts nachstehen, vollständige und nur noch der Sanktionierung durch den Gesetzgeber oder den Richter bedürftige Erfassung und Regelung des Konflikts. Wie ist dies zu vertreten bei einem aktuellen, also nicht wie bei der Spieltheorie modellhaft vordefinierten Konflikt ohne dessen vorherige Analyse? Wie umschreibt der Rechtsvergleicher sein Problem, für dessen Lösung er in den verschiedenen Rechtsordnungen nach brauchbaren Vorbildern sucht?

Man kann zwei Vorgehensweisen unterscheiden, die sich in der Praxis oft überschneiden, hier aber getrennt abgehandelt werden sollen. Die eine geht dahin, das objektive Bestehen von bestimmten „Rechtsbedürfnissen“ anzunehmen, die andere sieht zwar die Existenz eines sozialen Konflikts, formuliert ihn aber nur nach juristischen Kriterien.

1. Mit dem Konzept der *„Rechtsbedürfnisse“*[12] arbeiten Theorie[13] und Praxis[14] der Rechtsvergleichung teilweise ausdrücklich, teilweise

---

[10] Vgl. Krelle, Präferenz- und Entscheidungstheorie (1968); Shubik, Spieltheorie und die Untersuchung sozialen Verhaltens, in: Spieltheorie und Sozialwissenschaften, hrsg. von Shubik (1965) 13 - 85.

[11] Das wohl bekannteste spieltheoretische Konfliktmodell ist das sogen. „Gefangenendilemma“, das freilich nur vor dem Hintergrund des angloamerikanischen Strafprozeßrechts verständlich wird: Zwei Delinquenten werden von der Polizei in Haft genommen. Beide wissen, daß, falls keiner als Zeuge des Staatsanwalts („witness for the prosecution“) auftreten will, sie allenfalls mit einer leichten Strafe wegen Landstreicherei rechnen müssen. Wenn einer gesteht und der andere nicht, wird der Geständige einen Strafrabatt erhalten und mit einer sehr geringen Strafe davonkommen, während der andere hart bestraft wird. Wenn beide gestehen, werden beide verhältnismäßig hart bestraft. Wie muß eine rationale Entscheidung aussehen, wenn jeder einzeln vom Staatsanwalt verhört wird? Vgl. Shubik (oben N. 10) 46 f.

[12] Gelegentlich bekommt der Ausdruck „Rechtsproblem“ denselben Sinn, z. B. bei Sandrock, Über Sinn und Methode zivilistischer Rechtsvergleichung (1966) 67.

[13] Vgl. z. B. Zweigert, Zur Methode der Rechtsvergleichung, in: Studium Generale 13 (1960) 193 - 200 (197 f.); Zweigert / Kötz 38, 43; René David, Traité

dem Sinne nach. Sie gehen gemeinsam von dem Gedanken aus, es gebe soziale Situationen, die nach Recht in irgendeiner Form verlangten. Sind die Rechtsbedürfnisse gleichartig, so können die Formen, sie zu befriedigen, verglichen werden, sind sie ungleichartig — wie zum Teil in den westlichen und den sozialistischen Rechtsordnungen oder in den entwickelten und den weniger entwickelten Staaten —, so ist ein Vergleich erschwert oder ausgeschlossen.

Erste Zweifel an diesem Konzept können schon dadurch entstehen, daß im Zuge der postulierten Offenheit für die Rechtswirklichkeit auch nichtrechtliche Lösungsformen verglichen werden sollen. Das hieße aber doch, daß gelegentlich *Rechts*bedürfnisse auch durch Regelungen außerhalb des Rechts zu befriedigen sind, wie im Beispiel der nordamerikanischen Title Insurance Companies, die als „außerrechtliches Phänomen“[15] letztlich dasselbe leisten wie die deutschen Grundbücher. Die notwendige Folgerung, daß ein Rechtsbedürfnis, das nicht in rechtlicher Form befriedigt wird, ein unvollkommen befriedigtes Bedürfnis darstellt, wird allerdings nicht gezogen, da eine solche Abwertung der fremden Lösung von jedem Rechtsvergleicher als anmaßend empfunden würde. Nur von Bedürfnissen zu sprechen, deren Lösungen verglichen werden sollen, wäre andererseits auch nicht passend, da damit nicht begründet wäre, warum — soweit ersichtlich — die gesamte rechtsvergleichende Praxis zur Anwendung im eigenen Rechtskreis nur ein rechtliches Lösungsmodell zu akzeptieren bereit ist. Richtiger wird man daher sagen müssen, daß der Rechtsvergleicher allein im eigenen sozialen Kontext glaubt, ein Rechtsbedürfnis wahrnehmen zu können[16], sei es, daß hier Rechtsregeln bestehen, die geändert werden sollen, sei es, daß ein Problem bisher keine rechtliche Regelung erfahren hat, eine solche aber erfahren soll. Um dieses Rechtsbedürfnis der „suchenden Rechtsordnung“ adäquat befriedigen zu können, werden fremde Regelungen betrachtet, die ein gleichartiges soziales Problem betreffen. Nicht-rechtliche Formen, auf die man bei dieser Suche stößt, können dann freilich nur noch der Illustration dienen.

Man kann jedoch noch grundsätzlicher ansetzen. Gleichgültig, ob man glaubt, das Rechtsbedürfnis nur in der eigenen oder auch in der zum Vergleich herangezogenen Gesellschaft wahrnehmen zu können:

élémentaire de droit civil comparé (1950) 118; Kramer, Topik und Rechtsvergleichung: RabelsZ 33 (1969) 1 - 16 (10).

[14] Vgl. z. B. Reichert-Facilides, Gedanken zur Versicherungsvertragsrechtsvergleichung: RabelsZ 34 (1970) 510 - 522 (512); W. Lorenz, Einige rechtsvergleichende Bemerkungen zum gegenwärtigen Stand der Produktenhaftpflicht im deutschen Recht: ebd. 14 - 55 (17); Argyriades, Rechtsfragen des Übersee-Containerverkehrs: ebd. 33 (1969) 235 - 250 (239).

[15] Zweigert / Kötz 34.

[16] Vgl. Zweigert / Kötz 46 f.

wer soll denn konkret dieses Bedürfnis verspüren? Etwa die ganze Gesellschaft oder die am sozialen Konflikt Beteiligten oder vielleicht nur der beobachtende Jurist?

Die Soziologie hat, vor allem als Nachwirkung der organizistischen Theorien von *Comte* und *Spencer*, lange Zeit das Bestehen gesellschaftlicher Bedürfnisse vertreten[17], um ubiquitäre Erscheinungsformen, wie z. B. Recht oder Religion, erklären zu können. Mit Aufkommen des systemtheoretischen Ansatzes hat man das Postulat bestimmter unersetzlicher Strukturelemente des sozialen Systems zwar aufgegeben und mehr deren funktionale Äquivalenz betont. Damit wurde das Problem aber nur auf eine abstraktere Ebene verschoben, auf der sich die alten Bedürfnisse als funktionale Erfordernisse zur Bestandserhaltung des Systems, nämlich Strukturbewahrung (einschließlich Spannungskontrolle), Zielverwirklichung, Anpassung und Integration, wiederfinden[18].

Ein anderer Ansatz geht dahin, alle Prozesse im Sozialsystem auf psychische Prozesse zurückzuführen (psychologischer Reduktionismus)[19]. Werden damit psychologische Motivationskategorien zu Grundkategorien sozialwissenschaftlicher Analyse, so können psychische Bedürfnisse (z. B. der Spannungsbewältigung) als Begründung sozialer Erscheinungen wie Recht oder Religion dienen.

Derartige Ansätze der Sozialwissenschaften bestätigen jedoch nur scheinbar das juristische Konzept vom Vorhandensein eines Rechtsbedürfnisses. Geht es nämlich bei jenen um das „Hobbessche Problem der Ordnung"[20], so handelt es sich bei diesem um ein Wertungsproblem. Systemtheorie und psychologischer Reduktionismus bieten Erklärungen dafür an, warum sich die Gesellschaft Normen schafft und sie befolgt; die Norminhalte bleiben dabei unbeachtet. Nur auf diese bezieht sich aber die Rechtsvergleichung. Ob die Verfügungsmacht über Sachen einer Regelung bedarf, ist für sie kein Problem, wohl aber, wie der Eigentümer vor Fremdeinwirkung, vor Enteignung, vor gutgläubigem

---

[17] z. B. die „basic needs" bei Malinowski, The Group and the Individual in Functional Analysis: Am. J. Sociology 44 (1939) 938 - 964; ders., An Outline of the Social System, in: Theories of Society, hrsg. von Parsons u. a. (1961) 38. Vgl. Schelsky, Systemfunktionaler, anthropologischer und personfunktionaler Ansatz der Rechtssoziologie, in: Jb. f. Rechtssoziologie und Rechtstheorie 1 (1970) 37 - 105 (57 ff.).

[18] Vgl. Parsons, in: Parsons / Bales / Shils, Working Papers in the Theory of Action (1953); ders., General Theory in Sociology, in: Sociology Today, hrsg. von Merton / Broom / Cotrell (1959) 3 - 38; Merton, Social Theory and Social Structure² (1957) 52; Carlsson, Betrachtungen zum Funktionalismus, in: Logik der Sozialwissenschaften, hrsg. von Topitsch (1965) 236 - 261 (237 ff.).

[19] Vgl. z. B. Parsons, in: Beiträge zur soziologischen Theorie, hrsg. von Rüschemeier (1964) 61; dazu Nolte, Psychoanalyse und Soziologie (1970) 133; Carlsson (vorige Note) 251 ff.

[20] So ausdrücklich Parsons, The Structure of Social Action (1937) 89 ff.

Erwerb durch Dritte geschützt werden kann. Ob wirtschaftliche Austauschbeziehungen normiert werden sollen, wird nicht in Frage gestellt, wohl aber, in welchen Fällen etwa der Käufer oder der Verkäufer oder der Warenhersteller Schutz seiner Interessen verdient. Die Rechtsbedürfnisse der Rechtsvergleichung beziehen sich also nicht auf fehlende Ordnung — das betrachtete soziale Problem unterliegt im allgemeinen schon einer wirksamen rechtlichen oder sozialen Normierung —, sondern auf das Problem, bestimmten Werten zur Durchsetzung zu verhelfen. Werte lassen sich aber nicht kausal aus irgendwelchen biologischen, psychologischen oder soziologischen Gegebenheiten herleiten.

Das Konzept der Rechtsbedürfnisse ist daher ein ungeeigneter Ausgangspunkt für die rechtsvergleichende Forschung. Sind die Probleme nicht vorgegeben, sondern werden sie erst durch Applizierung eigener Wertungen des Beobachters als solche definiert, so kann der erste Schritt nicht die Suche nach Lösungen, sondern nur die Reflexion der Wertungen sein. Das hierfür erforderliche analytische Vorgehen soll im folgenden Abschnitt näher untersucht werden.

Vorher jedoch noch ein Wort zu einem häufig anzutreffenden Fehlschluß, der „praesumtio similitudinis“[21]. Es ist trivial, in den verglichenen Rechtsordnungen übereinstimmende Lösungen festzustellen, wenn man von der Annahme gleicher Rechtsbedürfnisse ausgeht: ähnliche Lösungsformen, die man immer wieder zu finden glaubt, beruhen häufiger auf Wertselektion des Beobachters bei der Problemstellung[22] als auf soziologischer Gleichartigkeit.

2. Auch wenn man vom Konzept des Rechtsbedürfnisses abgeht, bleibt für die angewandte Rechtsvergleichung das Problem der *Realitätsbezogenheit*. Der Anspruch auf soziale Wirksamkeit impliziert nicht nur inhaltlich aussagekräftige Forschung, sondern auch eine Problemformulierung, die alle relevanten sozialen Faktoren mit einschließt[23].

---

[21] Vgl. Zweigert, Übereinstimmende Lösungen auf verschiedenen Wegen, Beobachtungen aus der rechtsvergleichenden Forschung, in: Was heißt der heutige Stand der Wissenschaft (1969) 20 - 29; Zweigert / Kötz 36; Winizky, De la technique comparative en droit, in: Problèmes contemporains de droit II (Tokio 1962) 517 - 534 (521); W. Lorenz, Rechtsvergleichung als Methode zur Konkretisierung der allgemeinen Grundsätze des Rechts: JZ 1962, 269 - 275 (272). In demselben Maße, in dem der Input an Problematik beschränkt wird, verkleinert sich auch der Output an Informationsgehalt — bis zur Grenze des Tautologischen. Vgl. z. B. Esser, Grundsatz und Norm in der richterlichen Fortbildung des Privatrechts (1956) 358: „gleicher Bedarf zwingt verschieden strukturierte Rechte nicht zur Entwicklung gleicher Figuren, sondern nur gleicher Ordnungsgrundsätze, die mit disparaten Figuren bewältigt werden“. Sind nicht die „Ordnungsgrundsätze“ im „Bedarf“ schon enthalten?

[22] Der Sinn solcher Wertselektion wird hier nicht bestritten, sie ist im Gegenteil Grundlage des im zweiten Teil dieser Arbeit entwickelten zweckfunktionalen Entscheidungsverfahrens. Es dürfen nur keine unrichtigen Schlüsse aus dieser Selektion gezogen werden.

Dies ist keine spezifisch juristische Schwierigkeit. Jede der Sozialwissenschaften benützt nur eine bestimmte Auswahl von Kategorien, um die Wirklichkeit zu erfassen. Jedes theoretische Instrumentarium ist in ganz bestimmter Weise selektiv und formt zusammengenommen eine charakteristische Perspektive, die in die Problemstellungen eingeht. Dies ist besonders prägnant als „Modell-Platonismus" für die Nationalökonomie herausgestellt worden[24]. „Der ökonomische Bereich, das System der Marktbeziehungen zwischen den Mitgliedern der Gesellschaft wird als ein relativ geschlossener Wirkungszusammenhang betrachtet, als ein System, das zwar von außen gewisse Anstöße bekommt, aber dessen Funktionsweise von durch das ökonomische Instrumentarium nicht erfaßbaren Faktoren ... unabhängig ist[25]." Durch weitgehende Abstraktion von sozialen Tatbeständen wird eine Immunisierung gegen außerökonomische Faktoren erreicht, die die theoretischen Modelle zu schon von *Max Weber* als „unsichere Mittel" bezeichneten „Gedankenexperimenten" herabsinken läßt[26]. Dem Modellmenschen „homo oeconomicus" steht der „homo sociologicus" der Soziologie gegenüber[27]. Und dieses Wesen bewegt sich wiederum in verschiedenen Welten, je nachdem, ob es der Betrachtung z. B. der Sozialpsychologie, der Kleingruppenforschung oder der Interaktionsanalyse unterliegt[28].

Auch der „homo iuridicus" ist ein derartiges Gedankenexperiment; wie bei seinem ökonomischen Bruder ist das Bild geprägt von einem „Raisonnement an Hand illustrativer Beispiele und logisch möglicher Extremfälle"[29]. Plausible Annahmen sind seine Welt, nach Möglichkeit so weit abstrahiert, daß sie gegen Tatsachen unempfindlich geworden sind. Nun kann nicht verkannt werden, daß der juristische Anspruch auf ein kohärentes Normensystem nach einer derartigen Modellkonstruktion verlangt. Das Ziel ist ja hier nicht, wie bei den übrigen Sozialwissenschaften, Erkenntnis von sozialen Vorgängen, sondern Übereinstimmung von Normen und Werten. Soweit allerdings der Anspruch dahin geht, ein geeignetes juristisches Regelungsmuster für *aktuelle* Konflikte zu finden, sind modellhafte Verhaltensvariationen nicht mehr

---

[23] Zum Begriff des „Realitätsbezugs" vgl. Albert, Modell-Platonismus, in: Logik der Sozialwissenschaften (oben N. 18) 406 - 434 (407 ff.).

[24] Albert a. a. O.

[25] Albert a. a. O. 422.

[26] Max Weber, Gesammelte Aufsätze zur Wissenschaftslehre (1922) 510. In einem Gedankenexperiment wird nach Weber der Sinn des Handelns der Beteiligten derart gedanklich konstruiert, daß ein in sich widerspruchsloses Gedankengebilde entsteht; a. a. O. 333 f.

[27] Vgl. Dahrendorf, Homo sociologicus (1961).

[28] Vgl. König, Grundlagenprobleme der soziologischen Forschungsmethoden, in: Sozialwissenschaft und Gesellschaftsgestaltung, Festschrift für Gerhard Weisser (1963) 23 - 44.

[29] Albert (oben N. 23) 410.

nützliche Hilfsmittel logischer Denkvorgänge, sondern Hypothesen über den Erkenntnisgegenstand selbst, die verzerrt oder schlicht falsch sein können.

Das Problem spitzt sich hier auf die Frage zu, inwieweit das mit juristischen Kategorien beschriebene Konfliktsmodell alle sozialen Faktoren umfaßt, die für die Konfliktslösung von Bedeutung sein könnten. Die Frage ist von *Mestmäcker* für das Aktienrecht untersucht worden[30], der die rein juristische Erfassung von Vorstand und Aufsichtsrat der Aktiengesellschaft, der Publizität im Aktienrecht, des Konzerns und allgemein die organisatorisch-formale Auffassung von den Vorschriften dieser Rechtsmaterie kritisiert und zu dem Schluß kommt: „Das Verständnis der Aktiengesellschaft als Institution, die Erkenntnis der den aktienrechtlichen Normen zugrundeliegenden Interessenkonflikte sowie die Ableitung der für die Entscheidung dieser Konflikte notwendigen Wertmaßstäbe fordern den Rückgriff auf die Wirtschaftswissenschaft ... Eine autonome oder bewußt autonomisierte einzelwissenschaftliche Betrachtung der Aktiengesellschaft vermag *nicht einmal den eigenen Erkenntnisgegenstand zureichend zu formulieren.* Die Verselbständigung verzerrt das Bild der zu erkennenden oder zu gestaltenden Wirklichkeit, schafft Scheinprobleme und führt zu Werturteilen, die auf unzureichender Abwägung der in Betracht zu ziehenden Wertmaßstäbe beruhen[31]."

Ähnliche Kritik an der mangelhaften Formulierung des juristischen Erkenntnisgegenstandes ist auf den verschiedensten Rechtsgebieten geübt worden. Eine Untersuchung über das norwegische Hausangestelltengesetz vom Jahre 1948 erbrachte, daß sich die Interessen dieses Personenkreises nicht mit der Einräumung von Rechtsansprüchen schützen lassen[32], ein Ergebnis, das sich auf alle gesetzlichen Maßnahmen zugunsten unterer sozialer Schichten übertragen läßt. Das Modell des freien und sein Recht wahrnehmenden „homo iuridicus" ist eben hier unbrauchbar, in die Definition der Konfliksituation müssen sozialwissenschaftliche Kategorien eingehen, wie typische Schichtenzugehörigkeit der Konfliktspartner, Abhängigkeiten, Verhaltensnormen und Bildungsgrad der zu schützenden Personen, Rollenerwartungen aus der sozialen Umwelt der am Konflikt Beteiligten. Eine Arbeit über interamerikanische Staatenstreitschlichtung zeigt, wie wenig von den Faktoren, die auf den Verlauf von Staatenkonflikten Einfluß haben, in die

[30] Mestmäcker, Das Verhältnis der Wirtschaftswissenschaft zur Rechtswissenschaft im Aktienrecht, in: Das Verhältnis der Wirtschaftswissenschaft zur Rechtswissenschaft, Soziologie und Statistik, hrsg. von L. Raiser u. a. (1964) 103 - 119.

[31] Mestmäcker (vorige Note) 103 (Hervorhebung hinzugefügt).

[32] Aubert, Some Social Functions of Legislation, in: Acta Sociologica 10 (1966) 98 - 120, deutsche Übersetzung in: Studien und Materialien zur Rechtssoziologie, hrsg. von E. Hirsch und M. Rehbinder (1967) 284 - 309.

völkerrechtlichen Abkommen eingegangen ist[33]. Nicht nur für überflüssig, sondern für schädlich hält eine Studie den Federal Aviation Act von 1958 in den Vereinigten Staaten, da er die Funktionsweise des zivilen Luftverkehrs gründlich verkenne[34]. Die Notwendigkeit, volkswirtschaftliche Kategorien in die Beurteilung von Haftungsfragen im Schadenersatzrecht[35] und im Patentrecht[36] einzuführen, ist ebenso gesehen worden wie die Fruchtlosigkeit der Normierung von Familienbeziehungen ohne deren vorherige soziologische Analyse[37].

Die Rechtsvergleichung hat diese Kritik bisher noch zu wenig beachtet. Auch im Vergleich zu anderen an der Rechtsfortbildung Beteiligten ist sie — trotz wiederholt geäußerter Zuneigung zur Rechtssoziologie[38] — besonders zurückhaltend bei der Verwertung nichtjuristischer Kriterien zur eigenen Problemformulierung. *Rabel* faßte — nur im Sprachgebrauch überholt — sein wissenschaftliches Ideal noch weit:

„Der Stoff des Nachdenkens über die Probleme des Rechts muß das Recht der gesamten Erde sein, vergangenes und heutiges, der Zusammenhang des Rechts mit Boden, Klima und Rasse, mit geschichtlichen Schicksalen der Völker — Krieg, Revolution, Staatengründung, Unterjochung —, mit religiösen und ethischen Vorstellungen; Ehrgeiz und schöpferischer Kraft von Einzelpersonen; Bedürfnis von Gütererzeugung und Verbrauch; Interesse von Schichten, Parteien, Klassen[39].“

Obwohl diese Zusammenhänge nach dem heutigen Kenntnisstand der Sozialwissenschaften eher zu erfassen sind als noch zu *Rabels* Zeiten,

---

33 Gessner, Der Richter im Staatenkonflikt (1969).

34 Levine, California Air Transportation and National Regulatory Policy: Yale L. J. 74 (1964/65) 1416 f.

35 Calabresi, Some Thoughts on Risk Distribution and the Law of Torts: Yale L. J. 70 (1960/61) 499 - 553.

36 Baxter, Legal Restrictions on Exploitation of the Patent Monopoly — An Economic Analysis: Yale L. J. 76 (1966/67) 267 - 370.

37 Vgl. z. B. Glass / Tiao / Maguire, The 1900 Revision of German Divorce Laws — Analysis of Data as a Time-Series-Quasi-Experiment: L. Society Rev. 5 (1971) 539 - 562; Michel, Les aspects sociologiques de la notion de la famille dans la législation familiale française, in: L'Année Sociologique 3e série (1960) 79 - 107.

38 Vgl. z. B. Drobnig, Rechtsvergleichung und Rechtssoziologie: RabelsZ 18 (1953) 295 - 309; Kramer (oben N. 13) 9 ff.; Neumayer, Fremdes Recht aus Büchern, fremde Rechtswirklichkeit und die funktionelle Dimension in den Methoden der Rechtsvergleichung: RabelsZ 34 (1970) 411 - 426 (420 ff.); Heldrich, Sozialwissenschaftliche Aspekte der Rechtsvergleichung: ebd. 427 - 442; Ascarelli, Studi di diritto comparato (1952) 39; Hall, Methods of Sociological Research in Comparative Law, in: Legal Thought in the United States of America Under Contemporary Pressures, hrsg. von Hazard und Wagner (1970) 149 - 169; Feldbrugge, Methods of Sociological Research in Comparative Law, in: Netherlands Reports to the VIIIth International Congress of Comparative Law, Pescara 1970 (1970) 61 - 71. Nur die letztgenannte Arbeit bemerkt kritisch, daß die Verwendung soziologischer Forschungsmethoden in der Rechtsvergleichung bisher Postulat geblieben ist (71).

39 Rabel, Aufgabe und Notwendigkeit der Rechtsvergleichung (1925), abgedruckt in Rabel, Gesammelte Aufsätze III (1967) 1 (3 ff.).

steckt das jüngste Lehrbuch der Rechtsvergleichung weit zurück und will sich mit „auslandskundlicher Allgemeinbildung“ zufrieden geben[40]. Von einer rechtsvergleichenden Untersuchung, die sofort etwa mit folgender „Rechtsfrage“ beginnt: „Ist der Warenhersteller dem Endverbraucher, zu welchem er nicht in Vertragsverbindung steht, für den Folgeschaden haftbar, der infolge eines Fehlers der in Verkehr gesetzten Sache entstanden ist?“[41], wird für die Regelung der soziologischen und wirtschaftlichen Problematik wenig zu erwarten sein. Über das Thema „Emanzipation und Gleichberechtigung der Ehefrau in Brasilien und in anderen Ländern des romanischen Rechtskreises“ ist kaum etwas zu erfahren, solange die Begriffe „Emanzipation“, „Gleichberechtigung“ und „Ehefrau“ nur nach rechtlichen Kriterien definiert werden[42].

Nun wird der Rechtsvergleicher einwenden, seine Materie sei durch die Behandlung von zwei oder mehr Rechtsordnungen bereits so kompliziert, daß die Einführung weiterer Gesichtspunkte nichtjuristischer Art praktisch nicht zu bewältigen sei. Der Einwand soll nicht zu leicht genommen werden. Jeder wissenschaftliche Ansatz muß hinreichend überschaubar sein, um Forschung und deren Überprüfung zu ermöglichen.

Folgende Überlegung mag den theoretischen Notwendigkeiten und praktischen Schwierigkeiten zugleich Rechnung tragen. Man kann die Probleme, mit denen sich die Rechtsvergleichung insgesamt befaßt, auf einem Kontinuum anordnen. Am einen Ende dieses Kontinuums stehen Probleme, die sich nur nach juristischen Kriterien definieren lassen, also die dogmatischen Probleme. Daran schließen sich Konflikte, deren vorhandene soziale Problematik voll erfaßt ist von den Kategorien der Rechtswissenschaft. Häufigster Fall hierfür ist die durch eine jahrhundertealte ständige Formung und Verfeinerung des juristischen Problemverständnisses erreichte Perzeption sozialer Vorgänge. Auf der zweiten Hälfte unseres Kontinuums finden sich dann diejenigen Konflikte, deren juristische Erfassung nur Teilaspekte der gesamten Konfliktsproblematik betrifft, sei es, weil man bei der Aufstellung des juristischen Modells von einer irrtümlichen Wirklichkeitsauffassung ausgegangen ist, sei es, weil das Problem so jung ist, daß man ein detailliertes Problemverständnis noch nicht gewinnen konnte. Am anderen

[40] Zweigert / Kötz 32. Die an anderer Stelle (S. 11) der Rechtssoziologie erwiesene Referenz bleibt leeres Postulat, wenn im methodischen Teil des Werkes für die ja keineswegs einfache Einbeziehung der Sozialwissenschaften keine Anleitung gegeben wird. Die Stärkung, die der Rechtsvergleicher durch den Zuruf „Hüte Dich, sei wach und munter“ erfahren mag, wird im Gestrüpp der gesellschaftlichen Wirklichkeit nicht lange vorhalten. Auch hier gibt es inzwischen Eingeborene, die mit Pfeilen lauern!

[41] Neumayer (oben N. 38) 422.

[42] So Moser in der gleichnamigen Abhandlung in RabelsZ 29 (1965) 357 - 377.

Ende des Kontinuums kommen schließlich die Konflikte zu stehen, die nur sozial definiert sind, weil entweder das Problem oder das juristische Interesse hierfür neu ist.

Die Forderung nach voller Problemerfassung sollte nach der in diesem Schema enthaltenen Differenzierung erfüllbar sein. Solange sich der Rechtsvergleicher lediglich in der ersten Hälfte unseres Kontinuums bewegt, kann er sich guten Gewissens auf das juristische Handwerkszeug verlassen und allein mit seiner Hilfe Problemlösungen erarbeiten. Je mehr er allerdings auf die zweite Hälfte gerät, um so mehr Skepsis ist angebracht gegenüber den juristischen Kategorien und zu schnell auftauchenden „Rechtsfragen“ und um so mehr muß er sich interessieren für das, was die Sozialwissenschaften zu dem Problem zu sagen haben. Denn das sollte aus obigen Überlegungen deutlich geworden sein: Auf der zweiten Hälfte des Kontinuums werden rein juristische Forschungsansätze der sozialen Problematik nicht mehr gerecht.

Es bleibt die Frage, wo die einzelnen Probleme auf unserem Kontinuum jeweils zu verorten sind. Die richtige Einschätzung der extremeren Positionen, also der dogmatischen bzw. der nicht-juristischen Konflikte, wird auf keine besonderen Schwierigkeiten stoßen. Im Mittelfeld scheint dagegen soziologische Hilfe unentbehrlich. Die Fragen, ob ein Problem sich durch den Juristen ausreichend formulieren läßt und im negativen Fall, welche sozialwissenschaftlichen Faktoren mit zu berücksichtigen sind, gehören zu dem Gebiet, auf dem sich Rechtswissenschaftler und Rechtssoziologen kooperativ zusammenfinden müßten[43].

II. Vergleichsmethoden

Zum Grundprinzip der angewandten Rechtsvergleichung ist die funktionale Methode erklärt worden, ohne daß man sich über dieses Vorgehen hinreichende Klarheit verschafft hat. Funktional sei es, „die Lösungen verschiedener Rechtsordnungen ... nach ihrer Realität, nach der Erfüllung ihres sozialen Zwecks aneinander zu messen“[44], funktional sei die Sicht des Rechts als „Regelung sozialer Sachverhalte“[45], funktional sei der Vergleich, der einbezieht „not that, which is formulated and said, but that, which is being done“[46]. „Man nimmt auf einen

[43] Ein vorzügliches Beispiel für interdisziplinäre Problemdefinition gibt Krier, The Pollution Problem and Legal Institutions — A Conceptual Overview: UCLA L. Rev. 18 (1971) 429 - 477. Vgl. auch seine Hinweise 441 f. auf die in den Vereinigten Staaten in Umweltschutzfragen bereits erfolgreich geübte Zusammenarbeit zwischen Juristen, Wirtschaftswissenschaftlern, Soziologen und Politologen beim Prozeß der Problemformulierung (criteria-formulation process).

[44] Zweigert / Kötz 46.

[45] Zweigert / Kötz a. a. O.

konkreten Lebenssachverhalt oder auf ein konkretes Rechtsproblem Bezug und fragt, welche materiale Lösung für diesen Sachverhalt oder für dieses Rechtsproblem in den verschiedenen Rechtsordnungen vorgesehen ist[47]." Andererseits sei die Funktion der Norm ihre Aufgabe[48], ihre Zweckbestimmung[49]. Die Einigkeit in der Gegnerschaft zur formalen, begrifflichen und dogmatischen Perspektive scheint dazu geführt zu haben, die in diesen Definitionen bestehenden Unterschiede zu übersehen. Insbesondere steht eine Rezeption der Diskussionen noch aus, die in der Philosophie[50], den Sozialwissenschaften[51] und den Naturwissenschaften[52] über den Funktionsbegriff und seine Implikationen geführt werden. Eine ins Einzelne gehende Darstellung dieser Gedankengänge und adäquate Auseinandersetzung mit ihnen ist nicht Ziel dieser Arbeit. Jedoch sollen wichtige Probleme aufgezeigt und ein möglicher Weg angedeutet werden, der die Rechtsvergleichung aus ihnen herausführen kann.

1. Die Ausgangslage wird bestimmt durch die Kritik an der *ontologischen Auslegung der Kausalität*[53]. Diese Kritik weist darauf hin, daß Ursache und Wirkung nicht als Seinszustände zu deuten sind, Kausalität nicht als invariante Korrelation zwischen *einer* Ursache und *einer* Wirkung anzusehen ist. Aussagen des Typs: „A bewirkt B, und B ist die Wirkung von A", sind nur in Ausnahmefällen in dieser absoluten Form richtig. Sonst gilt: „Jede Ursache hat unendlich viele Wirkungen, jede Wirkung hat unendlich viele Ursachen[54]." Die im Objektbereich

---

[46] Kahn-Freund, Comparative Law as an Academic Subject (1965) 21.

[47] Sandrock (oben N. 12) 67.

[48] Zweigert / Kötz 30, 43.

[49] Esser (oben N. 21) 102, 356 f.

[50] Vgl. z. B. Cassirer, Substanzbegriff und Funktionsbegriff, Unterscheidungen über die Grundfragen der Erkenntniskritik (1923); Rombach, Substanz, System, Struktur, Die Ontologie des Funktionalismus und der philosophische Hintergrund der modernen Wissenschaft (1965).

[51] Vgl. z. B. Merton (oben N. 18) 19 - 84; Hempel, The Logic of Functional Analysis, in: Symposium on Sociological Theory, hrsg. von Gross (1959) 271 - 307; Fallding, Functional Analysis in Sociology: Am. Sociological Rev. 26 (1961) 843 - 853; Bredemeier, The Methodology of Functionalism: Am. Sociological Rev. 20 (1955) 173 - 180; Davis, The Myth of Functional Analysis as a Special Method in Sociology and Anthropology: Am. Sociological Rev. 24 (1959) 757 - 772; Luhmann, Funktion und Kausalität: Kölner Z. f. Soziologie und Sozialpsychologie 14 (1962) 617 - 644; Steinbeck, Einige Aspekte des Funktionsbegriffs in der positiven Soziologie und in der kritischen Theorie der Gesellschaft: Soziale Welt 15 (1964) 97 - 129.

[52] Vgl. z. B. von Bertalanffy, Zu einer allgemeinen Systemlehre: Biologia Generalis 19 (1949) 114 - 129; ders., Modern Theories of Development (1933) 9 ff., 184 ff.; Barcroft, Features in the Architecture of Physiological Function (1934); Woodger, Biological Principles, A Critical Study (1948).

[53] Siehe zum Folgenden namentlich Luhmann (oben N. 51); ders., Zweckbegriff.

[54] Luhmann (oben N. 51) 627.

der Naturwissenschaften experimentell mögliche Isolierung von Kausalfaktoren ist im Bereich der Sozialwissenschaften ausgeschlossen. Um überhaupt Beziehungen analysieren zu können, behilft man sich hier mit der „ceteris-paribus-"Klausel und schränkt den Aussagewert damit erheblich ein[55].

Diese Unendlichkeit von Kausalbeziehungen erlaubt es nicht, eine soziale Erscheinung wie z. B. eine Rechtsnorm schlechthin nach ihrer Wirkung einzuschätzen oder die Wirkung als Bezugsgröße für einen Vergleich heranzuziehen. So ist die funktionale Rechtsvergleichung in der Praxis auch keine Vergleichung der Rechtsnormen in der Gesamtheit ihrer Wirkungsweisen. Sie sollte dies auch nicht beanspruchen. Der Funktionsbegriff dient dazu, einen Orientierungspunkt zu geben beim Blick auf die soziale Realität und will gerade deren Komplexität — nach *Luhmann* das Hauptproblem sozialer Systeme — reduzieren, nicht aber sie durch Gleichsetzung von Funktion mit Kausalität bestehen lassen. Die funktionale Methode ist erst dadurch fruchtbar, daß man Funktion und Wirkung unterscheidet. Das einfachste Muster läßt sich folgendermaßen beschreiben: Ein Zielzustand wird definiert (abhängige Variable) und gleichsam retrospektiv werden die Faktoren (unabhängige Variable) gesucht, die ihn bewirken können[56].

Die Frage nach der Funktion macht die Analyse eines Gegenstandes also abhängig von einem Bezugsproblem, zu dessen Lösung er beitragen kann. Im wesentlichen auf zwei Wegen hat man versucht, einen Bezugspunkt gewissermaßen als Drehscheibe zwischen sozialen Faktoren und ihrer Umwelt einzusetzen: durch den teleologischen Funktionsbegriff und durch die strukturell-funktionale Analyse.

2. Die Vorstellung eines den Dingen wesensmäßig innewohnenden *Telos* ist alt. Von *Sokrates* ist die Meinung bekannt, Gott habe die Nase über unseren Mund gesetzt, damit wir uns am Duft der Speisen erfreuen könnten. *Benjamin Franklin* hielt die Länge unserer Arme für gerade so bemessen, daß wir ein Glas zum Mund führen können. Der biologische oder naturphilosophische Teleologismus fand dann Eingang in die frühen Sozialwissenschaften mit der Erklärung sozialer Phänomene durch eine ihnen immanente Aufgabe für den Gesellschaftsorganismus[57].

---

[55] Die grundsätzlichen Unterschiede zwischen naturwissenschaftlicher und sozialwissenschaftlicher Methodik werden vom Juristen gerne verkannt. Vgl. z. B. Beutel, Die Experimentelle Rechtswissenschaft (1971).

[56] Vgl. Mayntz, Kritische Bemerkungen zur funktionalistischen Schichtungstheorie, in: Soziale Schichtung und soziale Mobilität, hrsg. von Glass und König (1961) 10 - 28 (14 f.).

[57] Vgl. die Auseinandersetzung mit diesen Theorien schon bei Durkheim, Les règles de la méthode sociologique[14] (1960) 89 ff.: „La plupart des sociologues croient avoir rendu compte des phénomènes une fois qu'ils ont fait voir

Am bereitwilligsten scheinen allerdings die Rechtswissenschaften dieses Konzept aufgenommen zu haben. Als Reaktion gegen das seit der Antike geübte philologisch-logische Auslegungsverfahren entstand im 19. Jahrhundert das Bewußtsein von einer immanenten Finalität des Rechts[58]. Das Recht wird gesehen, „als eine einzige Zweckschöpfung, ein gewaltiger Rechtspolyp mit unzähligen Fangarmen, Rechtssätze genannt, von denen jeder etwas will, bezweckt, erstrebt“[59]. Auf dem Wege über die Interessenjurisprudenz ist die Auslegung von Normen nach ihrem Rechtsgedanken, nach ihrem Ordnungs- oder Schutzzweck, nach der ratio legis als eine der wichtigsten Methoden der Rechtsfindung bis in unsere Tage gekommen. Sinnverständnis gilt als modernes Programm der Methodenlehre[60], und man versucht, die „finale (teleologische) Qualität des positiven Rechts“ oder das „Zweckmoment“ in die Rechtstheorie einzubauen[61]. Über die ontische Qualität des Rechtszwecks schreibt *Jhering* optimistisch: „Nirgends ist für denjenigen, der das Suchen und Nachdenken nicht scheut, der Zweck so sicher zu entdecken, wie auf dem Gebiete des Rechts — und ihn zu suchen und unter der täuschenden Hülle einer scheinbaren des Zweckes sich gänzlich entschlagenden Wahrheit zum Vorschein zu bringen ist die höchste Aufgabe der Rechtswissenschaft[62].“ Dieser Optimismus ist heute allerdings einer vorsichtigeren Haltung gewichen. Zunehmend wird gesehen, daß auch die Normzwecke sich ändern, in diesen also kein so fester Orientierungspunkt zu sehen ist, wie man ursprünglich annahm. Wenn nun gar *Esser* in seiner neuesten Schrift den Rekurs auf Normzwecke von einem gesellschaftlichen Konsens über diese abhängig macht[63] und erkennt, daß sich auch bei der Auslegung gemäß einer behaupteten gesetzesimmanenten „ratio“ ein Durchgriff auf Werte vollzieht[64], fällt der Wahrheitsanspruch dieses Konzepts in sich zusammen. Dieses Er-

à quoi ils servent, quel rôle ils jouent. On raisonne comme s'ils n'existaient qu'en vue de ce rôle et n'avaient d'autre cause déterminante que le sentiment, clair ou confus, des services, qu'ils sont appelés à rendre.“ Siehe auch Levy, The Structure of Society (1952) 52 - 55.

[58] Coing, Wirtschaftswissenschaften und Rechtswissenschaften, in: Das Verhältnis der Wirtschaftswissenschaft zur Rechtswissenschaft ... (oben N. 30) 1 - 7 (5).

[59] von Jhering, Der Zweck im Recht I (1877) 433.

[60] Vgl. Jahr, Funktionsanalyse von Rechtsfiguren als Grundlage einer Begegnung von Rechtswissenschaft und Wirtschaftswissenschaft, in: Das Verhältnis der Wirtschaftswissenschaft zur Rechtswissenschaft ... (oben N. 30) 14 - 26.

[61] Krawietz, Das positive Recht und seine Funktion (1967) 16 ff.

[62] Jhering (oben N. 59).

[63] Esser (oben N. 3) 164 ff. Vgl. hierzu Luhmann, Zweckbegriff 87, über die Tendenz, die ethische Dimension unter dem Einfluß der empirischen Wissenschaften als Sozialdimension zu säkularisieren und, wo möglich, auf Konsensprobleme zu reduzieren.

[64] Esser (oben N. 3) 159.

gebnis entspricht der bereits im vorhergehenden Abschnitt referierten sozialwissenschaftlichen Kritik, die sich gegen die Feststellbarkeit aller Wirkungen einer Ursache wendet und natürlich dort verstärkt einsetzt, wo eine bestimmte als alleinige Wirkung angenommen wird. Nach den methodischen Standards der sozialwissenschaftlichen Theorie läßt sich eine solche ausschließliche Interdependenz auch dann nicht vertreten, wenn Kausalaussagen zu bloßen Wahrscheinlichkeitsaussagen nach statistischen Gesetzen abgemildert werden[65].

Es mag sich beim Konzept der „ratio legis" trotzdem um eine nützliche Auslegungshilfe handeln, es kann nämlich dienen als Indikator für die Richtung des gesellschaftlichen Konsenses. Was hier interessiert, ist aber, ob es als Bezugspunkt für eine funktionale Methode brauchbar ist, d. h. also, ob Normen sinnvoll daraufhin untersucht werden können, was sie zur Erfüllung eines ihnen nachgesagten Zwecks beitragen. Sowohl die neuere juristische als auch die sozialwissenschaftliche Kritik müssen zu dem Ergebnis führen, daß der Normzweck als funktionaler Bezugspunkt den Vergleichsbereich in mehrfacher Hinsicht zu sehr einengt. Dies einmal dadurch, daß in den Vergleich nur die Normen eingehen, denen die gleiche Aufgabe andefiniert worden ist. Das bedeutet, daß zwar Aussagen über mehr oder weniger gute Sinnerfüllung möglich sind, vielleicht auch gelegentlich, daß das Ziel mit einer Regelung nicht erreicht werden kann. Normen, die der Zielerreichung entgegenwirken (sogen. Dysfunktionalität in der soziologischen Theorie), kommen jedoch nicht ins Blickfeld. Ein zweiter Gesichtspunkt ist der, daß Zwecke nicht nur durch Normen erfüllt werden, die diese als Ziel haben, sondern auch durch solche, denen ganz andere Aufgaben zugeschrieben werden (sogen. latente — im Gegensatz zur manifesten — Funktionalität)[66]. Derartige Leistungen blieben unbeachtet, würde man als Funktion nur den in die Norm gelegten Rechtsgedanken ansehen; vom realen Beitrag der Rechtsregeln zu einem Problem entstünde ein ganz verzerrtes Bild. Schließlich ist einzuwenden, daß der Bezug auf den Normzweck dessen Relativierung nicht erlauben würde. Eine solche Relativierung kann aber erforderlich sein sowohl in Richtung auf andere Zwecke (Werte) als auch auf den sozialen Regelungsbereich, der ja aus vielen Subsystemen besteht, für die die rechtliche Ordnungsvorstellung unterschiedliche Folgen haben kann[67].

3. Ein anderer Ansatz geht dahin, den Bezugspunkt für die funktionale Methode nicht in einem den gesellschaftlichen Erscheinungen im-

---

[65] Luhmann, Funktion und Kausalität (oben N. 51); ders., Zweckbegriff 13 ff.; ders., Funktionale Methode (oben N. 6) 9; Hempel (oben N. 51); Nagel, Logic Without Metaphysics (1956) 247 ff.

[66] Merton (oben N. 18).

[67] Vgl. Luhmann (oben N. 6) 3, 9.

manenten Zweck zu sehen, sondern in der *Erhaltung des Systembestandes.* Diese sogen. strukturell-funktionale Analyse ist von *Talcott Parsons* ausgearbeitet[68] und seitdem einer sehr intensiv geführten Methodendiskussion unterzogen worden[69].

Systeme sind nach *Parsons'* Theorie Aktionssysteme mit einer Struktur aus relativ stabilen Handlungsweisen, Beziehungen und Interaktionsmustern, die von Umweltveränderungen relativ unabhängig sind. Zur Erhaltung seines Bestandes habe jedes System vier Systemprobleme zu bewältigen, nämlich (1) Integration, (2) Anpassung, (3) Ausrichtung der Systemteile auf individuelle wie kollektive Ziele und deren Verwirklichung, (4) Aufrechterhaltung von Grundstrukturen und Spannungsbewältigung. Jede Leistung eines Systemteils, die auf die Lösung dieser Probleme und damit auf die Erhaltung des Systembestandes einwirkt, hat eine Funktion. Diese Funktion kann in einer positiven (Funktionalität, auch Eufunktionalität) wie einer negativen (Dysfunktionalität) Einwirkung liegen. Ist eine soziale Erscheinung im Hinblick auf ein Problem funktional, im Hinblick auf andere dysfunktional, so soll die Summe über die Frage seiner Systemfunktionalität entscheiden. Die Analyse wird weiter kompliziert durch die Variierbarkeit der Systemreferenz: Eine Gesellschaft — selbst ein Sozialsystem — besteht aus vielen Subsystemen, für die die Beiträge jedes sozialen Faktors regelmäßig unterschiedliche Relevanz haben.

An zwei Beispielen aus der soziologischen Forschung soll deutlich werden, wie hier methodisch vorgegangen wird und welche Aussagen dieses Vorgehen ermöglicht:

Das in allen bekannten Kulturen beachtete Inzest-Tabu wird von *T. Parsons* auf seine sozialen Funktionen hin untersucht[70]. Er bezieht sich zunächst auf die gesamtgesellschaftlichen Probleme von Bestandserhaltung und Zielverwirklichung (Versorgung mit Wirtschaftsgütern, politische Stabilität, Verteidigung nach außen etc.) und stellt fest, daß die Bewältigung dieser Probleme Strukturen voraussetzt, die dem einzelnen unpersönliche, gefühlsmäßig neutrale Rollen aufgeben. Die Kernfamilie sei eine Struktur, in der sich das Individuum entgegengesetzten Verhaltenserwartungen gegenübersehe, mit ihr seien die genannten Probleme daher nicht zu bewältigen. Inzest ermögliche die Beschränkung auf Familienrollen und verhindere die Bildung von über die Familie hinausgehenden Strukturen, von denen die Gesellschaft abhänge. Mit Hilfe des Inzest-Tabus werde die ständige Selbstauflösung von Kleinfamilien, die Orientierung des Kindes an außerfamiliären Rollen und

---

[68] Parsons, Toward a General Theory of Action (1951); ders., The Social System (1951); ders., Structure and Process in Modern Societies (1968); Parsons / Bales / Shils, Working Papers in the Theory of Action (1953); eine gute Darstellung gibt auch Hempel (oben N. 51).

[69] Vgl. den Überblick bei Hartmann, in: Moderne amerikanische Soziologie, hrsg. von Hartmann (1967) 1 - 92 (76 ff.).

[70] The Incest Taboo in Relation to Social Structure, in: The Family, Its Structure and Functions³, hrsg. von Coser (1966) 48 - 70.

damit die Integrierung und Zielverwirklichung der Gesamtgesellschaft erreicht.

Eine organisationssoziologische Arbeit befaßt sich mit der Frage, wie hierarchisch aufgebaute Verwaltungssysteme Flexibilität und Anpassungsfähigkeit erreichen können, ohne in ihrem Systembestand gefährdet zu sein: *Andrew G. Frank* sieht die Entscheidungssituation des einer Produktionseinheit vorstehenden Industriemanagers im sowjetischen Wirtschaftssystem durch eine Vielzahl teilweise konfligierender Normen bestimmt[71]. Die mit anderen Produktionseinheiten geschlossenen Wirtschaftsverträge seien in gleicher Weise bindend wie die Anweisungen der Wirtschaftsbürokratie und die Prioritätensetzung der Kommunistischen Partei. Staatsbank, Staatsanwaltschaft und Buchprüfer übten eine peinliche Kontrolle über die Unternehmensführung aus. Inhaltlich widersprächen sich diese formellen Verhaltenserwartungen aber zum Teil erheblich. Hinzu kämen informelle Erwartungen der Untergebenen, der Gewerkschaften, der Lokalverwaltung, der sozialistischen Presse, die sich in keiner Weise deckten. Gerade diese unübersichtliche Entscheidungssituation ermögliche jedoch die Stabilität des Gesamtsystems. Da niemals alle Normen befolgt werden könnten, in jedem Fall also ein bestimmtes Maß an Illegalität in Kauf genommen werden müsse, sei der einzelne Manager gezwungen, selbst Prioritäten zu setzen. Er halte sich dabei an die Normen, die den jeweiligen Verhältnissen am besten entsprächen und die das ihm jeweils wichtigste Kontrollorgan bei der Bewertung seiner Arbeit am wahrscheinlichsten in Betracht ziehen werde. Jeder Fall werde auf diese Weise individuell und nicht durch blinde Normbefolgung entschieden, gleichzeitig werde durch die ständige Orientierung am vorgestellten Willen des Vorgesetzten dessen Autorität gewahrt.

Die Probleme, die die Anwendung dieser funktionalen Methode für die Rechtsvergleichung mit sich bringt, treten unmittelbar zutage bei einem interessanten Versuch von *Rotter*, für Art. 14 GG ein funktionales Gegenstück in der Rechtsordnung der DDR aufzufinden[72]. *Rotter* sieht im Anschluß an *Luhmann*[73] das Bezugsproblem in der sozialen Ausdifferenzierung von Teilsystemen aus der Gesellschaft als ganzer. „Von einem gewissen Entwicklungsstand ab" hält nämlich *Luhmann* die Bewältigung der vier *Parsons*'schen Systemprobleme nur in relativ isolierten Kommunikationsbereichen für möglich[74]. Deren Ausdifferenzierung werde daher zum Bestandsproblem entwickelter Industriegesellschaften. Art. 14 GG habe in diesem Bezugsverhältnis die Funktion, den Bereich der Wirtschaft aus der Politik auszusondern und ihn zu stabilisieren. *Rotter* meint nun, ein funktionales Äquivalent für diesen Grundgesetzartikel in den „verfassungsrechtlich institutionalisierten wissenschaftlichen Methoden der Planung und Leitung der gesellschaftlichen Entwicklung in Verbindung mit dem ökonomischen System der

---

[71] Frank, Goal Ambiguity and Conflicting Standards — An Approach to the Study of Organization, in: Human Organization 17 (1958) Nr. 4, 8 - 13.

[72] Rotter, Dogmatische und soziologische Rechtsvergleichung — eine methodische Analyse für die Ostrechtsforschung: OER 16 (1970) 81 - 97.

[73] Luhmann, Grundrechte als Institution (1965) 186 ff.

[74] Luhmann (vorige Note) 194.

Planung und Leitung der Volkswirtschaft" erkennen zu können[75]. Eine wichtige verfassungsrechtlich gebotene Planungs- und Leitungsmethode sei die Kybernetik, die nach dem Konzept des ökonomischen Systems der DDR langfristig zu einer Selbstregulierung des Wirtschaftsbereichs führen müsse.

Die Richtigkeit dieser Analyse kann hier nicht diskutiert werden[76]. Was interessiert, ist die Aussagekraft und Praktikabilität der Methode für die rechtsvergleichende Arbeit. Zunächst gelten natürlich auch hier, da das Recht ein Sozialfaktor ist, die Einwände, die innerhalb der Soziologie gegen diese Methode vorgebracht werden. Ein Sozialsystem ist kein biologischer Organismus, dessen Tod eindeutig feststellbar ist. Wo hört also der Fortbestand des Systems auf, und wo beginnt die Umwandlung in eine neue Einheit? Wie kann überhaupt dem Phänomen des sozialen Wandels begegnet werden, wenn alle sozialen Institutionen Leistungen zur Aufrechterhaltung der Systemstruktur erbringen? Ist nicht an die Stelle des Modells eines gesellschaftlichen Gleichgewichts ein solches des sozialen Konflikts zu setzen, das mehr Erklärungsmöglichkeiten bietet? Enthält die strukturell-funktionale Analyse nicht schlichte wissenschaftslogische Fehlschlüsse in der Art: eine Struktur x leistet den Beitrag y zur Erhaltung des Systems s, und diese Tatsache erklärt die Existenz von x? Die Diskussion soll nicht weiter verfolgt werden, da es zwei Einwände gibt, einen praktischen und einen theoretischen, die die Anwendung der strukturell-funktionalen Analyse speziell für die juristische Arbeit (im weitesten Sinne) nicht ratsam erscheinen lassen.

Vom praktischen Standpunkt aus ist zu sagen, daß diese Methode juristisches Denken in einer nicht mehr vertretbaren Weise komplizieren würde. Da Recht in aller Regel nicht nur auf Subsysteme, sondern auf eine Gesellschaft als Ganzes einwirkt, wäre in jedem Fall deren Fortbestand als funktionaler Bezugspunkt mit zu reflektieren. Mit Analysen „mittlerer Reichweite"[77], bezogen auf Teilsysteme wie etwa bürokratische Organisation, ist für die Rechtswissenschaften nicht viel gewonnen. Die Orientierung, die sich der Jurist mit der Übernahme der

[75] Rotter (oben N. 72) 91.

[76] Das Beispiel *Rotters* wirkt mit den Vorbehalten, die er selbst macht, reichlich konstruiert, da die „Kronwissenschaft" Kybernetik sich offenbar mehr im Schrifttum als in der politischen Praxis der DDR niedergeschlagen hat. Seinem „Entwicklungsvorbehalt" liegt unausgesprochen die strittige konvergenztheoretische Hypothese zugrunde, daß die kommunistischen und die kapitalistischen Gesellschaftssysteme sich in einem Annäherungsprozeß befinden.

[77] Einige Soziologen, wie Lazarsfeld und Merton, halten Theoriebildung über Gesellschaftssysteme für verfrüht und schlagen vor, sich zunächst mit funktionalen Theorien mittlerer Reichweite zu begnügen; vgl. z. B. Merton (oben N. 18) 5 ff.

strukturell-funktionalen Analyse vom Soziologen erhofft, erweist sich daher schnell als Danaergeschenk[78].

Noch schwerer wiegt wohl ein theoretischer Gesichtspunkt. Das Recht hat für die Gesellschaft eine in erster Linie integrative Funktion — Systeme sozialer Interaktion können nur in Verbindung mit einem Normensystem funktionieren[79]. Diese Aufgabenzuweisung der soziologischen Theorie betrifft aber nur das Recht als soziale Institution, nicht aber die einzelnen Rechts*inhalte*. Wenn, wie behauptet wird, jedes Recht den Gesellschaftsbestand sichert, kommt es auf die jeweilige inhaltliche Ausgestaltung des Rechts offenbar nicht mehr an. Wenn selbst so radikale Rechtsänderungen, wie sie in der Form von Rezeptionen fremder Rechte oder nach Revolutionen und verlorenen Kriegen häufig sind, nicht notwendig zum Zusammenbruch des Gesellschaftssystems führen, dann läßt sich noch weit weniger die juristische Detailarbeit zur Verbesserung des Rechts jeweils zur Existenz der Gesellschaft in Bezug setzen. Ihr Fortbestand ist, wie ja gerade die Studien der funktionalistischen Soziologie ständig erweisen, durch eine Reihe von sozialen Mechanismen hinreichend gewährleistet. Nicht das „ob", sondern das „wie" ihrer Existenz bestimmt daher die Arbeit des Juristen.

Um noch einmal die oben kurz dargestellte Arbeit von *Rotter* zur Illustration heranzuziehen: Es ist sicherlich für den Juristen nicht ohne Interesse, zu erfahren, daß die Funktion von Art. 14 GG zur Erhaltung des hochentwickelten weil differenzierten Gesellschaftssystems der Bundesrepublik in der DDR eventuell durch die „Institutionalisierung reflexiver Mechanismen auf der obersten Ebene gesamtgesellschaftlicher Differenzierung" — sogar in rationalerer Weise — erfüllt werden kann. Was ihn aber allgemein und natürlich besonders im Zusammenhang mit Grundrechten bzw. staatlichen Planungsbefugnissen brennend interessiert, ist das, was *Rotter* aus seiner Analyse ausklammert[80], nämlich inwieweit die individuellen Handlungschancen auf der einen Seite und die staatlichen Handlungschancen auf der anderen Seite durch die jeweilige Regelung berührt werden.

4. Damit ist bereits das Ergebnis der im folgenden dargestellten Überlegungen angedeutet, die darauf hinauslaufen, als Bezugspunkt der funktionalen Methode *Werte* bzw. *Zwecke* heranzuziehen.

Auszugehen ist von unserem Interesse an rationalen Entscheidungen einerseits und dem durch die empirischen Wissenschaften herbeigeführten zunehmenden Bewußtsein von der Komplexität sozialer Zusam-

---

[78] Vgl. Luhmann (oben N. 6) 7 ff.

[79] Parsons, Law and Social Control, in: Law and Sociology, hrsg. von Evans (1962) 58.

[80] Rotter (oben N. 72) 97.

menhänge andererseits. Je mehr sich zudem die Sozialordnung selbst kompliziert und je weitreichender die Konsequenzen von Entscheidungen sind, um so größere Bedeutung kommt Methoden zu, die dazu verhelfen, die Zusammenhänge wenigstens schrittweise zu reflektieren. Derartige Methoden sind die Entscheidungstheorien, die ihren Ausgangspunkt in der theoretischen Ökonomie haben, inzwischen aber zunehmend auch auf andere Gebiete wie den politischen und militärischen Bereich übergreifen. Im folgenden wird der Versuch gemacht, für die Rechtsvergleichung eine Entscheidungstheorie zu formulieren.

Ein einfaches Beispiel kann die Problematik umreißen[81]. Es fällt nicht schwer, zwischen zwei Obstkörben zu wählen, wenn der eine vier, der andere fünf Apfelsinen enthält. Die Wahl zwischen Körben mit gemischtem Obst ist dagegen viel schwieriger. Ein Ausweg ist hier, sich auf eine dominierende Präferenz festzulegen — etwa Bananen über alles zu schätzen —, ein anderer, einen Preisvergleich vorzunehmen. Beide Lösungen nehmen also einen Umweg, um der komplexen Entscheidungssituation Herr zu werden. Der Umweg über den Preisvergleich setzt einen Konsens über die Preise des Obstes, also über dessen Wert voraus. Ergeben sich unterschiedliche Preise, so beruht dies auf einer Werthierarchie bei der Einstufung der Früchte. Dieses Verfahren ist Grundlage der mathematischen Entscheidungstheorie[82]. Sie legt axiomatisch alle Werte in einer transitiven Stufenordnung fest, derart daß, wenn Wert A dem Wert B und Wert B dem Wert C vorzuziehen sei, dann auch Wert A dem Wert C vorzuziehen sei. So kommt man etwa zu dem „übergeordneten Gesichtspunkt" der „Erhaltung und Förderung des Einzelmenschen und der ganzen menschlichen Gesellschaft"[83] und setzt bei den individuellen Wertungen voraus, der Mensch wisse „in der Regel, wenn er sich die Dinge in Ruhe überlegen kann und nicht überstarken Einflüssen ausgesetzt ist, was ihm und seiner Art gut tut"[84]. Auf der Basis dieses Transitivitätsaxioms werden mathematische „Nutzenadditionen" und die Berechnung von „Durchschnitts-" und „Grenznutzen" etc. möglich.

Was die Rechtswissenschaften anbetrifft, so lehnen sie heute eine strenge Stufenordnung der das Recht steuernden Werte ab[85]. Da eine solche aber Voraussetzung der beschriebenen Verfahren ist, müssen sie

[81] Es stammt von Luhmann, Zweckbegriff 18.

[82] Vgl. Krelle und Shubik (beide oben N. 10) und Mathematical Economics, hrsg. von Shubik (1967).

[83] Krelle (oben N. 10) 56.

[84] Krelle (oben N. 10) 57 f.

[85] Dies wird auch der richterlichen Entscheidungstheorie von Wasserstrom, The Judicial Decision: Toward a Theory of Legal Justification (1961), entgegengehalten. Vgl. Dworkin, Does Law Have a Function? A Comment on the Two-Level Theory of Decision: Yale L. J. 74 (1964/65) 640 - 651.

eine Mathematisierung ihrer Entscheidungen als inadäquat verwerfen. Eine Bewertung der von der Rechtsvergleichung verglichenen Problemlösungen durch Nutzenberechnungen kommt also nicht ernsthaft in Betracht.

Es bleibt der andere Umweg zur Entscheidungserleichterung zu diskutieren, nämlich der über eine dominierende Präferenz. Diese Präferenz dominiert nicht, weil bestimmte Werte als wahr vorgegeben sind, sondern weil mit ihr ein Problem gelöst werden kann, d. h. ein Zweck erreichbar ist. Im Beispiel des Obstkorbes kann dieser die Auswahl bestimmende Zweck sehr verschieden aussehen: Die Früchte können vorgezogen werden je nachdem, ob damit ein Hunger- oder ein Durstgefühl befriedigt, ob sie als Dekoration oder als Wurfgeschoß gegen einen mißliebigen Redner benutzt werden sollen. Unter dem Gesichtspunkt eines bestimmten Zweckes werden also verschiedene Mittel auf ihre Geeignetheit überprüft und als mehr oder weniger adäquat eingestuft. Die Frage nach der Adäquanz ist die Frage nach der Herbeiführung einer erstrebten Wirkung, primär nicht die Frage nach Nebenwirkungen. Erst wenn sich zwei oder mehrere Mittel im Hinblick auf den ausgewählten Bezugsgesichtspunkt als gleichwertig, als funktional äquivalent erweisen, werden auch Nebenwirkungen mit in die Prüfung einbezogen. Bevor wir dieses Entscheidungsverfahren in die Rechtsvergleichung übernehmen, sollen noch seine grundsätzlichsten Prämissen kurz dargestellt werden.

Würde man im genannten Beispiel annehmen, „Früchte sind zum Essen da", anders ausgedrückt, Früchten sei der Zweck immanent, der Ernährung von Mensch und Tier zu dienen, so wäre die beschriebene, auf einen *willkürlichen* Zweck bezogene (funktionale) Methode ausgeschlossen. Die alte Vorstellung einer invarianten Verbindung von Mittel und Zweck als invariante Verbindung von Ursache und Wirkung ist aber aufgegeben. Man hat erkannt, daß die Ursachen einer Wirkung und die Wirkungen einer Ursache jeweils im Unendlichen verlaufen. Keine Ursache reicht allein zur Bewirkung einer Wirkung aus, so wie auch keine Ursache nur eine einzige Wirkung hat. Die Aufstellung von Kausalbeziehungen hat daher nur heuristischen Wert. Ursachen und Wirkungen sind Variablen, die erst die Suche nach funktionalen Äquivalenten ermöglichen. Eine Ursache kann als funktionaler Gesichtspunkt für den Vergleich von Wirkungen, eine Wirkung als eben solcher für den Vergleich von Ursachen konstant gesetzt werden. Diese Neuformulierung des Zweck-Mittel-Schemas[86] hat fundamentale Bedeutung für jede vergleichende Sozialwissenschaft. Die Komplexität der Kausalverläufe schließt deren Vergleichung von vornherein aus. Sinnvolle

[86] Sie beruht wesentlich auf Luhmann, Zweckbegriff. Die dort enthaltenen systemtheoretischen Folgerungen bleiben hier unberücksichtigt.

Aussagen gelingen deshalb, weil jedes Handeln mehrere Wirkungen hat, nur über eine Art Scheuklappenverfahren, das immer nur *eine* Folge der Handlungen in den Blick geraten läßt und alle anderen, nicht das ausgewählte Ziel betreffenden Handlungsfolgen als bloße Nebenfolgen neutralisiert. Dies ist zwar als isolierter Prüfungsvorgang ein radikales und geradezu unmoralisches Verfahren. Es ist jedoch weit weniger problematisch, wenn man bedenkt, daß man es beliebig oft mit anderer Zwecksetzung und daher anderer Folgenneutralisierung wiederholen kann.

Die durch den Zweck geleitete Entdeckung geeigneter Mittel und die Wertneutralisierung unbezweckter Folgen des Handelns gelingen allerdings nur, wenn der Zweck weder zu spezifisch noch zu allgemein gewählt ist. Im ersteren Fall kommen zu wenig Handlungsalternativen ins Blickfeld, so daß sich der Sinn des Vergleichens nicht erfüllen kann, im zweiten Fall verschwindet der Sinn der Zwecksetzung, nämlich die Auswahl eines überschaubaren Entscheidungsbereichs.

Die Strategie der Zweckorientierung setzt schließlich eine empirische Definition, also Operationalisierung der bezweckten Wirkung voraus. Die Zweckerreichung muß mit wahrnehmbaren Tatsachen feststellbar und in ihrem Ausmaß meßbar sein, wobei auch der Zeitraum, in dem die Wirkung eintreten soll, als Faktor in die Definition einzugehen hat.

Entscheidungstheorien sind bestrebt, geeignete Maßnahmen für Problemlösungen zur Verfügung zu stellen. Die Suche nach geeigneten Maßnahmen für die Lösung ihr relevant erscheinender Probleme hat sich die angewandte Rechtsvergleichung zur Aufgabe gemacht. Eine Theorie, die diesem Anspruch gerecht würde, fehlt jedoch bisher. Es spricht einiges dafür, daß der dargestellte zweckfunktionale Theorieansatz hier nicht nur einen konsistenten und soziologisch vertretbaren, sondern auch praktikablen Weg weist.

Daß Normen in ein Zweck-Mittel-Schema eingeordnet werden können, ist spätestens seit *Jhering* nichts Neues mehr. Die Instrumentalisierung dieses Schemas durch *willkürliche* Zwecksetzung unter Aufgabe jeder konstanten Bindung zwischen Norm und Zweck ist dann nur ein kleiner, aber nützlicher Schritt. Er bringt den Vorteil universaler Vergleichbarkeit von Normen unter dem jeweils ad hoc ausgewählten Bezugsgesichtspunkt eines Zwecks. Dieser Zweck, den wir als geschätzte Wirkung definiert haben, ist nun allerdings nicht mehr ein vorgestelltes Ziel, nicht eine hypothetische, sondern vielmehr eine reale Gestaltung der sozialen Wirklichkeit. Es ist besonders wichtig, dies zu betonen, denn hierin unterscheidet sich der vorgeschlagene zweckfunktionale Ansatz wesentlich von dem problem-orientierten Vorgehen der modernen rechtlich-funktionalen Rechtsvergleichung[87]. Vergleichskonstante ist nicht mehr eine normative Verhaltenserwartung etwa der Art, eine Regelung „schütze“ den Käufer vor unüberlegten Haustürgeschäften, die getrennt lebende Ehefrau vor Verlust ihres Unterhaltsanspruchs, die Umwelt vor giftigen Autoabgasen, vielmehr ist Bezugspunkt die tatsächliche Bewirkung dieses Schutzes im sozialen Kontext. Unentbehrlich ist es also immer, sowohl die gerichtliche Entscheidungspraxis einzubeziehen als auch die Rechtswirklichkeit auf Hindernisse zu überprüfen, die möglicherweise das Schutzziel vereiteln. Ist diese Kausalanalyse eine Mehrbelastung rechtsvergleichender Arbeit, so ist auf der anderen Seite eine erhebliche Entlastung darin zu sehen, daß Wirkungen der Norm, die den ausgewählten Bezugsgesichtspunkt nicht betreffen, zunächst ganz außer Betracht bleiben können. Sie bleiben als bloße Nebenfolgen so lange neutralisiert, bis zwei oder mehr funktional äquivalente Normen gefunden sind, die dann auf einen weiteren Zweck bezogen werden können.

Die Forschungsmöglichkeiten dieser Entscheidungstheorie sind damit noch keineswegs erschöpft. Die Relativität von Zweck und Mittel bedingt, daß je nach der gerade interessierenden Kausalverbindung Mittel auch als Zwecke und Zwecke auch als Mittel gesehen werden können. Das heißt in unserem Zusammenhang, daß nicht nur Normen auf die Erfüllung eines Schutzzweckes hin untersucht werden können, sondern daß dieser auch, wenn man will, in Frage gestellt werden kann: mehrere Schutzzwecke lassen sich dann als funktionale Äquivalente zur Erreichung einer anderen geschätzten Wirkung miteinander sinnvoll vergleichen. Dazu ein Beispiel: Verschiedene gesetzliche Regelungen werden daraufhin überprüft, inwieweit sie zur Entgiftung von Autoabgasen beitragen. Dieses Regelungsziel wird seinerseits einem Vergleich mit anderen Zielen des Umweltschutzes unterzogen, um etwa die jeweilige Eignung im Hinblick auf Werte wie Schnelligkeit des Erfolgseintritts oder Vermeidung sozialer Kosten festzustellen. Es wird deutlich, daß bei diesem Verfahren die Vorstellung einer Normen- wie einer Werthierarchie entbehrlich ist.

Der Ablauf einer rechtsvergleichenden Suche nach geeigneten Lösungen für soziale Probleme läßt sich jetzt unter Verwertung der in dieser Arbeit angestellten Überlegungen in einem Entscheidungsprogramm formulieren. Ein einfaches Programm, in dem z. B. die Funktionsanalyse von Zielen nicht enthalten ist, könnte etwa folgendermaßen aussehen[88]:

---

[87] Die wichtige Unterscheidung zwischen rechtlich-funktionaler und sozialfunktionaler Methode wird auch schon bei Rotter (oben N. 72) 82 getroffen.

[88] Das Programm ist je nach Forschungsinteresse variabel, wobei allerdings zu beachten ist, daß die Kausalbeziehungen immer nur in Richtung auf *ein* Regelungsziel verglichen werden können.

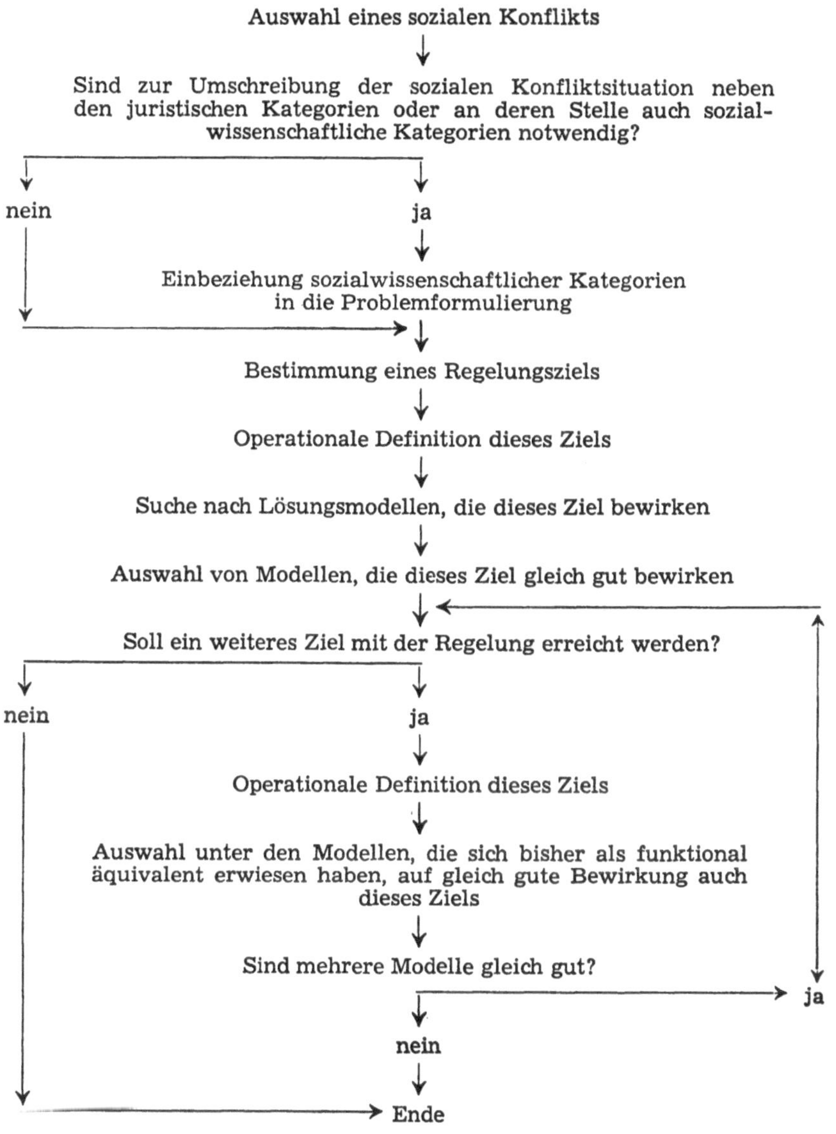
Auswahl eines sozialen Konflikts
Sind zur Umschreibung der sozialen Konfliktsituation neben den juristischen Kategorien oder an deren Stelle auch sozialwissenschaftliche Kategorien notwendig?
nein
ja
Einbeziehung sozialwissenschaftlicher Kategorien in die Problemformulierung
Bestimmung eines Regelungsziels
Operationale Definition dieses Ziels
Suche nach Lösungsmodellen, die dieses Ziel bewirken
Auswahl von Modellen, die dieses Ziel gleich gut bewirken
Soll ein weiteres Ziel mit der Regelung erreicht werden?
nein
ja
Operationale Definition dieses Ziels
Auswahl unter den Modellen, die sich bisher als funktional äquivalent erwiesen haben, auf gleich gute Bewirkung auch dieses Ziels
Sind mehrere Modelle gleich gut?
ja
nein
Ende

III. Beispiel für die Anwendung des Entscheidungsprogramms: das Haustürgeschäft

Dieses Beispiel erhebt keinerlei Anspruch auf inhaltliche Richtigkeit[89]. Abgesehen von der Darstellung des Programmablaufs kann es zeigen, daß durch die genaue Problemformulierung (es handelt sich hier deutlich um ein Unterschichtenproblem) Lösungsmodelle in den Blick geraten, die man sonst möglicherweise für sachfremd gehalten hätte. Man beachte ferner, daß sowohl bei der Problemanalyse wie auch bei der Kausalanalyse von Lösungen sozialwissenschaftliche Methoden angewandt werden, wo es notwendig erscheint. Voraussetzung hierfür ist im Rahmen der Kausalanalyse die strenge Anwendung des Zweck-Mittel-Schemas, wie es im Text erläutert wurde.

Konflikt	Haustürgeschäfte
Sind sozialwissenschaftliche Kategorien zur Beschreibung des Problems notwendig?	Ja. Der Problemkreis ist relativ neu durch: hohe Anzahl von Vertreterbesuchen, hohen Konsumanreiz durch Werbung, Vorhandensein frei verfügbarer Geldmittel und pfändbaren Eigentums auch in Schichten mit geringer Bildung, hochentwickelte Verkaufspsychologie.
Problemformulierung	Die Vertreter entstammen in der Regel einer unteren Mittelschicht, mittlerer Bildungsgrad, meist kaufmännische Ausbildung, Jahreseinkommen im Durchschnitt ...
	Die besuchten Personen gehören überwiegend der Unterschicht an, niedriger Bildungsgrad, Eigentumsverhältnisse im Durchschnitt ..., Einkommen im Durchschnitt ...
	Die Vertreterbesuche finden tagsüber statt, daher werden weit überwiegend Hausfrauen mit mehreren Kindern angetroffen. Wegen der Arbeitsüberlastung dieser Frauen steht für das Verkaufsgespräch wenig Zeit zur Verfügung, die Kinder lenken die Aufmerksamkeit ständig ab.
	Die Lage der ausländischen Arbeitnehmer stellt sich folgendermaßen dar ...
	Bei den angebotenen Gegenständen handelt es sich vorwiegend um Haushaltsgeräte, Zeitschriften, Lexika ... Die erstgenannten Gegenstände werden zu 70 v. H., die zweitgenannten zu 50 v. H. und die letztgenannten zu 40 v. H. durch Vertreterbesuche verkauft.

[89] Vgl. die Problemlösung, die der deutsche Gesetzgeber inzwischen mit § 1 b AbzahlungsG versucht hat. Das vom Verf. in der Originalfassung ferner behandelte Beispiel des Umweltschutzes ist inzwischen durch seine Arbeiten im Rahmen des Hamburger Max-Planck-Instituts weiterentwickelt worden und kann beim jetzigen Neuabdruck entfallen (d. Herausg.).

Die typischen Vertragsbedingungen sehen folgendermaßen aus ...

Im Bezirk des Oberlandesgerichts Hamburg sind im Jahre 1969 ... Verurteilungen wegen Betrugs im Zusammenhang mit Haustürgeschäften erfolgt. Die Zahl der betrogenen Personen läßt sich aufgrund der vorgenommenen Aktenauswahl auf ... schätzen. Pfändungen aufgrund von nicht erfüllten Haustürgeschäften haben folgenden Umfang ...

Die entsprechenden Zahlen für den eine mehr ländliche Region umfassenden Bezirk des Oberlandesgerichts ... ergeben folgendes Bild ...

Regelungsziel I

Schutz des besuchten Personenkreises vor Vertragsschlüssen, die seiner wirtschaftlichen Lage nicht entsprechen.

Operationale Definition

Die Schutzwirkung muß den Personenkreis ungelernter Arbeiter und hier insbesondere auch Ausländer einbeziehen. Geschäfte, die der wirtschaftlichen Lage der Käufer nicht entsprechen, sind solche, die ... v. H. des Monatseinkommens übersteigen oder deren Abzahlung sich auf mehr als ... Monate erstreckt.

Lösungsmodelle

Rechtsordnung A: Händlern droht bei Besuchen in bestimmten Bezirken (Slums, Indianerreservaten), die vorwiegend von sozial diskriminierten Bevölkerungsteilen bewohnt werden, die Todesstrafe.

Rechtsordnung B: Die Käufer könnten unter bestimmten Voraussetzungen gerichtliche Vertragsauflösung erwirken.

Rechtsordnung C: Ordnungspolizeiliches Verbot, bei Hausbesuchen Waren anzubieten, die einen bestimmten Wert übersteigen.

Rechtsordnung D: Rücktrittsrecht des Käufers innerhalb von drei Tagen.

Rechtsordnung E: Rücktrittsrecht des Käufers innerhalb von sechs Monaten.

Rechtsordnung F: Erhebliche Anhebung der Pfändungsfreigrenze.

Modellauswahl

Modell B ist generell für Unterschichten unbrauchbar, da die notwendige Orientierung über das Beschreiten des Gerichtsweges fehlt.

Modell C ist unwirksam, da schwer sanktionierbar. Gerade die des Schutzes am stärksten bedürftigen Schichten werden das Verbot nicht kennen und Zuwiderhandlungen nicht zur Anzeige bringen.

Modell D ist aufgrund der durchgeführten empirischen Untersuchung speziell für Ausländer nicht als ausreichend anzusehen, da die Sprachschwierigkeiten (Verstehen des Vertrags und Aufsetzen eines Widerrufs) in dieser Frist nicht überwunden werden können.

	Das angestrebte Schutzziel wird jedoch etwa gleich gut bewirkt durch die Modelle A, E, F.
Soll ein weiteres Ziel erreicht werden? Regelungsziel II	Ja. Geringstmöglicher Eingriff in den freien Wirtschaftsverkehr.
Operationale Definition	Zum freien Wirtschaftsverkehr gehören sowohl die Handlungs- und Werbefreiheit von Unternehmer und Vertreter als auch die Möglichkeit zu betriebswirtschaftlicher Kalkulation.
Modellauswahl (soweit Modelle noch nicht ausgeschieden)	Modell A schränkt die Handlungsfreiheit von Vertretern zu weit ein und scheidet aus. Modell E beschneidet die Kalkulationsmöglichkeit des Unternehmers zu stark (vgl. das eingeholte betriebswirtschaftliche Gutachten). Modell F erhöht das Abschlußrisiko für den Vertreter. Da es aber leicht kalkulierbar ist, ist der Eingriff in den freien Wirtschaftsverkehr gering. Dieses Modell ist daher vorzuziehen.
Sind mehrere Modelle gleich gut?	Nein. Es bleibt bei Modell F.

IV. Schlußbemerkung

Wenn sich die skizzierte zweckfunktionale Vergleichsmethode als brauchbar erweist, lassen sich die bisher wenig praktisch gewordenen Verbindungsstellen zwischen Rechtsvergleichung und Rechtssoziologie genauer konkretisieren: sie finden sich in der Phase der Problemformulierung und in der Phase der Kausalfeststellung zwischen der Norm und dem jeweils interessierenden Regelungsziel bzw. zwischen zwei Regelungszielen im Falle der Prüfung von Zielfunktionen.

Weder Rechtsvergleichung noch Rechtssoziologie haben bisher die praktische Beachtung gefunden, die sie anstreben. Der Grund hierfür kann darin liegen, daß der Rechtsvergleichung die sozialwissenschaftliche Absicherung ihrer Aussagen fehlte und der Rechtssoziologie die unmittelbare Relevanz für die juristische Entscheidung. Falls sich beide Wissensbereiche in der vorgeschlagenen Form zusammenfinden, könnte das gemeinsame Ziel sozialer Wirksamkeit näher gerückt sein.

DIE SOZIOLOGISCHE DIMENSION DER RECHTSVERGLEICHUNG

Von Konrad Zweigert*

Dem Thema dieses Vortrags[1] nähere ich mich nicht ohne Zagen: solche selbstgewählten Themen entspringen ja meist dem Gefühl, daß man dazu gern Näheres wüßte, als es tatsächlich der Fall ist, also dem Wissensdrang oder der Wißbegier, die ja die Triebkraft allen Denkens und Forschens sind. Das bedeutet aber zugleich, daß man darüber im Grunde noch nicht genug weiß. Und die Chance, daß das gewünschte Mehr unter der Pression des bevorstehenden Termins sich gleichsam automatisch durch das intellektuelle Röhrenwerk presse oder sich gar explosiv ereigne, ist zwar möglich, aber nicht mit Sicherheit abzuschätzen. So nehmen Sie das Folgende hin als Vorüberlegungen oder Prolegomena zu einem Thema, in das voll einzudringen ein sogen. Festvortrag, besser das ermunternde Wort zu Beginn einer Tagung von Spezialisten, nicht der rechte Ort und eine Kollegstunde nicht die benötigte Zeit ist.

---

* RabelsZ 38 (1974) 299 - 316.

[1] Vortrag, gehalten auf der Hamburger Tagung der Gesellschaft für Rechtsvergleichung am 20. 9. 1973. Dem langjährigen Kollegen und Freund *Paul Heinrich Neuhaus* unter Beibehaltung der Vortragsform zum 60. Geburtstag zugeeignet — auch deshalb, weil er sich von solchen Veranstaltungen fernzuhalten pflegt.

Zum gesamten Thema vgl. Carbonnier, Sociologie juridique (1972) 22 und passim (bespr. von Zajtay, Rev. int. dr. comp. 24 [1972] 728 ff.); ders., L'apport du droit comparé à la sociologie juridique, in: Livre du Centenaire de la société de législation comparée (1969) 75 ff.; Constantinesco, Rechtsvergleichung II (1972) 261 ff. und passim; Drobnig, Rechtsvergleichung und Rechtssoziologie: RabelsZ 18 (1953) 295 ff. u. oben S. 20 ff.; Wolfgang Friedmann, Recht und sozialer Wandel (1969); Ernst A. Kramer, Topik und Rechtsvergleichung: RabelsZ 33 (1969) 1 ff.; Manfred Rehbinder, Einführung in die Rechtssoziologie (1971) 195; Norbert Reich, Sociological Jurisprudence und Legal Realism im Rechtsdenken Amerikas (1967); Rheinstein, Marriage Stability, Divorce, and the Law (1972) (bespr. von Neuhaus, RabelsZ 37 [1973] 825 f.); Studien und Materialien zur Rechtssoziologie, hrsg. von E. Hirsch und Manfred Rehbinder (1967); Hans Heinrich Vogel, Der skandinavische Rechtsrealismus (1972); Wengler, Gedanken zur Soziologie und zur Philosophie der Rechtsvergleichung, in: Buts et méthodes du droit comparé, hrsg. von Rotondi (1973) 725 ff.; Wieacker, Privatrechtsgeschichte der Neuzeit² (1967) 572 ff.

Über vergleichende Methoden allgemein siehe Saul B. Robinsohn, Vergleichende Erziehungswissenschaft, in: Handbuch pädagogischer Grundbegriffe, hrsg. von Speck und Welle I (1970) 456 ff.; ders., Erziehung als Wissenschaft (1973) 313 ff.

I.

„Die soziologische Dimension der Rechtsvergleichung". — Im 2. Kapitel des „Siebenkäs" von *Jean Paul* lese ich den Satz: „Ich brauche dem juristischen Leser nicht zu sagen, daß das Ratsdekret nicht mit dem Gerichtsbrauch von Böhmen, allwo 31 Jahre zur Verschollzeit nötig sind, sondern mit dem vorigen in Frankreich harmoniere, wo 10 Jahre hinreichen."

Diesem verehrten Auditorium brauche *ich* nicht zu sagen, daß dieser Satz nicht das ausdrückt, was wir heute unter Rechtsvergleichung verstehen.

Die *soziologische* Dimension der Rechtsvergleichung: *Soziologie* als das theoretische Verständnis der Probleme des Menschen in Gesellschaft und Kultur ist seit einiger Zeit wieder modern. Und das ist auch richtig und wichtig, nachdem sie als Ganzes und in dem uns speziell angehenden Teilgebiet als Rechtssoziologie während der Zeit des Nationalsozialismus mit ihren besten Gelehrten aus unserem Lande ausgetrieben und nahezu vernichtet worden war. Ihr Erholungsprozeß ließ auch nach 1945 noch länger auf sich warten, ja er nähert sich gerade im gegenwärtigen soziologischen Boom vielleicht erst entscheidend der kritischen Grenze, d. h. dem Punkt, wo der uns Juristen verwirrende Methodenstreit wenn nicht entschieden, so doch in einen transparenten Zustand gebracht werden könnte, der auch für unsere Untersuchungen hilfreich wäre.

Ich sage Soziologie, Rechtssoziologie vor allem, ist wichtig. Sie ist es auch und gerade für uns Juristen und Rechtsvergleicher. Das Motto unserer französischen Schwestergesellschaft — lex multiplex universa curiositas, ius unum — will konstatieren, daß es mit der Jurisprudenz auf dieser Erde ganz eigentümlich bestellt ist: Rechtswissenschaft in der Gestalt der sogen. Dogmatik ist — anders als jede andere Wissenschaft auf dieser Erde national abgekapselt, weil Dogmatik das Interpretieren, Einordnen und praxisnahe Herrichten des geschriebenen oder durch Richter erkannten Normengefüges ist, das sich seinerseits als von nationaler Provenienz erweist. Die Rechtsvergleichung bemüht sich seit langem, die nationalen Rechtsdogmatiken unserer Welt aus diesem Gefängnis zu befreien, und sie hatte darüber — ähnlich der Rechtssoziologie — auch lange mit Schwierigkeiten, Vorurteilen und dem schlichten Faktum zu kämpfen, daß die jungen Juristen, an national beengtem Material geschult und erzogen, mit also beschnittenen Flügeln beruflich wirken müssen und in Praxis und Amt den weiten Atem einer übernationalen Jurisprudenz nur ausnahmsweise zu spüren bekommen. Wie in Deutschland die Rechtssoziologie ihre Forscher, so verlor auch die Rechtsvergleichung die ihrigen in der schlimmen Zeit von 1933 bis 1945 weithin. Rechtssoziologie und Rechtsvergleichung haben also ähnliche Schicksale gemeinsam; sie sind aber auch von der Sache her verschwisterte Disziplinen. Der Drang der Rechtsvergleicher, in ausländischen Systemen nach besseren Lösungen des in jedem Rechtssatz versteckten Sozialproblems zu suchen, ist verwandt mit dem Drang der Rechtssoziologen, die gesellschaftlichen Komponenten und Implikationen des Rechts aufzudecken, Geburt, Leben und Absterben formell geltender Rechtssätze zu erkennen, Verzerrungen und Ordnungsverluste in Rechtssystemen durch Aufdecken ihrer Ursachen (Werteschwund, überholte Sanktionsmuster, intransparente Machteinflüsse) empirisch aufzuweisen und sichtbar zu machen und in der soziologischen Grundlagenforschung umfassende Handlungsstrukturen, Systemanalysen (betr. das gesamte System mit seinen diversen Subsystemen) und Interaktionsmuster theoretisch zu entwickeln und für die empirische soziologische Forschung handlich zu machen. Im letzten Grund liegt allen rechtsvergleichenden und rechtssoziologischen Forschungen idealiter die humane Einsicht zugrunde, daß dem Menschen in seiner tief angelegten Gefährdung Modelle zur Besserung seiner individuellen und gesamtgesellschaftlichen Position durch wissenschaftlich erkennbare Handlungs- und Interaktionsmuster, durch effizientere Gesamt- und Subsysteme angeboten und überzeugend gemacht werden müßten.

Ich meine, daß wir Rechtsvergleicher der Rechtssoziologie mehr Einsichten bieten können, als die Rechtssoziologen in ihrer Mehrheit bisher wissen. Daß die Rechtsvergleichung mit rein juristischen Denkkategorien nur die handfesten klassischen Rechtsquellen prüfe und vergleiche, ist eine längst überholte Vorstellung. Die Rechtsvergleichung bemüht sich vielmehr darum, die Rechtswirklichkeit hinter den geschriebenen Rechtssätzen zu erkennen. *Heldrich* hat kürzlich im einzelnen dargetan, was die Rechtssoziologen von der Rechtsvergleichung profitieren können[2]. Ich will die Arbeitshilfen, die die Rechtssoziologie unserer rechtsvergleichenden Forschung entnehmen kann, nur stichwortartig andeuten: das Recht als Funktion des Soziallebens zu sehen und hinter jeder erkannten Lösung das soziale Ordnungsproblem zu erkennen, das die jeweilige rechtliche Lösung zu bewältigen versucht. Dies ist mit der vergleichenden Methode sicherer und sinnfälliger zu leisten, als wenn man versucht, die faktische Bedingtheit des Rechts durch die gesellschaftlichen Verhältnisse nur im Bereich *einer* nationalen Rechtsordnung empirisch zu verifizieren. Dagegen ist einzuräumen, daß die Folgen der verglichenen rechtlichen Lösungen, die soziale Effektivität von Rechtsnormen, der „impact of law on society", uns Rechtsvergleichern

---

[2] Heldrich, Sozialwissenschaftliche Aspekte der Rechtsvergleichung: RabelsZ 34 (1970) 427 ff. und unten S. 178 ff.; vgl. auch Bernstein, Rechtsstile und Rechtshonoratioren, ebd. 443, 455.

mehr Schwierigkeiten bereitet als den Soziologen. Immerhin werden auch hier — selbst ohne empirische Einzeluntersuchungen — dem Rechtsvergleicher gewisse Ergebnisse deutlich, die Fehler bei der Normenbildung durch den Gesetzgeber oder die Judikatur und bei der vergleichenden Analyse verhindern können. *Neumayer*[3] legte kürzlich eine lange Liste von Beispielen vor, von denen ich eines auswähle: das portugiesische Recht sieht die Ehescheidung mit einem ausführlichen Katalog von Scheidungsgründen vor; da dieses Scheidungsrecht aber nur für Ehen gilt, die vor dem Standesbeamten geschlossen werden, die große Mehrheit der Ehen aber kirchlich zustande kommt, ist das portugiesische Scheidungsrecht faktisch totes Recht[4].

II.

Von meinem Thema ist freilich für uns Rechtsvergleicher bedeutsamer die Frage, wie wir uns zur Rechtssoziologie zu verhalten haben, ob hier schon genug geschieht und wo die Kontaktschwierigkeiten zwischen beiden Disziplinen und die Grenzen unserer eigenen Aktivität liegen.

Wir sollten uns als Rechtsvergleicher, so meine ich, den rechtssoziologischen Bemühungen zugleich mit Energie und mit einer gewissen Vorsicht nähern. Mit Energie, weil unsere wissenschaftliche Arbeit als Rechtsvergleicher in weiten Bereichen ohne eigene rechtssoziologische Forschungen oder ohne Bemühung fremder Forschungen ihre Ergebnisse der Gefährdung durch Ungewißheit oder gar Beliebigkeit aussetzt. Aber *auch mit Vorsicht* sollten wir uns der Rechtssoziologie nähern und bedienen, weil die Soziologie sich zwar zutraut, Gesamtsysteme zu vergleichen (was durchaus legitim ist), aber dabei — oft unbewußt, nicht selten auch bewußt und gezielt — das bessere System mit ihren Argumentationsmethoden quasi wissenschaftlich als das überlegene beweist, mit der ausgesprochenen oder impliziten Folgerung, die wissenschaftlich als unterlegen erkannten Systeme (es sind heute meist die als „spätkapitalistisch" bezeichneten) seien zu beseitigen, und das bessere System sei nun zu verwirklichen. Hier gilt es, die *Grenze wissenschaftlicher Erkenntnisse in den Sozialwissenschaften* deutlich zu

[3] Neumayer, Fremdes Recht aus Büchern, fremde Rechtswirklichkeit und die funktionelle Dimension in den Methoden der Rechtsvergleichung: RabelsZ 34 (1970) 411 ff.

[4] Über die — negativen — Auswirkungen neuer südamerikanischer Kodifikationen auf das Verhalten der Unternehmer und Kaufleute und auf die Sicherheit kleinerer Anleger interessant Kozolchyk, Toward a Theory on Law in Economic Development — The Costa Rican USAID-ROCAP Law Reform Project, Law and the Social Order: Ariz. State Univ. L. J. 1971, 684; ders., Commercial Law Recodification and Economic Development: Lawyer of the Americas 4 (1972) Nr. 2.

sehen. Was die Soziologie angeht, so ist es nicht meine Aufgabe, steht auch jenseits meines Vermögens, jene Grenze exakt zu erforschen und zu fixieren. Dort liegt das Problem in der seit *Max Weber* vieldiskutierten „Wertgebundenheit und Objektivität in den Sozialwissenschaften“[5].

Ich kann hier nur als Rechtsvergleicher argumentieren und aussprechen, was wir zu sehen meinen. Dabei gehe ich, wie früher schon anderen Orts begründet, von der Einsicht aus: die Rechtsvergleichung ist selbst eine Sozialwissenschaft (während die nationalen Rechtsdogmatiken — zumindest bei uns — sich selbst noch als interpretative Geisteswissenschaft verstehen)[6].

Die komparative Jurisprudenz vergleicht auf der Suche nach besseren Lösungen vornehmlich *konkrete Einzelprobleme*, die ihrer Bedeutung nach bescheiden oder höchst anspruchsvoll sein können: bescheiden, aber nicht unwichtig ist etwa im Vertragsrecht eine vergleichende Untersuchung über die Bindung an die Offerte, höchst anspruchsvoll ist ein Projekt über das privatrechtliche Instrumentarium des Umweltschutzes, das gerade im Hamburger Max-Planck-Institut anläuft. Man nennt diese Vergleichung konkreter Probleme gelegentlich Mikrovergleichung. Wir kennen aber auch eine Art Makrovergleichung: die Vergleichung ganzer Gruppen von Rechtsordnungen durch Erforschung gemeinsamer oder differenter Stilelemente mit dem Ziel, die zunächst unüberschaubare Vielfalt der Rechtsordnungen durch Aufteilung in sogen. Rechtskreise oder Rechtsfamilien überschaubarer zu machen. Gemeinsam ist beiden Arten von Rechtsvergleichung, der Mikro- und der Makrovergleichung, das Vorgehen, in die vergleichende Untersuchung auch kritische Momente einzubauen: man kann das Bessere vom Schlechteren nicht scheiden, ohne kritische Analysen anzustellen. Die Methoden dieser kritischen Analyse sind schwierig und sicher heute noch nicht voll geklärt. Einstweilen sehe ich nur so viel: rechtsvergleichende Wertung auf der Suche nach besseren Lösungen ist überall dort möglich und sinnvoll, wo die verglichenen Rechtsordnungen nach tatsächlichen Voraussetzungen und sozialen Zielvorstellungen von gleichen Grundlagen ausgehen. Die bloße Verschiedenheit rechtlicher Lösungen ist kein Hindernis, auch wenn sie im tatsächlichen Ergebnis eine verschiedene Interessenwertung bedeutet. Kritisch-vergleichende Wertung — nicht etwa Rechtsvergleichung als solche — wird erst dort unmöglich, wo die Verschiedenheit der sozialen Wirklichkeit rechtlich vergleichbare Probleme nicht entstehen läßt oder wo gegensätzliche soziale Grundentscheidungen dem Recht von vornherein andere Zwecke setzen

---

[5] So der Titel des Beitrages von Talcott Parsons in: Verhandlungen des 15. Deutschen Soziologentages „Max Weber und die Soziologie heute“ (1965) 39 ff.; vgl. dort auch die Beiträge von Topitsch 19 ff. und Rossi 87 ff.

[6] Vgl. aber Rittner, Die Rechtswissenschaft als Teil der Sozialwissenschaften, in: Zur Einheit der Rechts- und Staatswissenschaften (1967) 97.

und diese Grundentscheidungen nicht nur Theorie geblieben sind, sondern sich in die Rechtswirklichkeit umgesetzt haben. Die kritische Wertung dieser Grundentscheidungen selbst geht über den Bereich der Rechtswissenschaft hinaus, ist jedenfalls keine legitime Aufgabe für die Rechtsvergleichung[7].

Sicher ist uns folglich: die qualitative Überlegenheit einer Rechtsfamilie gegenüber einer anderen, etwa zwischen den Rechtskreisen Common Law, kontinentale Rechtsordnungen, sozialistische Rechtsordnungen, können wir mit einiger wissenschaftlicher Zuverlässigkeit nicht feststellen. Zwar sprechen wir auch in der Makrovergleichung von weniger entwickelten Ländern und höher entwickelten Ländern, aber hiermit meinen wir nur, daß die unzureichende zivilisatorische Ausstattung der Entwicklungsländer sich auch im Entwicklungsstande des Rechts widerspiegelt, daß wir hier also auch gleichsam juristische Entwicklungshilfe zu leisten haben, etwa durch Entsendung von Rechtslehrern und jegliche Hilfe, die damit zusammenhängt. Aber zwischen *entwickelten* Rechtssystemen wissenschaftlich begründete generelle Qualitätsabwägungen zu liefern, dies scheint mir jedenfalls — und wohl den meisten unserer rechtsvergleichenden Zunft — nicht möglich zu sein. Hier geht es um politische Entscheidungen mit gewiß vielen Möglichkeiten der Differenzierung und Gewichtung, deren wissenschaftlicher Objektivierungsprozeß aber auch den anderen Sozialwissenschaften (der Soziologie, der Politologie, der Wirtschaftswissenschaft) nicht gelungen ist und, wie ich meine, auch nicht gelingen kann. Die Fülle von neuen Begriffen, Vokabeln und krausem Zunftjargon[8] schafft gelegentlich dort eine Verdüsterung des Begriffshimmels, hinter dem sich vielleicht nur die schlichte Erkenntnis verbirgt, daß sich politische Entscheidungen nicht verwissenschaftlichen lassen. So sehr der Politiker sich wissenschaftlicher Beratung bedienen sollte, seine Entscheidung liegt — negativ oder positiv — in einer transwissenschaftlichen Dimension. Soviel nur zu meiner Einschränkung, daß wir unsere zweifellos hochwichtige Annäherung an die Soziologie, vor allem die Rechtssoziologie, nicht blindlings, sondern mit kritischer Brille bewerkstelligen sollten.

---

[7] Näheres in meinem Aufsatz „Die kritische Wertung in der Rechtsvergleichung", in: Law and International Trade, Festschrift Clive M. Schmitthoff (1973) 403 ff.

[8] Freyer, Soziologie als Wirklichkeitswissenschaft (1930) 5: „Dadurch, daß man alle Erscheinungen, die das Merkmal des Gesellschaftlichen an sich tragen, mit Fremdworten bezettelt und sauber in Typen ordnet, wird man der gesellschaftlichen Welt nicht wissenschaftlich Herr."

III.

Wichtiger ist mir das weit ergiebigere positive Moment: eine wesentlich verstärkte Aufgeschlossenheit der Rechtsvergleichung gegenüber der Soziologie; hier vor allem — gleichsam als erster Schritt — gegenüber der *Rechtssoziologie*. Wo liegen hier die Berührungspunkte, Kooperationsmöglichkeiten und Grenzen?

1. Schon die Aufgliederung der Fülle von Rechtsordnungen, die es auf unserer Erde gibt — die Zahl von Rechtsordnungen beläuft sich heute, vor allem wegen des Anwachsens autonom gewordener Entwicklungsländer, auf mindestens 150 —, schon diese Aufteilung in Rechtsfamilien oder Rechtskreise bedarf wahrscheinlich präziserer rechtssoziologischer Instrumente, als wir sie bisher entwickelt haben. *Esmein* schlug bekanntlich schon im Jahre 1905 auf dem Pariser Kongreß als Unterscheidungskriterien vor: historische Entwicklung, die allgemeine Struktur und unterscheidende Züge. *Arminjon, Nolde* und *Martin Wolff* teilten die Rechtsordnungen nach ihrem *Inhalt* auf „en tenant compte de l'originalité, des rapports de dérivation et des ressemblances"; *René David* hielt nur zwei Unterscheidungskriterien für denkbar: das ideologische (Religion, Philosophie, politische, ökonomische und soziale Struktur), zum anderen das rechtstechnische (d. h. die Rechtsquellen). Ich selbst habe schließlich darauf aufmerksam gemacht, daß diese Aufgliederung der Rechtsordnungen einer materiebezogenen Relativität ausgesetzt sei; konkret: betreibe ich Rechtsvergleichung im Privatrecht, so gehören Frankreich und Italien sicher zu demselben, nämlich dem romanischen Rechtskreis; betreibe ich aber Rechtsvergleichung etwa im Verfassungsrecht, so kann der Existenz oder Nichtexistenz einer Verfassungsgerichtsbarkeit eine so stilbildende Kraft zukommen, daß insoweit die Vereinigten Staaten, Italien und die Bundesrepublik einen Rechtskreis bilden, Frankreich und England aber einem anderen zuzuschlagen wären. Mein Vorschlag war, die Rechtssysteme nach sogen. Rechtsstilen einzuteilen, und ich habe da als Stilelemente hervorgehoben: die historische Herkunft und Entwicklung einer Rechtsordnung, eine ihr eigene spezifische Denkweise, besonders kennzeichnende Rechtsinstitute, die Art der Rechtsquellen und ihre Auslegung, ideologische Faktoren. Dies sind zwar schon präzisere Instrumente, aber noch immer mehr der juristischen Allgemeinbildung entnommen als einer präzisen rechtssoziologischen Analyse. Was das Stilelement „spezifische juristische Denkweise" angeht, so haben *Kötz* und ich etwa den Zug zur Abstraktion, ebenso den Zug zum Antiformalismus, als typisch für den deutschen und romanischen Rechtskreis, nicht aber für das Common Law, hervorgehoben, die *Jhering*sche Idee vom Kampf ums Recht als typisch für die westliche Welt im Gegensatz zum Fernen

Osten, wo die Verhaltensnormen ihre Quellen weithin gar nicht im Recht haben, sondern in ungeschriebenen Statuten, die durch die Tradition harmonisch gebildet sind. Und wir knüpfen in Band I unseres Lehrbuches[9] daran die Betrachtung, die mein heutiges Thema unmittelbar angeht:

„Es liegt auf der Hand, daß auf diesem Felde die Rechtsvergleichung in ganz besonderem Maße der Unterstützung durch die Rechtssoziologie bedarf. Denn das Beispiel der fernöstlichen Rechte beweist, daß Gesetze und Kodifikationen, die etwa in Japan an Vollständigkeit und technischer Reife jeden Vergleich mit der entsprechenden Produktion europäischer Gesetzgeber aushalten, doch nur recht periphere Phänomene sein können, die mit den die Rechtswirklichkeit bewegenden Kräften weniger zu tun haben, als man zunächst meinen möchte. Ähnliche Fragen muß sich der Rechtsvergleicher aber auch beim Studium anderer Rechtsordnungen stellen. So haben wir nach den spärlich fließenden Informationen, die etwa aus Lateinamerika zu uns dringen, allen Anlaß zu glauben, daß auch dort das geschriebene Recht in der Rechtswirklichkeit eine vergleichsweise marginale Bedeutung hat und daß dem gerichtlichen Verfahren vor dem neutralen staatlichen Richter keineswegs diejenige Bedeutung als Mittel zur Beilegung sozialer Konflikte zukommt, wie sie uns aus Europa oder Nordamerika vertraut ist. Freilich sind das alles Vermutungen und Ahnungen: die rechtsvergleichend-soziologische Forschung steht heute erst am Anfang ihrer Entwicklung."

Schon bei dieser Grundeinteilung der Rechtsordnungen der Erde in überschaubare Gruppen, die für eine sinnvolle rechtsvergleichende Forschung unentbehrlich ist, bedürfen wir also einer Kooperation mit der Rechtssoziologie, einer kritischen Prüfung unserer Instrumente, unter Umständen ihrer Ersetzung durch völlig andere.

2. Noch bedeutsamer wird eine solche Kooperation in der sogen. Mikrovergleichung. Meist geht ja bei uns Rechtsvergleichern der Anstoß zu rechtsvergleichender Forschung davon aus, daß eine bestimmte rechtliche Lösung eines Sozialproblems in unserer eigenen Rechtsordnung uns nicht oder nicht mehr zu funktionieren scheint. Dieses Suchen nach besseren Lösungen wirft einmal besondere Probleme methodischer Art insofern auf, als zu entscheiden ist, welche Rechtsordnungen ich auf dieser Suche zu durchstöbern habe. Da die Möglichkeit, eine bessere Lösung entwickelt zu haben, potentiell jeder Rechtsordnung dieser Erde zuzugestehen ist, wäre es logisch folgerichtig, keine auszulassen. Ob nicht schon hier rechtssoziologische Analysen uns gewisse Schwerpunkte vermitteln und viel vergebliches Forschen ersparen könnten, will ich hier offenlassen. Dieses Problem beschäftigt uns praktisch im-

[9] Zweigert / Kötz, Einführung in die Rechtsvergleichung I (1971) 77 f.

mer wieder im Zusammenhang mit der „International Encyclopedia of Comparative Law“, wo sich der Druck von der Idealmethode zu pragmatischeren approaches immer wieder bemerkbar macht.

Ganz sicher aber bedürfen wir rechtssoziologischer Hilfe oder eigener rechtssoziologischer Forschung, wenn es darum geht zu entscheiden, ob die gefundene Lösung besser ist als unsere eigene, und wenn ja, ob sie sich bruchlos in unser eigenes System einfügen läßt. Um die Qualität der erforschten ausländischen Lösung zu bewerten, müssen wir wissen, ob sie in der ausländischen Rechtsordnung überhaupt lebendes Recht ist und wie sie dort funktioniert, d. h. wie sie sich dort gesellschaftlich auswirkt. Wir Rechtsvergleicher neigen bisher dazu, dergleichen stets — nicht ohne gewisse Naivitäten — aus unserem Judiz heraus zu entscheiden. Das kann zu einigermaßen verifizierbaren Ergebnissen nur selten führen. Auf der anderen Seite müssen wir die Grenzen deutlich sehen, die unserer eigenen Betätigung zur Verifizierung unserer Wertungen gesetzt sind. Ich hatte vor Jahren einmal für die Deutsche Forschungsgemeinschaft einen Forschungsplan zu begutachten, der sich auf das Funktionieren der gebräuchlichen ehelichen Güterstände in Frankreich bezog und die Finanzierung eigener empirischer Forschungen eines jungen deutschen Juristen in Frankreich zum Gegenstand hatte. Ich habe mich damals in meinem Gutachten skeptisch geäußert, weil ich meinte, ein Deutscher könne als Landfremder solche empirischen Forschungen dort nicht effizient durchführen[10]. Schon im eigenen Land ist so etwas nicht selten unmöglich: auch hier erinnere ich mich an einen Doktoranden, der an dem Thema „Der Schiffsbauvertrag“ deshalb scheiterte, weil es ihm trotz Eifers nicht gelang, von den Werften die erforderlichen Informationen zu erhalten; hier wurde offenbar, aus Gründen, die ich nur zu ahnen vermag, ein Schleier des Geheimnisses über diese harmlose Rechtsfigur ausgebreitet, der sich als undurchdringlich erwies. Wir müssen als Rechtsvergleicher wohl daraus allgemein den Schluß ziehen, daß unsere eigenen empirischen Forschungen über das tatsächliche Leben und Funktionieren einer im Ausland vorgefundenen Lösung in aller Regel so schwierig sind, daß wir vorerst andere Methoden anzuwenden haben. Eine andere Methode ist die, daß wir zunächst zu ermitteln suchen, ob von dort im Lande lebenden Wissenschaftlern — meist wohl Soziologen — vielleicht empirische Untersuchungen vorgenommen worden sind, die uns unser Werturteil über die Lösung selbst, ihr Funktionieren dort und eventuell auch über ihre Verpflanzbarkeit in unser eigenes System ermöglichen oder zumindest erleichtern. Solche Untersuchungen findet man gar nicht selten, manch-

[10] Es gibt freilich auch Gegenbeispiele: z. B. Bringezu, Begrenzung der Arbeitnehmerhaftung in der Bundesrepublik Deutschland, in England und Frankreich (Diss. Hamburg 1970) mit rechtstatsächlichen Aufzeichnungen auch für England und Frankreich, die das Bild vortrefflich abrunden.

mal schon in der ausländischen nationalen Rechtsliteratur, verläßlicher in empirischen Spezialuntersuchungen, wie sie vor allem in entwickelten Ländern — heute mit besonderer Intensität in den Vereinigten Staaten[11] — anzutreffen sind. Wo sie völlig fehlen, werden wir in der Tat in den rechtsvergleichenden Forschungsinstituten versuchen müssen, für die Rechtsvergleichung angemessene rechtssoziologische Methoden zu entwickeln[12], noch besser ausgebildete Rechtssoziologen zu beschäftigen, um dergleichen mit ihrer Hilfe und mit entsprechenden Hilfen ausländischer Kollegen auf eigene Faust veranstalten zu können.

Summa: Die Rechtsvergleichung bedarf einer Kooperation mit der Rechtssoziologie, um ihre Untersuchungen und Bewertungen dem Vorwurf unwissenschaftlicher Naivität zu entrücken.

Ich darf aus den Planungen des Hamburger Instituts drei Projekte kurz charakterisieren, bei denen eine Kooperation mit Rechtssoziologen wahrscheinlich nötig, mit Sicherheit von Nutzen ist.

a) Ich erwähnte vorhin schon das *Umweltschutzprojekt:*

Die Umweltschutzproblematik zwingt nicht nur die Naturwissenschaften, die Techniker und Ökologen, sondern auch die Rechtswissenschaften zum Umdenken. Für neuartige soziale Situationen müssen neue rechtliche Lösungen gefunden werden — eine Aufgabe, für die gerade die Rechtsvergleichung von Nutzen sein kann, da sich heute in allen Industriestaaten vergleichbare Probleme stellen. Eine Projektstudie des Institutes erbrachte, daß von hier aus weniger im Schadensverhütungs- als vielmehr im Schadensersatzrecht Forschungen ansetzen sollten. Ersatzprozesse aus Umweltschäden weisen z. B. bei Aktiv- und Passivlegitimation, beim Schadensbegriff, beim Haftungsmaß, im Beweisrecht, bei der Rechtswidrigkeit besondere Eigenheiten auf, die rechtswissenschaftlich noch nicht verarbeitet worden sind. Eine Studie des Institutes könnte hier für Gesetzgebung wie Rechtsprechung Neuerungen in Vorschlag bringen.

b) Eine weitere Projektstudie betrifft *multinationale Unternehmen:*

Schon heute wird das Volumen des gesamten Weltexports übertroffen von Gütern und Dienstleistungen, die aufgrund internationaler Investitionen erzeugt werden. Immer mehr wird Kapitalexport an die Stelle von Warenexport treten. Die Folge ist eine internationale Unternehmensverflechtung. Vor- und Nachteile dieser Strukturveränderung des internationalen Handels sind vielfältig und unterschiedlich, je nach der Perspektive, unter der man sie betrachtet. Für die Unternehmen lassen sich etwa Handelsschranken überwinden und Risiken streuen, es ergeben sich aber zugleich Organisationsprobleme und steuerliche Schwierigkeiten. Für die Gastländer ist zwar der Anstoß für eigene wirtschaftliche Entwicklung begrüßenswert, zugleich besteht aber die Gefahr der Überfremdung. Auch für die Mutterländer internationaler Unternehmen können sich Probleme aus der Kapitalausfuhr ergeben.

---

[11] Vgl. aus jüngster Zeit etwa *Hallauer,* The Shreveport Experiment in Prepaid Legal Services: J. Leg. Studies 2 (1973) 223.

[12] Dazu Lawrence M. Friedman / S. Macaulay, Law and the Behavioral Sciences (1969) 393 ff. (Reading 40); vgl. auch Drobnig, Methods of Sociological Research in Comparative Law: RabelsZ 35 (1971) 496 ff., u. oben S. 91 ff.

Juristische Überlegungen müssen in zwei Richtungen gehen: (1) Abbau rechtlicher Hindernisse für erwünschte internationale Verflechtung; (2) rechtliche Instrumentierung wirtschaftspolitischer und gesellschaftspolitischer Forderungen.

In die erste Richtung gehen etwa Überlegungen zur Schaffung übernationaler Organisationsformen. Beim zweiten Punkt geht es um die Verhinderung von Nachteilen für die beteiligten Volkswirtschaften.

c) Ein weiteres Projekt betrifft den *Verbraucherschutz:*

Das Ziel dieser Untersuchung ist, herauszufinden, ob, inwieweit und mit welchem Erfolg die Rechtspraxis in den einzelnen Staaten die verfügbaren Methoden des Verbraucherschutzes genutzt hat und welche Verbesserungen möglich sind[13].

Es gibt aber durchaus die Ermittlung ausländischer Lösungen und die Bewertung ihrer Qualität, zu denen schon die eigene juristische Erfahrung und die Lebenserfahrung des Rechtsvergleichers ausreichen, weil Wert oder Unwert der Lösung gleichsam evident ist: ich denke da etwa an gewisse Gruppen von Schäden, bei denen evidentermaßen eine strikte Haftung der Produzenten der alten Verschuldenshaftung überlegen ist.

Erlauben Sie mir — ehe ich fortfahre — noch eine Seitenbemerkung. Mein Blick auf die soziologische Dimension der Rechtsvergleichung geschieht, wie von meinem Fach her begreiflich, durch die privatrechtliche Brille. Die Fragestellung als Ganzes hat natürlich theoretisch dieselbe Bedeutung in der Strafrechtsvergleichung und in den Fächern des gesamten öffentlichen Rechts. Was die Strafrechtsvergleichung betrifft, so scheint dieses Fach von rechtssoziologischen Fragestellungen — nach Informationen, die ich dem Freiburger Kriminologen *Günther Kaiser*[14] verdanke — noch relativ unberührt zu sein, obwohl ausländische Soziologen einschlägige Fragestellungen wissenschaftlich untersucht haben. Der erste Eindruck des Außenstehenden, daß die Rechtssoziologie des Strafrechts zur Zeit ihre Wohnstatt in der Kriminologie habe, ist keineswegs gewiß. Es ist, wie mir *Kaiser* schrieb,

„noch immer umstritten, ob strafrechtssoziologische Fragestellungen zur Kriminologie gehören oder nicht. Die traditionellen, mehr dem Positivismus verpflichteten Auffassungen neigen dazu, Tat und Täter so hinzunehmen, wie sie ihnen als Endprodukte eines langen Prozesses von den staatlichen Verfolgungsinstanzen ‚angeboten' werden. Demgegenüber neigen die jüngeren Auffassungen mehr dazu, auf die ‚Machbarkeit' des Verbrechens und die gestaltende Kraft der Gesellschaft für Verbrechensbegriff und für die Entwicklung von Verbrechen und Verbrecher hinzuweisen. Gerade der sogenannte labeling oder social

[13] Vgl. Eike von Hippel, Grundfragen des Verbraucherschutzes: JZ 1972, 417.

[14] Brief vom 15. 6. 1973.

reaction approach, eine Forschungsrichtung, die sich erst in dem letzten Jahrzehnt herausgebildet hat, betont vor allem die Handlungsmuster von Polizei und Justiz sowie die Etikettierung des Rechtsbrechers durch staatliche Organe.

Noch immer ist das Verhältnis von Kriminologie zur Rechtssoziologie umstritten. Dies äußert sich nicht zuletzt in den neueren Justizausbildungsordnungen, die nahezu übereinstimmend Rechtssoziologie und Kriminologie getrennt haben. Teilweise mit diesem Aspekt zusammenhängend, teilweise unabhängig davon, ist auch das Verhältnis der Kriminologie zur Strafrechtsvergleichung kaum untersucht. Soweit es im kriminologischen Bereich um den Systemvergleich oder die interkulturelle Forschung geht, spielt die Strafrechtsvergleichung kaum eine Rolle. Im allgemeinen neigen Sozialwissenschaftler und Kriminologen dazu, Verbrechenstatbestände (z. B. Raum) oder Sanktionen (z. B. Freiheitsstrafe) als gleich und vergleichbar zu unterstellen und die Befunde in den verschiedenen Ländern als einander austausch- und übertragbar anzusehen. Die jeweilige Bedeutung und der Stellenwert eines Delikts oder einer Kriminalsanktion im nationalen Kontext werden kaum als Problem gesehen, geschweige untersucht. Ferner ist zu beobachten, daß die an der Systemanalyse und der vergleichenden Sozialforschung orientierten Untersuchungen ‚großmaschiger' und mit einem weiteren Raster arbeiten, als dies Strafjuristen zu tun pflegen. Das Bemühen, die in Ihrem Brief aufgeworfenen Fragen zu beantworten, scheint mir erneut zu verdeutlichen, wie groß die hier offensichtlich bestehende Lücke noch ist und wie notwendig es erscheint, daß wir der in Angriff genommenen empirischen Studie über die Staatsanwaltschaft einen strafrechtsvergleichenden Teil anschließen."

Daß rechtssoziologische Fragestellungen im vergleichenden öffentlichen Recht, vor allem auch im Verfassungsrecht, hochbedeutsam sind, ist evident: man denke beispielsweise nur etwa an rechtsvergleichende Untersuchungen im Grundrechtsbereich, etwa eine Vergleichung zwischen der Bundesrepublik und der DDR: ohne die empirische Untersuchung: „was ist hier und dort in diesem Bereich lebendes Recht, was nicht"? wäre jede rechtsvergleichende Analyse von vornherein sinnlos.

IV.

Wie kann die Kooperation zwischen Rechtsvergleichung und Rechtssoziologie praktisch realisiert werden?

Man muß ohne Illusionen sehen, daß es zwischen Rechtsvergleichern und Rechtssoziologen Verständigungsschwierigkeiten gibt, die wahrscheinlich darauf beruhen, daß die Denkweisen des Rechtsvergleichers und des Rechtssoziologen — trotz der erwähnten Annäherungen —

noch immer beträchtliche Unterschiede aufweisen. Wenn der Jurist den Rechtssatz etwa als eine bündige Verhaltensanweisung sieht, die meist mit Sanktionen versehen ist, der Soziologe dagegen als Verhaltenserwartung und Ursache von realen Handlungen, so ist dies eine soziologische Wendung des Phänomens „Rechtsnorm", die auch der Jurist durchaus mitvollziehen kann. Schwierigkeiten machen ihm aber Formulierungen wie etwa die folgenden von *Luhmann*[15] in seiner „Rechtssoziologie":

„Vom einzelnen aus gesehen heißt dies, daß er erwarten muß, daß man von ihm erwartet, was die Richter von ihm erwarten; oder noch schärfer formuliert: daß er erwartet, daß sein Interaktionspartner von ihm erwartet, was die Richter und demzufolge man von ihnen beiden erwarten." —

„Auf jener Sinnebene generalisierender Identifikation entscheidet sich der Grad an Konkretheit bzw. Abstraktheit einer Erwartungsstruktur. Im faktischen Bewußtseinsprozeß finden sich abstrakt-pauschalisierende Vorgriffe und konkretere Ausmalungen zusammen vor und gehen ineinander über. Ich erwarte zum Beispiel, daß an mich adressierte Post mich irgendwie erreicht — und erwarte auch, daß der Briefträger Bußmann morgens gegen halb neun Uhr die Post, ohne einen Geruch von Alkohol zu hinterlassen, so in den Briefkasten steckt, daß nichts verknickt, nichts heraushängt und naß werden kann und daß man am Fensterchen des Kastens erkennen kann, ob etwas darin ist oder nicht. Abstraktere und konkretere Erwartungsvorzeichnungen schließen einander nicht aus und werden auch nicht als sachliche Gegensätze erlebt. Die Frage ist aber, auf welcher Ebene der Abstraktion die relativ invarianten Schwerpunkte der Sinnbildung gesetzt werden, durch welche der Erwartungszusammenhang identifiziert und die Verarbeitung laufender Erfahrung reguliert wird. Davon kann zum Beispiel abhängen, ob und auf welcher Trennlinie kognitive und normative Erwartungsbestandteile unterschieden werden können; wo Enttäuschungserlebnisse empfindlich werden und Erklärungen brauchen; welche Teilerwartungen durch Enttäuschungen mitdiskreditiert oder doch verunsichert und genauer Kontrolle ausgesetzt werden; wo Interdependenzen mit anderen Erwartungen angebracht werden, von denen dann Verläßlichkeitsforderungen ausgehen; kurz: wie konkret bzw. abstrakt der Erwartungszusammenhang integriert wird."

Carbonnier[16] ist solchen Verständigungsschwierigkeiten zwischen Rechtsvergleichern und Rechtssoziologen nachgegangen. Er führt aus, die Rechtsvergleichung habe praktische Ziele, die Rechtssoziologie ver-

---

[15] Luhmann, Rechtssoziologie I (1972) 80, 84.

[16] Carbonnier, L'apport (oben N. 1).

stehe sich als science pure; der Rechtsvergleicher wolle mit seiner Methode sein eigenes Recht verbessern oder gar eine übernationale Rechtsvereinheitlichung anstreben; der Soziologe glaube nicht, daß man durch Nachahmung ausländischer Gesetze irgend etwas bessern könne: die Kriterien der Rechtsvergleichung seien trügerisch. Woher könne man wissen, daß die ausländische Lösung besser ist? Nur weil sie neuer ist? Modernität sei keine Frage der Jahreszahl, sondern des Entwicklungsstandes der Gesellschaft, und Rechtsvereinheitlichung habe einen sozialen Wert nur, wenn diese Einheitlichkeit aus den eigenen Tiefen resultiere, nicht aber sich nur aus einem Netz früherer Imitationen zusammensetze. Vor allem beunruhige den Soziologen die ganze Idee einer Rechtsverpflanzung. Das Recht gedeihe nur in einem delikaten Gleichgewicht mit dem eigenen Sozialniveau, „verpflanzt es, und ihr erlebt unvorhersehbare Folgen, und zwar üble"! Die Rechtsvergleichung beleuchte nur einen Ausschnitt der juristischen Phänomene: nämlich die Institution (z. B. die Institution der Ehescheidung in England und Deutschland), sie untersuche aber nicht, wie die Ehescheidung konkret von den Ehegatten, den Familien und der öffentlichen Meinung erlebt würde. Die Rechtsvergleichung biete stets nur eine Momentaufnahme eines immobilen Zustandes, ohne Bewegungen und Tendenzen der Rechtsordnungen nachzuzeichnen. Die Rechtsvergleichung erscheine der Soziologie so, wie etwa der Biologie ein naturhistorisches Museum vorkommen müsse: Verengung, Erstarrung. Um bei den Rechtssoziologen eine Chance zu haben, müsse die Rechtsvergleichung soziologischer und weniger juristisch werden. Sicher seien die Rechtsvergleicher schon auf dem Wege in diese Richtung, sie glauben durchaus an die Heilsamkeit eines soziologischen Bades: aber die Rechtsvergleichung müsse weiterschreiten in der Vergleichung der Phänomene der Anwendung und Nichtanwendung von Rechtssätzen, der sozialen Fehlzündungen, Abweichungen, Nichtbeachtung ganzer Institutionen, der toten Gesetze, der Fassaden-Gesetze. Der Rechtsvergleicher müsse mehr achtgeben auf die Zusammenhänge zwischen der Verschiedenheit der Rechtssysteme und der Unterschiedlichkeit rechtlicher Verhaltensweisen, etwa Unterschiedlichkeiten der Prozeßlust, der Bürokratien, verschiedene Rechtspsychologien der Völker; er müsse auch andere Instrumente benutzen: Statistiken, Enquêten, Zeitungen, Romane; er müsse die Bücherstube verlassen und im Terrain selbst die Informationen provozieren, statt passiv ihrer zu harren. Und er schließt mit dem Satz: „La solution consistera, sans doute, à faire collaborer des chercheurs des deux pays, juristes et sociologues combinés, en superposant dans l'équipe le caractère international à l'interdisciplinaire. Ce n'est pas plus compliqué que de faire jouer dans le même orchestre des violons franco-italiens et des cuivres italo-français. Il est vrai qu'en sociologie du droit, il y a sans doute des sons, mais pas une musique, un air que tous retrouveraient (un droit naturel enfin)."

Volkmar Gessner hat in seinem Aufsatz über spezifisch amerikanische Erfahrungen[17] noch einige weitere Gründe für die Verständigungsprobleme zwischen Juristen und Soziologen hinzugefügt. Ich nenne nur diese: juristische Arbeit sei konkreter und abgrenzbarer, Soziologie sei mehr theoriebezogen und abstrahiere von den Besonderheiten konkreter Lebenssachverhalte in einem für den Juristen oft unverständlichen Ausmaß; der Jurist sei mit der Methodenvielfalt der Sozialwissenschaften nicht vertraut, und diese Vielfalt mache ihn mißtrauisch; der Jurist strebe die richtige Entscheidung an, die herrschende sozialwissenschaftliche Forschung bestreite hingegen die Möglichkeit solcher positiver Erkenntnis. *Gessner* hat dann weiter in RabelsZ „Soziologische Überlegungen zu einer Theorie der angewandten Rechtsvergleichung"[18] angestellt, die einen interessanten Diskussionsansatz bieten, aber zugleich auch besonders deutlich machen, welches Maß beiderseitiger Lernprozesse nötig werden wird, bevor eine Kooperation der beiden Disziplinen Früchte tragen kann. Ich zitiere nur zwei Absätze:

„Folgende Überlegung mag den theoretischen Notwendigkeiten und praktischen Schwierigkeiten zugleich Rechnung tragen. Man kann die Probleme, mit denen sich die Rechtsvergleichung insgesamt befaßt, auf einem Kontinuum anordnen. Am einen Ende dieses Kontinuums stehen Probleme, die sich nur nach juristischen Kriterien definieren lassen, also die dogmatischen Probleme. Daran schließen sich Konflikte, deren vorhandene soziale Problematik voll erfaßt ist von den Kategorien der Rechtswissenschaft. Häufigster Fall hierfür ist die durch eine jahrhundertealte ständige Formung und Verfeinerung des juristischen Problemverständnisses erreichte Perzeption sozialer Vorgänge. Auf der zweiten Hälfte unseres Kontinuums finden sich dann diejenigen Konflikte, deren juristische Erfassung nur Teilaspekte der gesamten Konfliktsproblematik betrifft, sei es, weil man bei der Aufstellung des juristischen Modells von einer irrtümlichen Wirklichkeitsauffassung ausgegangen ist, sei es, weil das Problem so jung ist, daß man ein detailliertes Problemverständnis noch nicht gewinnen konnte. Am anderen Ende des Kontinuums kommen schließlich die Konflikte zu stehen, die nur sozial definiert sind, weil entweder das Problem oder das juristische Interesse hierfür neu ist.

Die Forderung nach voller Problemerfassung sollte nach der in diesem Schema enthaltenen Differenzierung erfüllbar sein. Solange sich

[17] Gessner, Probleme der Zusammenarbeit zwischen Juristen und Sozialwissenschaftlern: JZ 1971, 324 ff.

[18] Gessner, RabelsZ 36 (1972) 229 ff. und oben S. 123 ff.; vgl. auch Gessner / Kötz, Verkehrsunfälle vor Gericht, Eine rechtstatsächliche Untersuchung: JZ 1973, 82 ff.

der Rechtsvergleicher lediglich in der ersten Hälfte unseres Kontinuums bewegt, kann er sich guten Gewissens auf das juristische Handwerkszeug verlassen und allein mit seiner Hilfe Problemlösungen erarbeiten. Je mehr er allerdings auf die zweite Hälfte gerät, um so mehr Skepsis ist angebracht gegenüber den juristischen Kategorien und zu schnell auftauchenden ‚Rechtsfragen', und um so mehr muß er sich interessieren für das, was die Sozialwissenschaften zu dem Problem zu sagen haben. Denn das sollte aus obigen Überlegungen deutlich geworden sein: Auf der zweiten Hälfte des Kontinuums werden rein juristische Forschungsansätze der sozialen Problematik nicht mehr gerecht."

Bei aller Offenheit gegenüber einer Kooperation zwischen Juristen und Soziologen darf man aber auch die besonders angestrengte Situation der Rechtsvergleicher nicht übersehen; die Informationslawine, die auf uns alltäglich einstürmt, ist schon — ohne Einbeziehung soziologischer Momente — kaum zu bewältigen (der nationale Dogmatiker hatte und hat es heute noch insoweit leichter). Man kann nun das Anforderungspotential an eine wissenschaftliche Disziplin, wie etwa die Rechtsvergleichung, so steigern, daß der Boden gleichsam erstickt, daß die Produktion aufhört und Stille eintritt. Hierauf muß die erwünschte Kooperation Bedacht nehmen. Praktisch stelle ich sie mir für den Anfang so vor, daß jedes Forschungsinstitut im Bereich der Rechtsvergleichung mindestens einen Rechtssoziologen ständig in seinem Mitarbeiterstabe hat. Bei den rechtsvergleichend arbeitenden Max-Planck-Instituten ist das zum Teil als Experiment, zum Teil als festes personelles Strukturelement schon angelaufen. Hier mit kleinen Teams von Rechtsvergleichern und Rechtssoziologen an nicht allzu anspruchsvollen Projekten zu beginnen, wird das Weiseste sein, um voneinander zu lernen. Auch denke ich es mir höchst förderlich, wenn der im Institut arbeitende Soziologe in laufenden Kursen die anderen Wissenschaftler zum einen in die Soziologie einführt, vor allem aber zum anderen über die jeweiligen Entwicklungen auf dem laufenden hält: auch hier ist — wie ich nicht ohne Resignation feststellen mußte — die Informationsflut nicht mehr im alten stillen Kämmerlein des Gelehrten zu bewältigen.

Dabei werden wir Rechtsvergleicher wahrscheinlich viel Gewinn haben, wenn wir in unsere Vergleichung der juristischen Lösungen auch die Effizienz, die Wirksamkeit der Lösung, die Daten der Auswirkung mit in die Untersuchung einzubeziehen versuchen. Die Welle des „impact research" in den Vereinigten Staaten bietet gute Modelle. Auch berichtete unser amerikanischer Kollege *Buxbaum* hier vor kurzem, daß man bei ihm in Berkeley mit Soziologen und Volkswirten zusammenarbeite, um die Auswirkungen des Umweltrechts und einschlägiger prozessualer Vorkehrungen zu testen.

Aber auf eines dürfen wir uns, wenn ich recht sehe, nicht einlassen. *Niklas Luhmann* stellte bei uns im Institut in einem Vortrag über die moderne Dogmatik eine Grundsatzfrage, die uns Rechtsvergleicher in besonderem Maße angeht. Seine Ausgangsthesen waren: die Probleme der juristischen Dogmatik heute seien vor allem ein zunehmendes Tempo der Anforderungen, weil die Sachprobleme sich schneller entwickeln als früher, dadurch verschärfte Anforderungen an die Lehre, Umorientierung der juristischen Dogmatik von der Vergangenheitsorientierung zur Zukunftsorientierung, eventuell mit Methoden der Planung oder einer Vorausbewältigung kommender Probleme durch die Entwicklung eines höheren Abstraktionspotentials. Was uns politisch engagierte Rechtsvergleicher daran besonders interessiert, ist der Akzent, den *Luhmann* auf die Zukunftsorientierung legt; denn wir waren, wenn ich recht sehe, von jeher zukunftsorientiert, wenn wir mit unseren Methoden bessere Lösungen zu erkennen versuchten. *Luhmann* stellte hier die von ihm selbst als schwerwiegend klassifizierte Frage, ob es möglich sei, die Folgen als Kriterien des juristischen Handelns in den Entscheidungsprozeß einzubeziehen. Er bejahte das, soweit man bei reinen Rechtsfolgen bleibe, verneinte diese Möglichkeit aber, wenn man diese Folgenorientierung auf ökonomische und soziale Folgen erstrecke, da eine so ausgeweitete Folgenorientierung nicht zu gerechten, d. h. gleichartigen Ergebnissen führe. Er meinte, der Jurist sei im Grund nicht fähig, Folgeerwartungen und -kriterien hinreichend zu differenzieren.

Als Rechtsvergleicher müssen wir darauf, wie ich glaube, wie folgt kritisch reagieren: wie ich schon erwähnte, muß unsere Suche nach besseren Lösungen in Zukunft auch die Wirkungen solcher Lösungen in den Bewertungsprozeß einbeziehen. Wir erhoffen uns gerade von der Kooperation mit Soziologen und, wo angezeigt, auch mit Ökonomen eine stärkere Absicherung dessen, was wir bisher mit der Figur des Judiz geleistet haben. Das Judiz ist ja ein Instrument unseres gesamten juristischen Denkens, das bei Richtern und Gelehrten bedeutende Leistungen erzeugt hat und in dem eine Fülle von Erfahrungen auf dem Gebiet der Humaniora — oft unreflektiert, aber vielleicht deshalb um so treffsicherer — angesiedelt war und ist. Es will einem manchmal scheinen, als ob bestimmte Topoi unseres Denkens durch weitere intellektuelle Aufgliederung und Zerspaltung nicht klarer werden, sondern in einer Art Atomisierung völlig verlorengehen. Davor sollten wir auf der Hut sein. Das bedeutet aber auch — gegen *Luhmann* —, daß der Rechtsvergleicher soziale und ökonomische Folgen der verglichenen Lösungen in seinen Wertungsprozeß entschlossen einzubeziehen hat. Hier unterschätzt *Luhmann* die Fähigkeiten des gebildeten Rechtsvergleichers.

Wenn wir unsere Kooperation mit der Soziologie, vor allem mit der Rechtssoziologie, im Sinne eines beiderseitigen ständigen Lernprozesses mit beiderseitigem Geben und Nehmen verstehen, so kann sich etwas Gutes ereignen — etwas, das *Laurence Sterne* in seinem „Tristram Shandy“ so charakterisiert hat: „Zwei entgegengesetzte Bewegungen werden ins Spiel gebracht und trotz scheinbaren Widerspruches miteinander versöhnt. Mit einem Wort: unser Werk wird zugleich digressiv und progressiv sein[19].“

[19] Sterne, Das Leben und die Ansichten Tristram Shandys (deutsche Übersetzung von Kassner) Buch I Kap. 22.

III. Zur Bedeutung der Rechtsvergleichung für die Rechtssoziologie

INTERKULTURELLE FORSCHUNG IN DER RECHTSSOZIOLOGIE

Von Arnold M. Rose*

Der Gegenstandsbereich der Rechtssoziologie umfaßt ein weitgespanntes Feld. Er reicht von den abstraktesten und allgemeinsten Themen bis zu den konkretesten und praktischsten. — Nun kann man freilich jedes Phänomen interkulturell untersuchen. Diese „cross-cultural" Methode hat jedoch um so weniger Wert, je konkreter und praxisnäher ihr Gegenstand ist. Zwar ist sie ein ausgezeichnetes Instrument, wenn es darum geht, abstrahierende Verallgemeinerungen zu entwickeln und in ihrer Richtigkeit zu bestätigen. Wird sie aber auf einen konkret begrenzten Gegenstand angewendet, dann kommt nicht viel mehr dabei heraus, als eine bloße Aufzählung von „interessanten" Unterschieden. Darüber hinaus geht der Praxisbezug einer konkreten Untersuchung teilweise verloren, wenn man interkulturell vorgeht. Das heißt also: der Haupt-Zweck interkultureller Untersuchungen ist die Entwicklung abstrakter Verallgemeinerungen, die in einem weiteren Wissenszweig von Nutzen sein können.

Wendet man interkulturelle Forschungsverfahren an, um abstrakte, allgemeine Thesen zu entwickeln und zu prüfen, dann gebraucht man dafür wohl besser den Begriff „vergleichende Methode". — Wenn nun eine Hypothese eine allgemeine Beziehung behauptet, so müßte diese gleichermaßen in jeder kulturellen Ordnung oder jedem Typ sozialer Organisation verifizierbar sein. Der Wissenschaftler kann aber ermitteln, wie die spezifischen Merkmale dieser oder jener Gesellschaft die einfache Feststellung einer verallgemeinerten Aussage modifizieren, wenn er mittels eines vergleichbar-angemessenen Verfahrens das Zutreffen der allgemeinen These in einer gewissen Anzahl verschiedener Gesellschaften prüft und die Ergebnisse miteinander vergleicht. Man nehme beispielsweise an, es besteht folgende Hypothese: bei Nicht-Einhaltung von Verträgen pflegt die geschädigte Partei öfter einen Zivilprozeß anzustrengen als Bereitschaft zu Vergleich oder sonstiger Regelung des Anspruchs zu zeigen, wenn sie größere Macht und mehr Sozialprestige besitzt als die den Vertrag verletzende Partei. Weiterhin sei angenommen: diese Hypothese bestätigt sich in der Gesellschaft A,

---

* Quaderni di Sociologia 14 (1965) 305 - 312. Übersetzung nach dem englischen Originalmanuskript von Dr. Marianne Oesterreicher-Mollwo.

in der also eine große Anzahl von Zivilprozessen stattfindet, entsprechend der Bevölkerungszahl und der Häufigkeit, mit der Geschäftsleute Verträge abschließen. Darauf wird die gleiche Untersuchung in der Gesellschaft B vorgenommen, die vergleichsweise wenig Zivilprozesse kennt und in der die Verwicklung in einen Zivilprozeß das soziale Ansehen mindert. In dieser Gesellschaft wird es jemand von hohem Sozialstatus eher vermeiden, einen Zivilprozeß anzustrengen; wenn einer seiner Verträge nicht eingehalten wird, dann wird er nach Möglichkeit einen Vergleich suchen und wird alles unternehmen, um dadurch vom Vertragsbrecher so viel Entschädigung wie möglich zu erhalten. Andererseits hat jemand mit niedrigem Sozialstatus wenig zu verlieren, wenn er einen Zivilprozeß wegen Vertragsbruches anstrengt, und er hat deshalb gute Aussichten, den höher gestellten Vertragsbrecher damit zu zwingen, für den Vertragsbruch volle Entschädigung zu leisten. Diese interkulturelle Untersuchung hat also folgendes Ergebnis: die ursprüngliche These muß in dem Sinne modifiziert werden, daß sie nur auf solche Gesellschaften zutrifft, in denen keine negative Bewertung mit der Anstrengung von Zivilprozessen wegen Vertragsbruchs verbunden ist. Der kulturabhängige Stellenwert der Bedeutung von Zivilprozessen muß jeweils als durchgängige Konstante erfaßt werden, und das ist nur durch interkulturelle Forschung möglich.

In einem umfassenden „cross-cultural" Forschungsprojekt wird eine Gesellschaft als eine Einheit verstanden — genauso wie man einen Einzelfall oder eine Einzelperson als Einheit nehmen kann, wenn man nur eine einzige Gesellschaft untersucht. Die zu prüfende These lautet etwa: je mehr eine Gesellschaft X wird, desto mehr (oder weniger) kommt Y vor. So kann die Hypothese zum Beispiel heißen: je mehr eine Gesellschaft verschiedenartige und spezialisierte Interessen und Interessengruppen entwickelt, desto mehr Zivilprozesse wegen Vertragsbruches kommen in ihr vor. Diese These kann an Hand der historischen Entwicklung in jeder beliebigen Gesellschaft geprüft werden, indem man eine Tabelle anlegt, auf die man die Zeit und die Anzahl verschiedener Interessengruppen sowie die Zahl der Zivilklagen, die vor das Gericht gebracht wurden, einträgt. Dann müßte man dieselbe These ebenso wie im vorausgegangenen Beispiel, an Hand der historischen Entwicklung anderer Gesellschaften prüfen und sich dabei der gleichen Zeit-Tabelle bedienen. Es wird jedoch bei den meisten Gesellschaften nicht möglich sein, adäquate Zeit-Tabellen zu erstellen; man kann aber Untersuchungen von Korrelations-Typen machen, in denen jede Gesellschaft, die man untersucht, als geschlossene Einheit vorkommt. Zu einer gegebenen Zeit, der Gegenwart, wird in jeder Gesellschaft, die untersucht werden soll, das Verhältnis der Anzahl von Interessengruppen zur Anzahl der Zivilklagen festgestellt. Jede Gesellschaft wird dann in eine Korrelations-Tabelle eingetragen und so kann man einen einfachen Korrelations-Koeffizienten errechnen, wenn die verschiedenen Gesellschaften linear (sinnvoller als in einer Kurve) eingetragen sind. In dem Maße, in dem dieser Korrelations-Koeffizient von Null abweicht, kann die allgemeine Hypothese als verifiziert gelten. Man hat dann zwar keinerlei historische Untersuchung vorgenommen, aber es hat sich doch — sagen wir: bei vierzig Gesellschaften — herausgestellt, daß um so mehr Zivilklagen vors Gericht gebracht werden, je mehr Interessengruppen es in einer Gesellschaft gibt.

In Wirklichkeit ist die vergleichende Methode kein einzelnes Verfahren, sondern eher eine breite Vielfalt von Methoden, die interkulturell angewandt werden. Wie in jeder Forschung muß die Methode, für die man sich entscheidet, dem Problem angemessen sein. In einem Forschungsvorhaben mag es sinnvoll sein, Daten mit Hilfe von Interviews zu ermitteln und die Antworten statistisch auszuwerten. Ein solches Verfahren wäre dann angemessen, wenn die Untersuchung beispielsweise darauf abzielt, die Einstellung des Staatsanwalts bei der Einleitung von Strafverfahren zu ermitteln[1]. Eine andere Untersuchung interessiert sich zum Beispiel für den Vorgang, wie Jurastudenten sich in die Welt der juristischen Gedankengänge und den Juristenberuf einleben[2]. Hier scheint die beste Untersuchungsmethode die teilnehmende Beobachtung zu sein. Wiederum eine andere Untersuchung könnte sich mit der Anwendung von Gesetzesvorschriften in einer Gesellschaft unter dem Gesichtspunkt befassen, ob sie die Bildung freier Vereinigungen ermutigt oder bremst[3]. In diesem Fall ist wohl die historische Methode die angemessenste: man betrachtet über eine möglichst lange Zeit hinweg die die freien Vereinigungen betreffende Gesetzgebung und die entsprechenden Gerichtsfälle und stellt dann deren Auswirkung auf die Bildung von freien Vereinigungen fest. — Wiederum in einer anderen Untersuchung ging es darum, Gesetzgebung und öffentliche Meinung zu vergleichen im Hinblick auf die Einschätzung des Schweregrades einer Anzahl von Verbrechen, die unter verschiedenen, genau angegebenen Umständen begangen wurden[4]. In dieser Untersuchung wurde ein Überblick über Gesetzesvorschriften und Rechtsfälle ausgearbeitet, in denen es um genau spezifizierte Straftaten ging; die

[1] Eine solche Untersuchung wird gerade von Prof. Yale Kamisar von der Juristischen Fakultät der Universität Minnesota durchgeführt.

[2] Einige Untersuchungen beschäftigen sich damit, wie Jurastudenten sich den an sie gestellten Anforderungen anpassen.

[3] Eine solche Untersuchung hat der Autor für Frankreich vorgelegt: Voluntary Association in France, in: Arnold M. Rose, Theory and Method in the Social Sciences (Minneapolis: University of Minnesota Press, 1954) Kap. 4.

[4] Arnold M. Rose / A. E. Prell: Does the Punishment Fit the Crime? A study in social valuations, in: American Journal of Sociology (1953) 241 - 259.

öffentliche Meinung über diese Straftaten wurde durch einen Fragebogen ermittelt und dessen Ergebnisse wurden wiederum analysiert nach einer Skala von Einstellungstypen, die der Psychologe L. L. Thurstone 1928 entwickelt hat. Es zeigte sich, daß die Gesetzgebung hinter der Meinung der Öffentlichkeit zurückblieb, wenn diese ihre Ansicht über den Schweregrad gewisser Straftaten änderte. Eine solche Untersuchung kann auch interkulturell durchgeführt werden[5].

In den Sozialwissenschaften kann man sich zwar nur selten des naturwissenschaftlichen Experimentes bedienen. In folgender Untersuchung benutzte man aber eine experimentelle Untersuchungsanordnung, um den Einfluß einer gewissen Gesetzeskategorie zu messen: einige Staaten in den USA hatten Gesetze, die Schlichtungsverhandlungen forderten, bevor ein Arbeitskampf überhaupt zu einem Streik oder einer Aussperrung führen konnte. Verglich man nun die Anzahl und die Dauer von Streiks in diesen Staaten vor und nach dem Inkrafttreten dieser Gesetze, und verglich man außerdem die Staaten, die solche Gesetze hatten, mit jenen (als Kontrollgruppe), in denen diese Gesetze nie rechtsgültig waren, dann ließ sich „experimentell" zeigen, daß Zwangs-Schlichtung eine deutliche Auswirkung auf die Reduzierung von Arbeitsniederlegungen hatte[6].

Wenn auch empirische Untersuchungsverfahren in der Rechtssoziologie erst auf eine Entwicklung von fünfzehn Jahren zurückblicken können, und wenn auch die Ergebnisse dabei noch recht mager sind, so ist doch die größte Vielfalt verschiedener Ermittlungstechniken in diesen Untersuchungen zur Anwendung gekommen.

Wenn man eine Untersuchung nochmals interkulturell durchführen will, so sind — welche Forschungstechnik man auch immer anwenden mag — dabei gewisse Prinzipien zu beachten. Vor allen Dingen muß in allen Ländern, in denen man Untersuchungen macht, dieselbe Forschungstechnik angewandt werden. Man muß sich derselben Definitionen bedienen, derselben Kategorien, derselben Vergleichsziffern und Maßeinheiten. Der Grund dafür liegt natürlich auf der Hand: alles methodisch Relevante sollte konstant bleiben, so daß man in dem einzigen Faktor, der interkulturell einen Unterschied markiert, die Ursache jeder ermittelten Veränderung sehen darf. Ein weiterer Grund-

[5] Eine derartige „cross-cultural" Studie hat der polnische Privatdozent Adam Podgorecki vorgelegt — als Wiederholung der Untersuchung von Julius Cohen, Reginald Robson und Alan Bates, Parental Authority (Lincoln: University of Nebrasca Press, 1957).

[6] Arnold M. Rose: Needed Research in the Mediation of Labor Disputes, in: Personnel Psychology 5 (1951) 187 - 200. Der Vergleich verschiedener Staaten in dieser Untersuchung zeigt, daß es durchaus möglich ist, sich in der interkulturellen Forschung wenigstens annäherungsweise der experimentellen Methode zu bedienen.

satz interkultureller Forschung ist: die für den Vergleich ausgewählten Gesellschaften sollten in den in Frage stehenden Punkten so verschieden wie möglich sein. Auch hierfür ist der Grund klar: die zu prüfende These sollte für alle Gesellschaften zutreffen; es würde nicht viel aussagen, wenn sie sich nur in sehr ähnlichen Gesellschaften bestätigte, hingegen gewinnt sie beträchtlich an Aussagekraft als universelle These, wenn sie für sehr verschiedene Gesellschaften zutrifft. In der oben erwähnten Arbeit über den Einfluß, den Gesetze auf die Förderung oder Beeinträchtigung der Bildung freier Vereinigungen modernen Typs haben, wurden Frankreich und die Vereinigten Staaten verglichen. Frankreich wurde gewählt als eine moderne, demokratische Gesellschaft mit einer Gesetzgebung, die auf eine lange Geschichte des hemmenden Einflusses auf freie Vereinigungen zurückblicken kann; die USA hingegen wurden ausgewählt als Beispiel für eine Gesellschaft, in der es einen verfassungsmäßigen Schutz gegen solche Gesetze gibt, die die Bildung freier Vereinigungen einschränken. Es zeigte sich, daß es in Frankreich vergleichsweise wenig Vereinigungen gibt und daß die vorhandenen eine Tendenz zur Schwäche haben und in Bezug auf äußere Anregungen und finanzielle Hilfe in gewissem Maße auf den Staat angewiesen sind. Im Gegensatz dazu stellte sich heraus, daß es in den USA eine weit größere Anzahl von freien Vereinigungen gibt, die über viele Mitglieder verfügen und auf eine lange Tradition völliger Staatsunabhängigkeit zurückblicken können. Spätere Wiederholungen derselben Untersuchung zeigten, daß Italien eine Tradition einschränkender Gesetzgebung und somit eine schwache Entwicklung freier Vereinsbildungen besaß — ganz ähnlich wie Frankreich —, wohingegen Schweden eine Tradition von Gesetzen hatte, die viel zuließen und folglich eine starke Entwicklung der freien Vereinsbildung — vergleichbar derjenigen der Vereinigten Staaten. Weitere Untersuchungen über dieses Thema sollten in asiatischen Entwicklungsländern durchgeführt werden, denn dort kann man auf Berichte über die Gesetzgebung zurückgreifen, die mindestens ein Jahrhundert umfassen, andererseits aber ist die ganze Kultur vollkommen verschieden von derjenigen Europas oder der Vereinigten Staaten.

Nun gibt es aber technische Schwierigkeiten, die der Anwendung gewisser Untersuchungsmethoden in verschiedenen Ländern entgegenstehen. Gerichtsakten und andere Dokumente sind nicht überall in gleichem Maße zugänglich, und in manchen Ländern kann es vorkommen, daß es sie überhaupt kaum gibt. Weiterhin: die Möglichkeit, Interviews frei und objektiv durchzuführen, ist sehr unterschiedlich, je nachdem, ob es sich um eine pluralistisch-demokratische oder um eine Gesellschaft traditionellen Typs oder gar um ein halb-totalitäres System handelt. Die Verwendung von Fragebogen ist überall dort erheblich eingeschränkt, wo die Bevölkerung zu einem großen Teil aus Analphabeten besteht. Es ist weitaus schwieriger, unmittelbare Beobachtungen in Bereichen zu machen, in denen soziale Forschungsarbeit vorher noch selten durchgeführt wurde oder auch dort, wo die Menschen Angst und Widerstand gegenüber jeder Art von amtlicher Autorität empfinden.

Jede interkulturelle Forschungsarbeit bringt das Problem mit sich: wie findet man exakt vergleichbare kulturelle Äquivalente? — und da dies so schwierig ist, wird der vergleichende Charakter einer Untersuchung oft beeinträchtigt. Der äußere Anschein kann trügen: zwei Institutionen mögen ganz gleich erscheinen und haben dennoch in Wirklichkeit verschiedene kulturelle Bedeutung und verschiedene Funktionen. In der interkulturellen Forschung über freie Vereinsgründungen in Frankreich und den Vereinigten Staaten mußte gleichzeitig auch noch die Gesetzgebung unter dem Gesichtspunkt analysiert werden ‚inwieweit sie das Recht der Arbeiter, sich gewerkschaftlich zu organisieren, betrifft. In den Vereinigten Staaten können Arbeiter in die Gewerkschaften eintreten und in Frankreich in die entsprechenden *syndicats de travail*. In vielerlei Hinsicht scheinen sich diese beiden freien Vereinigungen zu gleichen. Sie unterscheiden sich jedoch in ihren grundlegenden Funktionen. In den USA besteht die Hauptfunktion einer Gewerkschaft darin, die Arbeiter zusammenzuschließen, um ihnen so die Möglichkeit zu geben, zur Verbesserung ihrer Arbeitsbedingungen organisiert mit den Arbeitgebern verhandeln zu können. In Frankreich besteht die Hauptaufgabe der *syndicats* darin, gewisse Parteien zu unterstützen und als Interessengruppe Druck auszuüben mit dem Ziel, die augenblickliche Regierung zu schwächen zugunsten einer anderen, die besser die Interessen der arbeitenden Klasse zu vertreten verspricht. Wenn wir nun untersuchen, inwieweit die Gesetzgebung das Recht der Arbeiter zur Selbstorganisation bestimmt, so müssen wir uns fragen, ob hier überhaupt Vergleichbares im Sinne jener Forderungen vorliegt, die wir an die Forschung stellen müssen, ob es also möglich ist, zwei derartig verschieden orientierte Gesetzgebungen zu untersuchen. Wenn wir nun sogar Länder vergleichen, die historisch und kulturell gesehen noch weitaus verschiedener sind als Frankreich und die Vereinigten Staaten, geraten wir dann nicht in noch folgenschwerere Irrtümer? Der vergleichende Forscher versucht, so weit er kann, dieser „Unvergleichbarkeit" Rechnung zu tragen, und er beachtet, daß eine unterschiedliche Gesetzgebung in den untersuchten Ländern eine Funktion der Verschiedenheit von Institutionen und der Kultur als ganzer sein kann.

Der Forscher der Rechtssoziologie, der vergleichend vorgehen möchte, sieht sich immer gewissen allgemeinen Problemen dieser Art gegenübergestellt. In den Vereinigten Staaten wird die Rechtsprechung von den Gerichtshöfen vorgenommen, und das Gesetz selber manifestiert sich in den Gerichtsentscheidungen (zu denen auch jene beitragen, die die einzelnen Gesetze interpretieren). In gewissen zum Islam gehörenden Ländern wird jedoch ein Großteil der alltäglichen Rechtsprechung nicht durch öffentliche Zivil- oder Strafprozesse geregelt, sondern von „religiösen" Gerichten, die wenig oder keine Verbindung mit der Regierung haben. Dies gilt vor allem für das Familienrecht, das Ehe, Scheidung und Schutz der Kinder betrifft. Manchmal gilt es auch für die gesetzliche Regelung des Erziehungswesens, und diese religiösen Gerichte können sogar gelegentlich Einfluß auf die Politik nehmen. (So ergab sich beispielsweise 1964, als Fatima Jinnah sich als Präsidentschaftskandidatin in Pakistan aufstellen ließ, das Problem, ob vom religiösen Recht aus gesehen eine Frau überhaupt für ein derartiges politisches Amt vorgeschlagen werden darf — und dies, obgleich weder Verfassung noch Gesetzgebung es verbieten.) In Ländern, die völlig oder zur Hälfte Diktaturen sind, werden viele der alltäglichen Rechtsfälle eher durch Beamte als durch Richter geregelt, und diese benötigen oft nicht eigens Gesetze, Urteile oder vorherige richterliche Entscheidungen, um ihre Rechtshandlungen zu rechtfertigen. In der vergleichenden Forschung muß der Wissenschaftler alle Rechtsquellen in Rechnung stellen. Er muß herausfinden, wer in Wirklichkeit der „Richter" ist, er muß sich verläßlich davon überzeugt haben, wo die Prioritäten liegen: bei Gesetzen, Urteilen oder willkürlichen Entscheidungen. Die Unterscheidungen zwischen verschiedenen Rechtstypen — Zivilrecht, Strafrecht, Verwaltungsrecht, Verfassungsrecht etc. — können in verschiedenen Ländern erheblich voneinander abweichen. Es besteht für den Forscher eine gewisse Gefahr, sich einfach willkürlich europäischer oder amerikanischer Definitionen und Unterscheidungen zu bedienen. Man kann feststellen, daß die Gerichtsverfahren verschieden aussehen, je nachdem, ob Länder dem justinianischen Recht oder dem Code Napoléon oder dem Präjudizsystem der anglo-amerikanischen Tradition folgen. Gerichtsverhandlungen laufen anders ab, wenn mit einem Berufungsverfahren gerechnet werden muß, als wenn dies nicht der Fall ist. All diese und viele andere, notwendig zu treffende Unterscheidungen machen die vergleichende Forschung zu einer faszinierenden Aufgabe. Der im Rahmen der Rechtssoziologie arbeitende vergleichende Forscher muß sich einen tiefen Einblick in Kulturen und kulturelle Unterschiede verschaffen, bevor er auch nur die begrenztesten interkulturellen Untersuchungen fruchtbar durchführen kann.

SOZIALWISSENSCHAFTLICHE ASPEKTE DER RECHTSVERGLEICHUNG

Von Andreas Heldrich*

Die Methodenlehre der Rechtsvergleichung hat sich schon frühzeitig um eine Klärung ihres Verhältnisses zur Rechtssoziologie bemüht[1]. Die anfänglich oft geforderte Selbstbescheidung der Rechtsvergleichung auf die rein deskriptive Gegenüberstellung verschiedener Rechtsordnungen läßt sich psychologisch vielleicht mit dem Bestreben erklären, aus der Rolle des „Aschenbrödels"[2] in der Hierarchie der Geisteswissenschaften zu einem Platz „an der Sonne" als anerkannter Zweig der positivistischen Jurisprudenz zu gelangen. Ihrer inzwischen etablierten Stellung entsprechend und dem sich wandelnden Selbstverständnis der Rechtswissenschaft folgend vermag die Rechtsvergleichung nunmehr auf eine skeptische Abkapselung gegenüber den gesellschaftlichen Ursachen und Wirkungen des Rechts zu verzichten. Daß sie sich nicht damit begnügen kann, „Gesetzesparagraphen zu vergleichen", bedarf heute keiner ernsthaften Erörterung mehr[3].

I. Die „soziologische Dimension" der Rechtsvergleichung

Die moderne Rechtsvergleichung beschränkt sich nicht auf die in der Rechtstheorie als maßgebend anerkannten Rechtsquellen. Sie fragt vielmehr nach der Rechtswirklichkeit, die in den in Betracht gezogenen Rechtsordnungen tatsächlich existiert. „Rechtsquelle im Sinne rechtsvergleichender Forschung ist alles, was das Rechtsleben ... gestaltet oder mitgestaltet[4]." Rechtsvergleichung ist heute also stets auch vergleichende Rechtstatsachenforschung in dem von *Nussbaum* beschriebe-

---

* RabelsZ 34 (1970) 427 - 442.

[1] Vgl. dazu vor allem Drobnig, Rechtsvergleichung und Rechtssoziologie: RabelsZ 18 (1953) 295 - 309, insbes. 295 - 299 mit weiteren Nachweisen; vgl. o. 20 ff. Siehe ferner Schnitzer, Vergleichende Rechtslehre[2] I (1961) 30 - 32; Sandrock, Über Sinn und Methode zivilistischer Rechtsvergleichung (1966) 37 - 40.

[2] Gutteridge, Le droit comparé (1953) 43.

[3] Rabel, Aufgabe und Notwendigkeit der Rechtsvergleichung: RheinZ 13 (1924) 279 - 301 = Gesammelte Aufsätze III (hrsg. von Leser; 1967) 1 - 21, insbes. 4.

[4] Zweigert, Zur Methodenlehre der Rechtsvergleichung: Studium Generale 13 (1960) 193 - 200, insbes. 196.

nen Sinn[5]. Sie richtet den Blick auf sämtliche allgemeinen Regeln, die das Verhalten der Menschen in rechtlich bindender Weise faktisch bestimmen, auf die gesetzlichen wie auf die außergesetzlichen Normen in ihren verschiedenen Ausprägungen als Gewohnheitsrecht, richterliche Präjudizien, Verkehrsbräuche, typische Rechtsgeschäfte der Kautelarjurisprudenz und privatautonome Rechtsschöpfung etwa durch Tarifverträge oder Allgemeine Geschäftsbedingungen[6]. Schon an diesem erweiterten Normenbegriff, welcher der Rechtsvergleichung zugrunde liegt, werden gewisse Berührungen mit der Rechtssoziologie erkennbar, die ja ebenfalls davon ausgeht, daß ihr Gegenstand sich nicht auf die formellen Quellen des Rechts beschränkt[7]. Immerhin hält sich die Rechtsvergleichung insoweit noch ganz im Rahmen der Erforschung der Rechtswirklichkeit (law in action), auf deren Diskrepanz zur Rechtstheorie (law in books) *Roscoe Pound* hingewiesen hat[8]. Die Frage nach der Rechtswirklichkeit, die aus der Rechtsanwendung erwächst, ist aber als solche nur rechtswissenschaftlicher, nicht auch soziologischer Natur[9]. Indessen greift die moderne Rechtsvergleichung weiter. Sie bezieht nicht nur die Geschichte der herangezogenen Rechtsinstitute, sondern auch den sozialen und ökonomischen Hintergrund ihrer Entstehung, Entwicklung und gegenwärtigen Anwendung sowie ihre sozialen Wirkungen in die Betrachtung ein[10]. Damit zielt die Rechtsvergleichung nicht nur auf die Faktizität der Norm, sondern darüber hinaus auf den sozialen Kontext, in dem die betreffende Regel existiert. Dabei handelt es sich aber um eine rechtssoziologische Fragestellung im eigentlichen Sinn. Der Rechtssoziologie geht es ja bekanntermaßen gerade darum,

---

[5] Vgl. dazu Nussbaum, Die Rechtstatsachenforschung, Programmschriften und praktische Beispiele (hrsg. von M. Rehbinder; 1968) 48 - 56. Über Nussbaum siehe M. Rehbinder, Die Rechtstatsachenforschung im Schnittpunkt von Rechtssoziologie und soziologischer Jurisprudenz: Jb. f. Rechtssoziologie und Rechtstheorie 1 (1970) 333 - 359, insbes. 335 - 338.

[6] Vgl. etwa Rabel (oben N. 3) 4; Zweigert (oben N. 4) 196; Schnitzer (oben N. 1) 31.

[7] Siehe z. B. Carbonnier, Die großen Hypothesen der theoretischen Rechtssoziologie, in: Studien und Materialien zur Rechtssoziologie (hrsg. von E. Hirsch und M. Rehbinder; 1967) 135 - 150, insbes. 146 f. Auch Schnitzer (oben N. 1) 31 spricht in diesem Zusammenhang von einer „soziologischen Richtung" in der Rechtsvergleichung.

[8] R. Pound, Law in Books and Law in Action: Am. L. Rev. 44 (1910) 12 ff. Vgl. dazu Reich, Sociological Jurisprudence und Legal Realism im Rechtsdenken Amerikas (1967) 58 f.

[9] Vgl. König, Das Recht im Zusammenhang der sozialen Normensysteme, in: Studien und Materialien zur Rechtssoziologie (oben N. 7) 36 - 53, insbes. 48; ders., Stichwort „Recht", in: Soziologie (Fischer Lexikon, hrsg. von R. König; Neubearbeitung 1967) 256 f.

[10] R. Pound, Some Thoughts About Comparative Law: Festschrift Rabel I (1954) 7 - 16, insbes. 9. Vgl. ferner Zweigert (oben N. 4) 197 mit weiteren Nachweisen; ders. Die Rechtsvergleichung im Dienste der Europäischen Rechtsvereinheitlichung: RabelsZ 16 (1951) 387 - 397, insbes. 394.

das Recht im weiteren Sinn als Erscheinung des Soziallebens, das heißt bald als Ergebnis, bald als Ursache gesellschaftlicher Phänomene zu untersuchen[11]. Unterstrichen wird diese „soziologische Dimension der Rechtsvergleichung" durch die sogen. funktionale Methode, die danach fragt, auf welchen Wegen verschiedene Rechtsordnungen gleiche Bedürfnisse zu befriedigen versuchen[12]. Da die Formulierung solcher Bedürfnisse eine vergleichende Analyse des Soziallebens voraussetzt, ist in der funktionalen Rechtsvergleichung notwendig ein Element der (genetischen) Rechtssoziologie enthalten.

Freilich hat die Rechtsvergleichung die Öffnung zur Rechtssoziologie bislang im wesentlichen nur verbal vollzogen. Soweit das rechtsvergleichende Schrifttum rechtssoziologische Hinweise überhaupt enthält, scheinen sie im allgemeinen mehr der Ausschmückung gewisser Details als einer vollständigen Erfassung des Vergleichsgegenstandes zu dienen. Die Schwierigkeiten, die sich der theoretisch längst anerkannten Horizonterweiterung der Rechtsvergleichung in der Praxis entgegenstellen, dürfen auch keineswegs unterschätzt werden. Im Grunde genommen setzt der Versuch, der soziologischen Dimension der Rechtsvergleichung gerecht zu werden, rechtssoziologische Befunde voraus, die einstweilen — sieht man von dem relativ hohen Entwicklungsstand der nordamerikanischen Rechtssoziologie ab[13] — nur in einzelnen Rechtsordnungen in Ansätzen vorhanden sind. Im großen und ganzen scheinen wir noch immer am Beginn empirischer rechtssoziologischer Forschung zu stehen. Vor allem die Erhellung der Interdependenz von Recht und Sozialleben ist ein „im wesentlichen noch unbebautes Feld"[14]. Indessen folgt daraus nicht, daß vor der Schwierigkeit der Aufgabe zu resignieren wäre und der Rechtsvergleicher sich mit einer guten „auslandskundlichen Allgemeinbildung" begnügen dürfte[15]. Zwar entspräche diese Einstellung gegenwärtig noch einer realistischen Einschätzung der Lage. Auf längere Sicht kommt es jedoch darauf an, die rechts-

[11] Hirsch, Was kümmert uns die Rechtssoziologie?: JurJb. 3 (1962/63) 131 - 148, insbes. 137; ders., Rechtssoziologie, in: Wörterbuch der Soziologie[2] (hrsg. von W. Bernsdorf; 1969) 877; Maihofer, Die gesellschaftliche Funktion des Rechts: Jb. f. Rechtssoziologie und Rechtstheorie 1 (1970) 11 - 36, insbes. 16; vgl. ferner Drobnig (oben N. 1) 300.

[12] Zweigert (oben N. 4) 197 mit weiteren Nachweisen. Zur funktionalen Rechtsvergleichung vgl. ferner Sandrock (oben N. 1) 67.

[13] Einen guten Überblick geben neuerdings Friedman / Macaulay, Law and the Behavioral Sciences (1969). Für die kontinentaleuropäische Literatur scheint gegenwärtig die Feststellung von König, Soziologie (oben N. 9) 253, noch immer zutreffend, wonach hier ein Übermaß an methodologischer Grundlagendiskussion zu verzeichnen ist, „dem auf der Seite der empirischen Forschung nichts Entsprechendes gegenübersteht, was immer ein Zeichen für mangelnde Reife darstellt".

[14] So Hirsch (oben N. 11) JurJb. 145 im Anschluß an Rehfeldt. Ähnlich Krawietz, Das positive Recht und seine Funktion (1967) 24.

[15] So Zweigert (oben N. 4) 197.

soziologische Forschung mit wachem Interesse zu verfolgen und ihre Ergebnisse in die rechtsvergleichende Arbeit einzubeziehen. Darüber hinaus müßte die Rechtsvergleichung auch, mehr als es bisher geschehen ist, die Rechtssoziologie zu bestimmten Untersuchungen anregen. *Rheinstein* hat unlängst wieder auf die tragende Rolle der Rechtshonoratioren bei der Entwicklung der verschiedenen Rechtsordnungen aufmerksam gemacht[16]. Wer heute ein bestimmtes Recht verstehen wolle, müsse wissen, welche Juristen darin tonangebend seien, was sie bewege und auf welche Weise sich ihr Einfluß geltend mache. Auch für die Rechtsvergleichung sei es deshalb fruchtbar, den Blick auf die Rechtshonoratioren der verschiedenen Länder zu richten, um die durch sie vermittelten Zusammenhänge zwischen Recht und Gesellschaft erkennen zu können[17]. Damit wird zugleich die Forderung nach soziologischen Untersuchungen über den Rechtsstab erhoben, wie sie in einigen Ländern in jüngerer Zeit bereits vorgelegt worden sind[18]. Es wäre zu wünschen, daß *Rheinsteins* Anregung auch anderwärts auf fruchtbaren Boden fällt.

II. Die Rechtsvergleichung im Dienst empirischer Rechtssoziologie

Der Sinn dieser Zeilen kann indessen nicht allein darin beruhen, die nahezu selbstverständliche Feststellung zu belegen, daß die moderne Rechtsvergleichung von der rechtssoziologischen Forschung noch viel zu erhoffen hat. Fruchtbare Kooperation verschiedener Wissenschaften beruht auf einem Prozeß des Gebens und Nehmens. Sie vermag kaum zu gedeihen, wenn die eine Seite sich mit der Rezeption fremden Gedankenguts begnügt. Zum Glück braucht sich die Rechtsvergleichung keineswegs auf eine einseitige Öffnung gegenüber der Sozialwissenschaft zu beschränken. Sie hat der Rechtssoziologie ihrerseits wertvolle Erkenntnismöglichkeiten zu bieten.

1. Recht als Funktion des Soziallebens

Es ist eines der zentralen Anliegen der Rechtssoziologie, die gesellschaftlichen Wurzeln des Rechts zu untersuchen. Die rechtliche Regelung sozialer Sachverhalte stellt sich ihr als Ausdruck der Existenz-

[16] Rheinstein, Die Rechtshonoratioren und ihr Einfluß auf Charakter und Funktion der Rechtsordnungen, RabelsZ 34 (1970) 1 - 13. Vgl. ferner Max Weber, Rechtssoziologie² (hrsg. von J. Winkelmann; 1967) 237, 238 - 260.

[17] Rheinstein a.a.O. 11 f.

[18] Es sei hier auf die Bibliographie von Manfred Rehbinder in: Studien und Materialien zur Rechtssoziologie (oben N. 7) 373 - 412, insbes. 399 - 403, verwiesen. Für die Bundesrepublik wäre noch nachzutragen: Kaupen, Die Hüter von Recht und Ordnung (1969); Weyrauch, Juristen (1970, deutsche Übersetzung und Neubearbeitung von The Personality of Lawyers; 1964).

bedingungen einer bestimmten Gesellschaft oder Gesellschaftsschicht dar, „d. h. der in einem bestimmten Zeitpunkt maßgebenden religiösen, sittlichen und geistigen Strömungen, der politischen Herrschaftsverhältnisse und der materiellen Lebensbedingungen“[19]. Dieser Ansatz deckt sich weitgehend mit der älteren — namentlich von *Heck* vertretenen — genetischen Interessentheorie, welche die Gesetze als „die Resultanten der in jeder Rechtsgemeinschaft einander gegenübertretenden und um Anerkennung ringenden Interessen materieller, nationaler, religiöser und ethischer Richtung“ ansah[20]. Bei der Erforschung der sozialen Bedingtheit des Rechts vermag die Rechtsvergleichung nützliche Dienste zu leisten.

a) Theoretische Aussagen über den Entstehungsprozeß des Rechts in der Gesellschaft müssen die Wirklichkeit verfehlen, sofern sie nicht auf einer exakten Analyse der außerordentlich vielfältigen Kräfte beruhen, die an diesem Vorgang beteiligt sind. Bereits die vollständige Erfassung der verschiedenen im Spiel befindlichen Komponenten, erst recht aber die richtige Einschätzung ihres Gewichts, stellen die Rechtssoziologie vor schwer zu lösende Aufgaben. *Rabel* hat diese Problematik sehr anschaulich geschildert:

„Der Stoff des Nachdenkens über die Probleme des Rechts muß das Recht der gesamten Erde sein, vergangenes und heutiges, der Zusammenhang des Rechts mit Boden, Klima und Rasse, mit geschichtlichen Schicksalen der Völker — Krieg, Revolution, Staatengründung, Unterjochung —, mit religiösen und ethischen Vorstellungen; Ehrgeiz und schöpferischer Kraft von Einzelpersonen; Bedürfnis von Gütererzeugung und Verbrauch; Interesse von Schichten, Parteien, Klassen. Es wirken Geistesströmungen aller Art — denn nicht bloß Feudalismus, Liberalismus, Sozialismus erzeugen jeder ein anderes Recht — und die Folgerichtigkeit eingeschlagener Rechtsbahnen, und nicht zuletzt die Suche nach einem staatlichen und rechtlichen Ideal. Alles das bedingt sich gegenseitig in sozialer, wirtschaftlicher, rechtlicher Gestaltung. Tausendfältig schillert und zittert unter Sonne und Wind das Recht jedes entwickelten Volkes. Alle diese vibrierenden Körper zusammen bilden ein noch von niemandem mit Anschauung erfaßtes Ganzes[21].“

Generalisierende Theoreme, die das Recht in seiner Gesamtheit auf bestimmte oder gar eine einzige — wenn auch als Komplex gedachte — Ursache zurückführen wollen, sind hier wenig fruchtbar[22]. Um einer

[19] Hirsch (oben N. 11) JurJb. 145.

[20] Heck, Gesetzesauslegung und Interessenjurisprudenz: AcP 112 (1914) 1 - 318, insbes. 17. Zur Bedeutung der Interessenjurisprudenz für die deutsche Rechtssoziologie siehe Dombek, Das Verhältnis der Tübinger Schule zur deutschen Rechtssoziologie (1969) insbes. 43 ff.; Rehbinder (oben N. 5) 353. Zur Fortentwicklung der älteren genetischen Interessentheorie vgl. Larenz, Methodenlehre der Rechtswissenschaft[2] (1969) 54 - 58, 128 - 132.

[21] Rabel (oben N. 3) 5.

[22] Darin liegt die Schwäche der marxistischen Rechtstheorie, die das Recht als Funktion der ökonomischen Struktur auffassen will. Vgl. die berühmte

empirischen Nachprüfung standzuhalten, müßten sie einen so hohen Abstraktionsgrad aufweisen, daß brauchbare Erkenntnisse daraus nicht abgeleitet werden können.

Infolge der Komplexität der das Recht bedingenden sozialen Phänomene haben die Bemühungen der genetischen Rechtssoziologie weitgehend spekulativen Charakter. Sie gerät dabei leicht in Versuchung, einzelne Faktoren (z. B. wirtschaftliche Interessen) überzubewerten und andere zu vernachlässigen. Gerade die Rolle der juristischen Tradition kommt dabei unter Umständen zu kurz. Wie viele rechtliche Konstruktionen sind veraltet, nicht selten „versehentlich durch die Jahrhunderte mitgeschleppt“[23]! Das Gewicht des Einflusses, den längst überlebte Rechtssysteme mitunter erlangen können, wird durch das Beispiel der deutschen Pandektenwissenschaft des 19. Jahrhunderts veranschaulicht, die sich infolge der Rezeption des römischen Rechts im Prinzip an das justinianische Corpus Iuris gebunden fühlte und für deren Bereitschaft, das Privatrecht den Umwälzungen der industriellen Revolution anzupassen, deshalb „der Quellenbestand“ maßgebende Bedeutung behielt[24]. Ebenso wie die historische Überlieferung müssen auch die rational-systematischen Erfordernisse einer auf innere Widerspruchsfreiheit angelegten Rechtsordnung bei der Frage nach der sozialen Bedingtheit des Rechts gebührend berücksichtigt werden. Die „Gewalt der entfesselten rein logischen Bedürfnisse der Rechtslehre“ vermag nach einem Wort von *Max Weber* die Interessentenbedürfnisse als treibende Kraft für die Gestaltung des Rechts weitgehend auszuschalten[25]. Es liegt in der Natur der rechtssoziologischen Fragestellung, daß sie diesen „frei bewegten Intellektualismus“[26] der Rechtsgelehrten zu unterschätzen geneigt ist.

These von Karl Marx in der Vorrede „Zur Kritik der Politischen Ökonomie“: „In der gesellschaftlichen Produktion ihres Lebens gehen die Menschen bestimmte notwendige, von ihrem Willen unabhängige Verhältnisse ein, Produktionsverhältnisse, die einer bestimmten Entwicklungsstufe ihrer materiellen Produktivkräfte entsprechen. Die Gesamtheit dieser Produktionsverhältnisse bildet die ökonomische Struktur der Gesellschaft, die reale Basis, worauf sich ein juristischer und politischer Überbau erhebt, und welcher bestimmte gesellschaftliche Bewußtseinsformen entsprechen“ (Karl Marx, Ökonomische Schriften III; hrsg. von H. J. Lieber und B. Kautsky [1964] 838 f.). Dabei ist allerdings zu berücksichtigen, daß die Gesamtheit der in einer Gesellschaft bestehenden Produktionsverhältnisse nach marxistischer Auffassung sehr komplexer Natur ist und daß die damit umschriebene reale Basis der Gesellschaft auch ihrerseits einer Beeinflussung durch den Überbau — einschließlich des Rechts — unterworfen ist. Vgl. dazu etwa Schulz, Zur Dialektik von Basis und Überbau — Ihre Bedeutung für die weltanschauliche Orientierung der Staats- und Rechtspraxis: NJ 1970, 2 - 9. Zur Problematik der marxistischen Rechtslehre vgl. Maihofer (oben N. 11) 16 - 18.

[23] Rabel (oben N. 3) 8.

[24] Wieacker, Pandektenwissenschaft und industrielle Revolution: Jur.Jb. 9 (1968/69) 1 - 28, insbes. 13.

[25] M. Weber (oben N. 16) 243, vgl. ferner 309.

[26] M. Weber a.a.O. 244.

b) Durch den Vergleich von Rechtsordnungen mit ähnlicher oder sehr verschiedener Sozialstruktur kann die Rolle der vielfältigen bei der Entstehung von Rechtssätzen beteiligten Wirkungsfaktoren deutlicher bestimmt werden. Stellt sich dabei etwa heraus, daß in Ländern mit nahezu gleicher Sozialstruktur weitgehend gleiches Recht gilt oder daß umgekehrt in Ländern mit stark voneinander abweichender Sozialstruktur überwiegend verschiedenes Recht in Kraft ist, so ist dieses Ergebnis rechtsvergleichender Untersuchungen zugleich als empirischer Befund für die rechtssoziologische Forschung von großem Interesse. Kaum weniger bedeutsam aber wäre die Feststellung, daß in Staaten mit vergleichbarer Sozialstruktur teilweise unterschiedliches Recht in Geltung steht oder daß in Staaten mit sehr verschiedener Sozialstruktur das Recht zum Teil übereinstimmt. An solchen durch Rechtsvergleichung ins Licht gerückten Phänomenen könnte einerseits etwa der Einfluß juristischer Tradition oder schöpferischen Rechtsdenkens, andererseits beispielsweise die Rolle gemeinsamer anthropologischer Rechtsgrundlagen[27] untersucht werden.

Freilich stößt diese Nutzbarkeit der Rechtsvergleichung für die empirische Rechtssoziologie auf beträchtliche Schwierigkeiten. Zunächst müßte der gesellschaftliche Untergrund der zum Vergleich ausgewählten einzelnen Rechtsinstitute — die pauschale Gegenüberstellung ganzer Rechtsordnungen oder größerer Rechtsgebiete wäre unfruchtbar — im einzelnen genau bestimmt werden. Schon diese Analyse ist außerordentlich problematisch, da es in der Natur vieler Rechtsinstitute liegt, daß der soziale Unterbau, auf welchem sie ruhen, sehr komplexer Natur ist. Man denke etwa an die vielfältigen sozialen Bezüge des Familien- und Erbrechts. Des weiteren müßten sodann durch vergleichende Betrachtung der ausgewählten Rechtsinstitute und der für sie relevanten Sozialstrukturen Gemeinsamkeiten und Unterschiede ermittelt werden. Dieser Vergleich wird dadurch erschwert, daß sich Recht und Sozialleben in einem ständigen Wandel befinden, so daß sich das Bild bereits im Laufe einer größeren Untersuchung nicht unbeträchtlich verändern kann. Bei der Auswertung der erzielten Ergebnisse wäre schließlich noch zu berücksichtigen, daß die Entwicklung des Rechts vielfach in einer gewissen Phasenverschiebung hinter derjenigen der Gesellschaft nachzuhinken scheint[28]. Dies trifft vor allem für die Rechtswissenschaft zu, die *Anton Menger* als die „zurückgebliebenste aller

[27] Zur anthropologischen Funktion des Rechts siehe Schelsky, Systemfunktionaler, anthropologischer und personfunktionaler Ansatz der Rechtssoziologie: Jb. f. Rechtssoziologie und Rechtstheorie (1970) 37 - 90, insbes. 57 - 68.

[28] Auf diesen Rückstand des Rechts gegenüber der gesellschaftlichen Entwicklung hat schon Ehrlich, Grundlegung der Soziologie[3] (1967) 323, aufmerksam gemacht. Vgl. weiter Hirsch, Wörterbuch der Soziologie (oben N. 11) 880; König, Soziologie (oben N. 9) 256.

Disziplinen" bezeichnet hat, die „von den Zeitströmungen am spätesten erreicht wird, hierin einer entlegenen Provinzstadt nicht unähnlich, in welcher die abgelegten Moden der Residenz noch als Neuigkeiten getragen werden"[29]. Diese verspätete Anpassung des Rechts an die Anforderungen des Soziallebens, die es mit anderen kulturellen Phänomenen als „cultural lag" zu teilen scheint[30], kann sich bei der rechtssoziologischen Analyse der rechtsvergleichenden Forschungsergebnisse als weiterer Störungsfaktor erweisen.

c) Trotz der eben skizzierten Problematik verspricht die Rechtsvergleichung wertvolle Erkenntnismöglichkeiten für die genetische Rechtssoziologie. Für den Bereich einer einzelnen Rechtsordnung läßt sich die faktische Bedingtheit des Rechts durch die gesellschaftlichen Verhältnisse empirisch kaum verifizieren. Dagegen heben sich bei vergleichender Gegenüberstellung mehrerer Rechtsordnungen mit ähnlichem oder verschiedenem sozialen Hintergrund Inhalt und Grenzen der Abhängigkeit des Rechts von der jeweiligen Sozialstruktur mit einiger Deutlichkeit ab[31]. Es versteht sich dabei von selbst, daß bei der rechtsvergleichenden Untersuchung — ganz im Sinne der modernen funktionalen Methode — nicht auf die von den einzelnen Rechtsordnungen gewählten rechtstechnischen Konstruktionen, sondern auf den materialen Gehalt der erzielten Lösungen zu achten ist[32]. Denn für die soziologische Betrachtungsweise stellt sich das Recht nicht als ideeller Ordnungszusammenhang, sondern als „Komplex von faktischen Bestimmungsgründen realen menschlichen Handelns" dar[33]. Für die Analyse des Rechts in seiner Faktizität ist aber nicht die rechtstechnische Argumentation, sondern allein das auf sie gestützte Ergebnis relevant. So wäre es etwa für die unter soziologischen Aspekten betriebene Rechtsvergleichung unerheblich, die unterschiedlichen Auffassungen der mitteleuropäischen Rechtsordnungen zum sogen. Abstraktionsprinzip, d. h. zur Frage der Rechtsgültigkeit des Eigentumsübergangs an beweglichen Sachen, zu konstatieren[34]. Durch die Anerkennung eines gutgläubigen Erwerbs vom Nichtberechtigten sind faktische Auswirkungen dieser Rechtsverschiedenheit im Ergebnis kaum zu erkennen[35]. Des weiteren

---

[29] Anton Menger, Das bürgerliche Recht und die besitzlosen Volksklassen[4] (Nachdruck 1968) 30.

[30] Vgl. König, Stichwort „Sozialer Wandel", in: Soziologie (oben N. 9) 294; K. W. Wolff, Cultural Lag, in: Wörterbuch der Soziologie (oben N. 11) 172 f.

[31] Vgl. Drobnig (oben N. 1) 304.

[32] Vgl. Esser, Grundsatz und Norm in der richterlichen Fortbildung des Privatrechts[2] (1964) 346 ff.; Sandrock (oben N. 1) 67.

[33] M. Weber (oben N. 16) 67.

[34] Vgl. dazu Ranieri, Brevi note sull'origine della nozione di negozio reale ed astratto, Tijdschrift voor Rechtsgeschiedenis 1971.

[35] Vgl. de Page, L'obligation abstraite en droit interne et en droit comparé (1957) 212 - 216.

darf die rechtsvergleichende Forschung — soll sie sozialwissenschaftliche Früchte tragen — ihren Blickwinkel nicht a priori dadurch verengen, daß sie mit Vorliebe auf die Gemeinsamkeiten verschiedener Rechtsordnungen achtet und dabei das Trennende in den Hintergrund treten läßt. Gerade die im Dienste eventueller Rechtsvereinheitlichung betriebene Rechtsvergleichung, bei der nach der treffenden Beschreibung von *Zweigert* „die Konstatierung der Unterschiede zurücktritt gegenüber dem Ziel ihrer Überwindung“[36], erweist sich insoweit als problematisch. Für die empirische Rechtssoziologie sind nur die Befunde der „reinen Rechtsvergleichung“ von Interesse, die sich vorurteilsfrei der Analyse der Rechtswirklichkeit verschreibt. Anders als bei der im Interesse der Rechtsvereinheitlichung betriebenen Rechtsvergleichung wäre hier auch jede Beschränkung auf „Rechtsordnungen etwa gleicher politischer, ethischer, kultureller, sozialer und wirtschaftlicher Grundstimmung“[37] fehl am Platze. Gerade der Vergleich von Rechtssystemen ganz unterschiedlicher gesellschaftlicher Provenienz ist für die Fragestellung der genetischen Rechtssoziologie von besonderem Belang.

Im einzelnen lassen sich mehrere rechtsvergleichende Ergebniskonstellationen unterscheiden, die für die empirische Sozialforschung nutzbar gemacht werden können.

aa) *Gleiches Recht bei gleicher Sozialstruktur.* — Die moderne Rechtsvergleichung hat an einer Fülle von Beispielen aufgezeigt, wie verschieden strukturierte Rechte unter vergleichbaren gesellschaftlichen Bedingungen konvergierend zur Entwicklung gleicher Ordnungsgrundsätze gelangen. Vor allem *Esser* hat den Blick für dieses „überraschend weite Feld“ geschärft, „wo mit unähnlichen Mitteln gleiche Lösungen angestrebt werden“, wo sich aus fremdartigen dogmatischen Mosaiken „ein vertrautes, weil sach- und kulturbedingtes Gerechtigkeitsbild“ zusammenfügt[38]. Beispiele bilden etwa die strukturbedingt abweichenden Formen, in denen die kontinentaleuropäischen und die angelsächsischen Rechtsordnungen im Ergebnis zu einer unmittelbaren Berechtigung Dritter aus einem Vertrag zu gelangen suchen oder in denen sie einen ausreichenden Schutz gegen Verletzungen des Persönlichkeitsrechts zu gewährleisten trachten[39]. Hier bietet sich der sozialwissenschaftlichen Forschung ein reiches empirisches Material, mit

---

[36] Zweigert (oben N. 10) RabelsZ 16 (1951) 394; ders., Die Rechtsvergleichung im Dienste der Rechtsvereinheitlichung, in: Deutsche Landesreferate zum III. Internationalen Kongreß für Rechtsvergleichung (1950) 251 - 262, insbes. 257.

[37] Zweigert, Deutsche Landesreferate a.a.O. 259.

[38] Esser (oben N. 32) 346 - 381, insbes. 353, 361.

[39] Dazu näher Zweigert / Kötz, Einführung in die Rechtsvergleichung II (1969) 146 - 162, 407 - 430.

dessen Hilfe der Nachweis erbracht werden kann, wie sich unter gleichen gesellschaftlichen Bedingungen uniforme Rechtsanschauungen entwickeln.

bb) *Ungleiches Recht bei gleicher Sozialstruktur.* — Trotz der aufgezeigten Tendenzen zu koinzidierenden materialen Lösungen zeigt sich bei rechtsvergleichenden Untersuchungen — auch wenn sie sich auf Systeme mit „gleicher Grundstimmung" beschränken — noch immer ein beträchtliches Maß an Nichtübereinstimmung[40]. Gerade wenn sich solche Divergenzen in strukturell gleichartigen sozialen Verhältnissen finden, liegt die Vermutung nahe, daß dabei Eigentümlichkeiten nationaler Rechtstradition oder Systembedürfnisse dogmatischen Rechtsdenkens im Spiele sind, die sich von den gesellschaftlichen oder wirtschaftlichen Gegebenheiten emanzipiert haben. In diesem Licht wird man vielleicht die Nichtzulassung der Sicherheitsübereignung mit Besitzkonstitut im schweizerischen und französischen Recht sehen dürfen, die in schroffem Widerspruch zu der entgegengesetzten deutschen Regelung steht[41]. Aus unterschiedlichen ökonomischen Bedürfnissen läßt sich diese Rechtsverschiedenheit jedenfalls kaum erklären. In die gleiche Kategorie historischer oder systembedingter Unterschiede wird man ferner etwa die bislang sehr verschieden normierte deliktische Gehilfenhaftung im deutschen, romanischen und angelsächsischen Rechtskreis einzuordnen haben[42].

cc) *Ungleiches Recht bei ungleicher Sozialstruktur.* — Mitunter lassen sich freilich einzelne auffällige Ergebnisdivergenzen innerhalb verwandter Rechtsfamilien auf konkrete soziale Strukturunterschiede zurückführen. So steht die verhältnismäßig pflegliche Behandlung des Konkubinats in der französischen Judikatur[43] möglicherweise in einem gewissen Zusammenhang mit der zahlenmäßig großen Verbreitung, die wilde Ehen als Folgeerscheinungen von Urbanisierung und Industrialisierung in der zweiten Hälfte des 19. Jahrhunderts in der französi-

---

[40] In diesem Zusammenhang darf etwa auf die — freilich in manchen Einzelheiten inzwischen überholten — Ergebnisse *meiner* Schrift über „Die allgemeinen Rechtsgrundsätze der außervertraglichen Schadenshaftung im Bereich der Europäischen Wirtschaftsgemeinschaft" (1961) 143 - 162 verwiesen werden.

[41] Vgl. zum französischen Recht neuerdings etwa Padis, AWD 1970, 227 - 229, und zum schweizerischen Recht Gmür, Das Schweizerische Zivilgesetzbuch verglichen mit dem Deutschen Bürgerlichen Gesetzbuch (1965) 116 - 118.

[42] Vgl. dazu Zweigert / Kötz (oben N. 39) 349 - 368. Allerdings zeigt gerade die vorgeschlagene Neufassung des § 831 BGB nach dem Referentenentwurf eines Gesetzes zur Änderung und Ergänzung schadensersatzrechtlicher Vorschriften vom Januar 1967, daß auch das deutsche Recht unter dem Einfluß der sozialen Sachlogik von seinem aus dem gemeinen Recht übernommenen Standpunkt abzuweichen sich anschickt.

[43] Siehe Savatier, Le droit, l'amour et la liberté² (1963) 135 - 159.

schen Arbeiterschaft gefunden haben[44]. Ähnlich sah man sich in Österreich zu einer Legalisierung ungültiger „Dispensehen" gezwungen, nachdem einige Landeshauptleute — vor allem in Niederösterreich und Wien — in Überschreitung ihrer Befugnisse Befreiung vom Ehehindernis des bestehenden Ehebandes erteilt hatten, um den Partnern einer nur von Tisch und Bett getrennten Ehe die Wiederheirat zu ermöglichen[45]. Auf einen unterschiedlichen industriellen Entwicklungsstand lassen sich divergierende Rechtsentwicklungen zur Haftung des Warenherstellers zurückführen. So wird man beispielsweise den erstaunlichen Standpunkt der italienischen Judikatur, wonach Kraftfahrzeugherstellern bei Fehlerhaftigkeit ihres Produkts eine außervertragliche Haftung gegenüber geschädigten Dritten nicht obliegt[46], vielleicht in dem Bestreben motiviert sehen können, der aufblühenden heimischen Automobilindustrie einen — inzwischen gar nicht mehr benötigten (cultural lag!) — Schutz angedeihen zu lassen.

dd) *Gleiches Recht bei ungleicher Sozialstruktur.* — Daß die Rechtsordnungen zivilisierter Staaten trotz aller durch unterschiedliche Kultur und Gesellschaftsordnungen bedingter Verschiedenheiten eine gewisse Übereinstimmung in rechtlichen Grundentscheidungen aufweisen, ist eine Binsenwahrheit. Art. 38 I c des Statuts des Haager Internationalen Gerichtshofs hat die allgemeinen von den Kulturvölkern der Erde anerkannten Rechtsprinzipien als Quelle des geltenden Völkerrechts anerkannt. Zwar scheint die Völkerrechtslehre bislang kaum über die Formulierung einiger weniger solcher Grundsätze „von hohen Trivialitätsgraden"[47] hinausgelangt zu sein. Die neuere Privatrechtsvergleichung hat sich jedoch um eine Konkretisierung dieses gemeinsamen normativen Grundbestandes der zivilisierten Völker bemüht. Erste ins Einzelne gehende Ergebnisse sind dem von *Schlesinger* initiierten Programm der Law School der amerikanischen Cornell-Universität zu danken, das eine exakte Studie über das Zustandekommen von Verträgen ausgearbeitet hat[48]. Die besondere Bedeutung dieser Unter-

---

[44] Vgl. zu diesem Phänomen Carbonnier, Droit civil I (1960) no. 146.

[45] Zu diesen sogen. Sever-Ehen siehe Schwind, Kommentar zum österreichischen Eherecht (1951) 271 - 274; ders., in: Klang, Kommentar zum ABGB² I/1 (1964) 929 f.

[46] App. Torino 30. 1. 1960, Foro It. 1960 I, 1026 - 1035; Cass. 15. 7. 1960, Foro It. 1960 I, 1714 - 1716. Vgl. dazu Lorenz, Länderbericht und rechtsvergleichende Betrachtung zur Haftung des Warenherstellers, in: Die Haftung des Warenherstellers (1966) 26 f.; Gori-Montanelli / Botwinik, A Comparative Survey of Products Liability Law as Applied to Motor Vehicles — Italy: Int. Lawyer 2 (1967/68) 133 - 141.

[47] Zweigert, Verträge zwischen staatlichen und nichtstaatlichen Partnern: BerDGesVölkR 5 (1964) 194 - 216 (212). Vgl. weiter Lorenz, Rechtsvergleichung als Methode zur Konkretisierung der allgemeinen Grundsätze des Rechts: JZ 1962, 269 - 275, insbes. 270; Heldrich (oben N. 40) 15.

[48] Schlesinger, Formation of Contracts, A Study of the Common Core of Legal Systems, 2 Bde. (1968). Vgl. dazu ferner Lorenz (vorige Note).

suchung liegt darin, daß sie sich auf Rechtsordnungen mit sehr verschiedener sozialer Basis unter Einbeziehung auch der sozialistischen Rechtssysteme erstreckt. Dabei ist ein überraschend großes Maß an Übereinstimmung deutlich geworden, das berechtigte Zweifel an der These von der grundlegenden Verschiedenheit des gesamten Rechts der sozialistischen und der kapitalistischen Staaten gestattet[49]. Dieser Eindruck wird auch durch andere Entwicklungen bestätigt. So ist etwa gleichzeitig in Frankreich und in der DDR ein neues gesetzliches Güterrecht der Ehegatten in Kraft getreten, das weitgehende Ähnlichkeit aufweist: Hier wie dort wurde eine Art Errungenschaftsgemeinschaft als gesetzlicher Güterstand proklamiert[50]. Für die genetische Rechtssoziologie ist dies insofern von Bedeutung, als hier in vorgeblich grundverschiedenen Sozialstrukturen übereinstimmendes Recht in Kraft geblieben ist oder sich neu entwickelt hat. Daraus ergibt sich die Frage, ob diese Koinzidenz auf gleichen ökonomischen und sozialen Problemen beruht, vor die sich sozialistische und kapitalistische Länder heute gestellt sehen[51], oder ob die Rechtsbildung sich insoweit — etwa auf Grund übereinstimmender anthropologischer Grundbedürfnisse — unabhängig von einer bestimmten Sozialstruktur vollzieht. Für das „systemneutrale“ Rechtsinstitut des Vertragsschlusses mag man die Frage im ersteren Sinn beantworten. Ob sich das gleiche auch von dem wesentlich stärker „systembezogenen“ ehelichen Güterrecht behaupten läßt, wäre von der empirischen Sozialforschung näher zu untersuchen[52].

In den gleichen Zusammenhang müssen auch die modernen *Rezeptionsprozesse* gestellt werden, durch die eine Verpflanzung ganzer Rechtsordnungen oder größerer Rechtsfragmente in eine Umwelt versucht worden ist, deren gesellschaftliche Struktur sich von der ursprünglichen sozialen Basis des Normtransplantats grundlegend unter-

---

[49] Lorenz (oben N. 47) 272. Vgl. in diesem Zusammenhang ferner Loeber, Rechtsvergleichung zwischen Ländern mit verschiedener Wirtschaftsordnung: RabelsZ 26 (1961) 201 - 229, insbes. 202 - 209.

[50] Vgl. das französische Gesetz vom 13. 7. 1965 (in Kraft getreten am 1. 2. 1966) einerseits und §§ 13 - 16 des Familiengesetzbuches der DDR vom 20. 12. 1965 (in Kraft getreten am 1. 4. 1966) andererseits. Siehe dazu etwa Zajtay, Die Reform des ehelichen Güterrechts in Frankreich: AcP 166 (1966) 481 - 494, und Thomas Raiser, Sozialistisches Familienrecht: JZ 1966, 423 - 428, insbes. 425 f.

[51] Vgl. dazu Loeber (oben N. 49) 224.

[52] Zur Unterscheidung systembezogener, systemneutraler und pseudosystembezogener Rechtsinstitute vgl. Loeber (oben N. 49) 226. — Für eine gewisse Übereinstimmung der für das eheliche Güterrecht relevanten gesellschaftlichen Verhältnisse in Frankreich und der DDR spricht der Umstand, daß in beiden Ländern vor Einführung des neuen Rechts Meinungsbefragungen durchgeführt wurden, bei denen sich ergab, daß die Errungenschaftsgemeinschaft den tatsächlichen Anschauungen der Mehrheit der Bevölkerung am besten entsprach. Vgl. dazu T. Raiser (oben N. 50) 425 und Sonnenberger, Die Reform des französischen Ehegüterrechts: FamRZ 1965, 357 - 364, insbes. 361.

scheidet. Als Beispiele mögen die Einführung des englischen Rechts in Indien, die Teilrezeption des deutschen bürgerlichen Rechts in Japan[53], die Übernahme des schweizerischen Zivilrechts in der Türkei[54] oder die „synthetische Rezeption" eines auf rechtsvergleichender Grundlage erarbeiteten modernen Zivilgesetzbuchs in Äthiopien[55] genannt werden. Gewiß wäre es ein Irrtum, anzunehmen, daß durch eine totale oder partielle Übernahme fremden Rechts die Rechtswirklichkeit im „Empfängerstaat" schlagartig derjenigen im „Spenderstaat" angeglichen werden könnte. Die Rezeption ist — wie namentlich *Hirsch* aufgezeigt hat — ein langsamer Amalgamierungsprozeß, dessen Gelingen von vielen Faktoren abhängig ist und in dessen Verlauf das verpflanzte Rechtsgut ebenso wie seine neue soziale Umwelt mannigfache Veränderungen erfahren können[56]. Die bisher vorliegenden Untersuchungen über die damit berührten Phänomene einer „juristischen Akkulturation" rechtfertigen aber immerhin den Schluß, daß in gewissem — bei den einzelnen Rezeptionsvorgängen sehr verschiedenem — Umfang eine Symbiose ursprünglich heterogener Rechts- und Sozialstrukturen tatsächlich möglich scheint. Für die Rechtssoziologie ergibt sich aus dieser Feststellung die Möglichkeit, die These von der gesellschaftlichen Bedingtheit des gesamten Rechts empirisch zu überprüfen und gegebenenfalls in eine differenziertere Formel zu kleiden.

2. Recht als Regulator des Soziallebens

Auch das zweite Grundthema der Rechtssoziologie — die Frage nach den gesellschaftlichen Wirkungen des Rechts — hat von der Rechtsvergleichung einen nicht unwesentlichen Beitrag zu erhoffen. Die Erforschung der sozialen Effektivität von Rechtsnormen steckt einstweilen noch in den Anfängen[57]. Noch ist jedes neue Gesetz weitgehend „ein Schuß ins Dunkel"[58]. Exakter Aufschluß über die tatsächlichen sozialen

---

[53] Vgl. dazu Kitagawa, Das Methodenproblem in der Dogmatik des japanischen bürgerlichen Rechts: AcP 166 (1966) 330 - 342, inbes. 331 - 337.

[54] Vgl. dazu Hirsch, Die Rezeption fremden Rechts als sozialer Prozeß: Festschrift Bülow (1960) 121 - 137; ders., Das Schweizerische Zivilgesetzbuch in der Türkei: SchwJZ 1954, 337 - 346; Zajtay, Zum Begriff der Gesamtrezeption fremder Rechte: AcP 170 (1970) 251 - 265, jeweils mit weiteren Nachweisen.

[55] Sand, Die Reform des äthiopischen Erbrechts — Problematik einer synthetischen Rezeption: RabelsZ 33 (1969) 413 - 456.

[56] Vgl. die Nachweise oben N. 54. Sehr aufschlußreich sind die Ausführungen von Sand (vorige Note) 435 - 448 über das Gelingen des „äthiopischen Experiments".

[57] Vgl. Sand (oben N. 55) 435 f. mit N. 129 und 130. Eine Übersicht über weiteres nordamerikanisches Schrifttum zum „impact of law on society" bieten Friedman / Macaulay (oben N. 13) 197 - 505.

[58] Hirsch, Rechtssoziologie heute, in: Studien und Materialien zur Rechtssoziologie (oben N. 7) 9 - 35, insbes. 28.

Konsequenzen des Rechts ließe sich am besten durch ein juristisches Experiment gewinnen, bei dem in Gruppen gleichgelagerter Fälle nach verschiedenen Normen verfahren wird und anschließend die faktischen Auswirkungen der Rechtsanwendung statistisch untersucht werden[59]. So könnte z. B. durch Vergleich der Unfallstatistiken ermittelt werden, welchen Einfluß verschieden schwere Strafdrohungen für Verkehrsdelikte auf das Fahrverhalten in benachbarten Gerichtsbezirken ausüben. Es ist offensichtlich, daß eine derartige Verschiedenbehandlung zum Zweck experimenteller Erprobung der Wirksamkeit von Rechtsnormen auf verfassungsrechtliche Bedenken stoßen würde.

Sieht man von den „natürlichen" Experimenten ab, die durch die Rechtsverschiedenheit innerhalb eines Bundesstaates oder durch lokal unterschiedliche Anwendung einheitlichen Rechts in der gerichtlichen oder behördlichen Praxis ermöglicht werden, so kann die Frage, ob und in welchem Umfang durch Rechtsnormen sozialer Wandel erzeugt wird, nur bei einer Änderung der Gesetzeslage empirisch untersucht werden. So läßt sich etwa auf Grund der Scheidungszahlen der Einfluß untersuchen, den verschiedene zeitlich aufeinander folgende Scheidungsgesetze innerhalb eines Staates auf die Stabilität der Familie ausgeübt haben[60]. Die Problematik derartiger auf einer temporären Rechtsverschiedenheit beruhender Analysen liegt aber darin, daß sich möglicherweise parallel zu der Verschiebung der Rechtslage auch andere gesellschaftliche Entwicklungen vollziehen, die sich auf die interessierenden sozialen Phänomene auswirken. Es läßt sich dann im einzelnen schwer abschätzen, inwieweit ein bestimmter Befund auf das Konto der Effektivität des Rechts oder dasjenige anderer variabler gesellschaftlicher Verhältnisse zu buchen ist.

Einen Ausweg aus diesen Schwierigkeiten weist die Rechtsvergleichung[61]. Sie ermöglicht es, die faktischen Auswirkungen unterschiedlichen Rechts innerhalb ähnlicher Sozialstrukturen ohne Verzerrungen durch zeitliche Phasenverschiebung zu erforschen. Diese Chance eröffnet sich vor allem in grenznahen Gebieten von Nachbarländern, deren Rechtsordnungen im Gegensatz zu den Gesellschaftsordnungen erhebliche Verschiedenheiten aufweisen. Erwähnung verdient hier vor allem

[59] Vgl. Zeisel, The Law, in: The Uses of Sociology (hrsg. von Lazarsfeld / Sewell / Wilensky; 1967) 81 - 99, insbes. 82; ders., The New York Expert Testimony Project — Some Reflections on Legal Experiments: Stan. L. Rev. 8 (1956) 730 - 749.

[60] Siehe dazu die Untersuchung von Wolf / Lüke / Hax, Scheidung und Scheidungsrecht (1959). Vgl. in diesem Zusammenhang auch Winter, Sozialer Wandel durch Rechtsnormen erörtert an der sozialen Stellung unehelicher Kinder (1969).

[61] Vgl. zum folgenden R. Pound (oben N. 10) 12 f.; Sandrock (oben N. 1) 33 - 40; Lepaulle, The Function of Comparative Law: Harv. L. Rev. 35 (1921/22) 838 - 858, insbes. 852 - 855.

der glückliche Einfall von *Rheinstein*, den Einfluß eines verhältnismäßig scheidungsfreundlichen und eines scheidungsfeindlichen Rechts auf die faktische Stabilität der Ehen in den angrenzenden Gebieten des schweizerischen Kantons Tessin und der italienischen Provinzen Como und Varese zu untersuchen[62]. Wenn diesem Unternehmen auch in der praktischen Durchführung wegen der zahllosen damit verknüpften Probleme ein voller Erfolg noch nicht beschieden gewesen ist, so ist es doch ein ermutigender Auftakt für eine fruchtbare Kooperation von Rechtssoziologie und Rechtsvergleichung.

---

[62] Rheinstein, Marriage Breakdown in Ticino and Comasco: Festschrift Ficker (1967) 385 - 409. Vgl. dazu Neuhaus, Privatrecht und Stabilität der Ehen in rechtsvergleichender Sicht: Festschrift Rheinstein II (1969) 937 - 974, insbes. 973 f.

Kolibri 360 GmbH
Ferdinand-Jühlke-Straße 7
99095 Erfurt, Deutschland
produktsicherheit@kolibri360.de

Druck:
CPI Druckdienstleistungen GmbH
im Auftrag der
Kolibri 360 GmbH
Ferdinand-Jühlke-Str. 7
99095 Erfurt